COORDENAÇÃO PEDAGÓGICA NA INFÂNCIA

INSTITUTO PHORTE EDUCAÇÃO
PHORTE EDITORA

Diretor-Presidente
Fabio Mazzonetto

Diretora Administrativa
Elizabeth Toscanelli

Editor-Executivo
Fabio Mazzonetto

Conselho Editorial
Francisco Navarro
José Irineu Gorla
Marcos Neira
Neli Garcia
Reury Frank Bacurau
Roberto Simão

Cristiano Alcântara

COORDENAÇÃO PEDAGÓGICA NA INFÂNCIA

A gestão dialogada com os registros

São Paulo, 2020

Coordenação pedagógica na infância: a gestão dialogada com os registros
Copyright © 2020 by Phorte Editora

Rua Rui Barbosa, 408
CEP: 01326-010
Bela Vista – São Paulo – SP
Tel.: (11) 3141-1033
Site: www.phorte.com.br
E-mail: phorte@phorte.com.br

Nenhuma parte deste livro pode ser reproduzida ou transmitida de qualquer forma, sem autorização prévia por escrito da Phorte Editora Ltda.

CIP-BRASIL. CATALOGAÇÃO NA PUBLICAÇÃO
SINDICATO NACIONAL DOS EDITORES DE LIVROS, RJ

A318c

    Alcântara, Cristiano
        Coordenação pedagógica na infância : a gestão dialogada com os registros / Cristiano Alcântara. - 1. ed. - São Paulo : Phorte, 2020.
        312 p. ; 23 cm.

        Inclui bibliografia
        ISBN 978-65-990174-8-3

        1. Educação pré-escolar. 2. Supervisão escolar. 3. Coordenadores educacionais - Prática. I. Título.

  20-66738   CDD: 371.106
                    CDU: 373.2.091

Meri Gleice Rodrigues de Souza - Bibliotecária - CRB-7/6439
ph2476.1

Este livro foi avaliado e aprovado pelo Conselho Editorial da Phorte Editora.

Impresso no Brasil
Printed in Brazil

À minha família, base e razão
de conseguir escrever estas páginas:
Rosa, Cristiane, Caio, Carlos,
Jujuba (*in memoriam*), João, Juca Bala,
Laércio, Ana, July e Frida.
Sem vocês, a vida não teria sentido.

Agradecimentos

Inicialmente, agradeço a todas/todos as/os profissionais que estiveram sob minha coordenação pedagógica. Sem vocês, eu não teria condições de me constituir um coordenador pedagógico.

À Phorte Editora, que acreditou na possibilidade e na relevância deste livro chegar às mãos de vocês, leitores.

À professora Luiza Christov, pelas palavras de abertura, e às irmãs Isabel e Ángeles Abelleira, pelas de encerramento: a generosidade dessas mulheres para comigo materializada em palavras.

Às professoras Vera Placco, Sara Barros, Anna Maria Marques Cintra e ao professor Edmir Perrotti, que me comprovam/comprovaram existir amor com rigorosidade no meio acadêmico.

Aos membros do Grupo Colaborativo de Estudo e Pesquisa da Formação Continuada Docente (GCOL), por me ajudarem a sistematizar muito das ideias que aqui estão expressas, com especial atenção à Ana Lúcia Borges, vice-líder do grupo, parceira incansável e mulher admirável.

E, por fim, porém não menos importante, a você, leitor, que está com este exemplar em mãos, acreditando que a colaboração, mesmo que mediada por um livro, é possível e factível. Meus sinceros agradecimentos.

Sigamos...

A construção do INEGOCIÁVEL! O papel da coordenação pedagógica

Este livro reúne meus escritos acadêmicos acerca da formação continuada, com foco no papel da coordenação pedagógica. Os capítulos tratam, em sua maioria, de trazer e problematizar os diários de bordo. Afinal, são dez anos de intensa pesquisa a esse respeito, que me permitem afirmar: quando se escrevem diários de bordo, há um êxito na consolidação dos processos metacognitivos de quem os escreve e de quem os lê.

Sim, acredito que o diário de bordo não pode ser um movimento solitário com apenas um escritor! O diário de bordo aplicado nas Unidades Educacionais precisa de um leitor, que dará devolutivas sistemáticas ao escritor e, nesse processo de interlocução, aprenderá e desenvolverá interessantes movimentos metacognitivos.

Entretanto, o diário de bordo é meio, e não fim, para que os coordenadores pedagógicos possam exercer seus papéis. Aqui, a questão começa a ficar mais complexa e, ao mesmo tempo, mais interessante. Recebo insistentes pedidos para escrever um livro sistematizando os diários de bordo e acredito que, após este material, poderei fazê-lo. Contudo, não o tinha feito até então por um desconforto que só entendi ao terminar esta obra: não adianta utilizar os diários de bordo se não houver a clareza de que eles são meios, e não fins, em si mesmos.

Logo, veio-me a necessidade de escrever um livro consolidando minha trajetória para que os leitores possam historicizar os percursos e as perspectivas que me constituem. Mas, como surgiu o desejo de escrever?

Primeiramente, no ano de 2019, iniciei pelo Facebook uma série de postagens intituladas: *Para pensar fora da caixinha!* Ela foi muito bem acolhida e reuniu muitos profissionais, com os quais eu nunca havia tido contato, em torno das minhas colocações, o que me deu a certeza de que uma produção escrita, além de aumentar a chance de chegar a mais pessoas, poderia ampliar a interlocução de forma mais aprofundada, o que um *post* em rede sociais não permite.

Depois, com o privilégio de fazer o pós-doutorado fora do Brasil, mais precisamente no Porto, em Portugal, consegui o tão importante *tempo*! Voltei a mexer em uma pasta no computador intitulada *Artigos*, que estava subdividida em "terminados" e "inacabados". Ao começar a ler, vi tanta potência, tanto material formativo, que me convoquei: isso não pode ficar parado, pois "terminado" não significa "publicado"!

A costura de textos cronologicamente tão distintos e com assuntos que, em um primeiro momento, não pareciam ter um fio condutor foi um grande desafio, porém, meus dez anos de coordenação pedagógica me permitem consolidar alguns temas que serão mais bem desdobrados nos textos. No entanto, a questão da assertividade, da colaboração e da necessidade de se posicionar será a tríade basilar das proposições.

Não ouso sinalizar que precisamos ser pequenos tiranos no processo formativo, mas, ao tratarmos de professores com espaço de formação continuada em sua carga horária e de funcionários públicos estáveis e com condições de progressão na carreira (todas condições objetivas que as Redes Municipais de Ensino de São Paulo e de São Bernardo do Campo, nas quais trabalhei nestes 20 anos de Magistério, oferecem-nos), não daria para ser de outra forma.

Nesse ponto, reside a parte mais polêmica de minhas proposições: quase ninguém advoga que se faça o profissional mudar determinada forma de proceder, para só depois, então, auxiliá-lo a compreender o que está em jogo na mudança. Ao optar por isso, coloco-me ao lado das crianças e dos bebês, afinal, quem zela pelos tempos deles? Não estou defendendo que haja a simples proibição, mas que é possível haver primeiro a interdição e, depois, a explicação.

Creio que saber de onde fala o nosso interlocutor nos permite ligar pontos e perceber nuances, situações que não seriam possíveis sem esse conhecimento. Assim, escolho iniciar este livro pelo meu memorial profissional: duas décadas de Magistério, sendo a última na coordenação pedagógica, que foram constituindo e materializando práticas que, hoje, trago para uma análise mais aprofundada.

Quem já trabalhou comigo ou me viu em palestras sabe que não sou reconhecido pela isenção, ao contrário, posiciono-me e defino-me. Nos textos que se seguem, espero conseguir explicar os processos teóricos e experienciais que me conduziram a tais escolhas.

Até este momento, havia organizado dois livros e publicado capítulos de livros, artigos em revistas, anais de congressos, e sempre me ficavam os questionamentos: será que me fiz compreender? Será que um número restrito de páginas (em alguns casos, caracteres) e tais organizações me permitem definir claramente o que desejo comunicar?

Agora, com um inteiro livro à disposição, isso não se sanou por completo. Se não havia a limitação de ter que me fazer compreender em poucas páginas, isso significou ter que fazer escolhas, adequar textos, procurar melhores contextualizações e, o mais complexo, decidir como apresentar os textos.

Alguns foram escritos especialmente para esta obra, outros foram adaptados e, como anunciei no início deste texto, outros, ainda, foram resgatados de uma pasta do computador. Como tornar esse material coeso e coerente? Colocar em ordem cronológica? Explicar um por um? Deixar os leitores tecerem aproximações? Escolhas complexas e que precisam se materializar. Optei por um pouco de cada, em uma atitude quase salomônica; quando a cronologia ajudou, fiz uso dela. Há momentos em que os conceitos foram priorizados, e o mais significativo para mim foi conseguir interligar produções que sempre sinalizei que deveriam ser lidas de forma conjunta.

Sempre tive de recorrer à solicitação de que os meus leitores fossem a outras produções para entenderem contextualmente o que desejava comunicar, tanto que essa foi a parte mais fácil de organizar, os textos dialogam claramente entre si, um remetendo ao outro. Espero, sinceramente, que isso mais ajude do que atrapalhe o leitor.

Abro este material pelo meu memorial profissional e por como me interessei pelo tema da formação continuada. O tema poderia ser "dispensado" pelo leitor mais pragmático, mas creio ser importante entender em qual chão piso e de que forma procuro construir minhas intervenções com base nele. Cada capítulo pode ser lido de forma individual, porém, acredito que, ao seguir a forma como estão apresentados, os leitores poderão acompanhar o progresso que fiz dos temas abordados.

O primeiro capítulo, "O conflito como estratégia de mediação para profissionais da educação por meio do livro *A hora da estrela*", resultado de uma intervenção que fiz na primeira Unidade na qual desempenhei a função de coordenador pedagógico, será o único que não tratará especificamente de crianças e professoras da Educação Infantil. Abordo um tema que será recorrente, a importância da assertividade para mobilizar a possível transformação de práticas docentes.

No segundo, "Entremeando saberes", apresento uma intervenção formativa na primeira Unidade de Educação Infantil em que exerci a coordenação pedagógica, e, na sequência, subvertendo a ordem cronológica dos capítulos, apresento o texto "*Alice no país das Maravilhas* e as professoras da Educação Infantil", que visa conectar todos os capítulos. Trata-se da produção mais recente desta coletânea.

Voltando a uma ordem cronológica, procurando ajudar os leitores a se guiarem em meio a tantas informações, apresento o quarto capítulo, "Mudança das práticas docentes com base na interlocução com o coordenador pedagógico por meio dos diários de bordo", no qual relato, com a professora Raquel Spagiari, um percurso de modificação e de transformação de ambos.

Existem alguns capítulos que são mais densos e fazem uso de grandes aportes teóricos, seja porque foram escritos pensando em uma publicação que preferia essa forma de apresentação, seja porque eu ainda estava tributário de mostrar que havia realizado muitas leituras e que minhas afirmações não estavam ancoradas num "achismo". Outros, no entanto, serão como ensaios, sem nenhuma citação direta.

Uma tônica empregada todas as vezes em que se fez possível foi a de dividir a autoria dos textos, uma vez que me filio à metodologia colaborativa. Os capítulos que se seguem ao quinto são resultado do período de maior sistematização do meu fazer de coordenador e cumprem uma das minhas metas ao chegar no Centro de Educação Infantil (CEI) 13 de Maio: publicar com os professores que assim o desejassem.

Há um pormenor, que de "menor" não tem nada, que não poderia passar sem menção. Esse período em que cheguei ao CEI 13 de Maio coincide com aquele em que busquei constituir meu grupo de pesquisa em parceria com a Ana Lúcia Borges. Assim, em setembro de 2016, constituímos o Grupo Colaborativo de Estudo e Pesquisa da Formação Continuada Docente (GCOL).

Desse período, há textos resultantes de gravações em vídeo, uso de áudios e criteriosa sistematização das devolutivas ofertadas ao grupo. Credito muito dessa produção ao fato de já ter defendido o meu doutoramento e, desse modo, estava na hora de sistematizar o que havia realizado em outras Unidades, mas sem o peso de ser uma pesquisa acadêmica e com direito a ousar mais.

Na sequência, haverá uma lacuna de produção, e não por ter produzido menos, mas por ter ido para Secretaria Municipal de Educação de São Paulo (SME-SP), inicialmente, para cuidar da formação das equipes das Diretorias Pedagógicas das 13 Diretorias Regionais de Educação e, depois, para me tornar Diretor da Divisão da Educação Infantil. Coordenar a escrita do documento curricular municipal me tomou um tempo que não permitiu a pausa para a escrita de artigos e afins.

Porém, a necessidade de escrever e sistematizar o que estava fazendo na SME-SP, tema do meu pós-doutorado, levou-me a atravessar o Atlântico e mobilizar-me. Antes de sair o relatório do pós-doutoramento, precisava pôr em pé essa produção. Escrever o memorial do relatório me convocou a isso, e passar pela situação de quarentena (quando dei os retoques finais) também "ajudou" a criar o momento de pausa que tanto sabemos ser importante, mas que nunca chega para a maioria das pessoas. Por isso, minha admiração pelo senhor Coelho do livro *Alice no País das Maravilhas*.

Quanto mais estudo e busco sistematizar o que fui aprendendo, mais me conscientizo de que menos sei, mais dúvidas surgem. Tenho a pretensão de implementar muitas das premissas que aqui defendo em uma cidade com um pequeno número de Unidades Educacionais. Por quê? Para saber se o "problema" está nas proposições ou nos formadores.

Mas – sempre tem um "mas", e isso já virou quase um chavão em minhas postagens nas redes sociais – preciso dar um passo de cada vez, e materializar este livro foi um importante passo! As interlocuções que surgirão entre minhas colocações e a leitura delas poderão sinalizar novos caminhos, e, como sempre digo, isso será importante como forma de colaborar, afinal, tudo só faz sentido se for para ampliar. Assim, materializando o final de cada postagem minha, o famoso: *Sigamos....*

São Paulo, setembro de 2020.

Prefácio

Prefaciar um livro carrega sempre o compromisso de convidar para a leitura, e isso exige explicitar marcas encontradas e motivações de quem leu.

Convido, então.

Convido para o encontro com um livro cujas narrativas surgem de um solo com características de deserto, de agricultura fértil, de savanas, de litorais, de margens de rios transbordantes, de florestas. Solo diverso e surpreendente, sujeito a intempéries e a abundâncias. Solo-escola, solo-Educação Infantil. Solo-educação básica, solo-educação pública.

Narrar com base no que acontece encerra a complexidade de transformar experiências em palavras para pensar, rever, recriar e criar a experiência em melhores condições. No caso das narrativas reunidas neste livro, para criar as melhores condições de se estar com bebês e crianças, com educadores, com gestores da Educação Infantil – em especial – e da educação em geral.

Narrar com base no que acontece em experiências de educação abarca a dificuldade de se tratar de campo de conhecimento complexo no âmbito da história da educação brasileira e abarca, também, transitar por referências e compromissos postulados que ainda estão longe de ser generalizados no país.

A primeira marca encontrada por mim nesta leitura refere-se aos pressupostos, aos valores, aos princípios relativos à mediação de leitura, à coordenação pedagógica e à Educação Infantil que transbordam em cada capítulo. Autores e referências de redes públicas são articulados às experiências descritas.

Uma segunda marca pode ser nomeada de *compromisso*. Os autores se empenham ao descrever formas de abordar a realização dos compromissos com educadores, bebês, crianças. Os Capítulos 4 e 6 são exemplos de práticas desse compromisso.

A terceira marca, que justifica meu convite à leitura do presente livro, diz respeito à palavra *encarnada*. Os autores habitam suas narrativas. Revelam-se, saem de suas muralhas de proteção para apresentar uma palavra assertiva e, ao mesmo tempo, trêmula. Temos a marca de uma palavra que se pretende exposta.

Palavra nervo exposto. Quando uma verdade que se quer impor tem a coragem de aparecer com vestes justificadas, o movimento geral do livro leva a pensar na coragem de explicitar polêmicas e de permitir que o pensamento de quem lê tenha espaço de discordância.

A marca do nervo exposto permite a entrada reflexiva de quem lê, e esse movimento de exposição conduz a uma quarta marca, que me parece a mais importante para convidar à leitura do livro *Coordenação pedagógica na infância: a gestão dialogada com os registros*. Essa marca refere-se ao fato de que o livro apresenta a trajetória de profissionais da educação pública que fazem sua história ao escrever expondo seus encontros e desencontros. Exposição de si e de dinâmicas formativas em descrição minuciosa de grande interesse para pesquisadores e educadores em geral.

A despeito de se concordar ou não com os caminhos abordados, a despeito de se vislumbrar outras formas para o diálogo com educadores em formação e para o diálogo em geral com estudantes, sobretudo bebês, a leitura permitirá a visualização de concepções e de práticas que ousam se revelar e nos levam a pensar mais e mais fundo a dinâmica analisada no Capítulo 7, ou seja, a relação entre escuta e intervenção, ou a relação entre os saberes, as percepções e as elaborações de crianças e de bebês, e os saberes escolares mediados pelos professores.

E você, leitor-educador? Como seria a linha do tempo de sua trajetória? Quais seriam as marcas de sua narrativa? Como seria o livro criado com base na sua experiência profissional?

Precisamos dessa palavra emocionada e trêmula, que se expõe, que sugere lacunas, que inquieta, que deixa espaços para respirar e questionar, para ampliar nosso modo de pensar, dizer, escrever e fazer a educação.

Profa. Dra. Luiza Helena da Silva Christov
Professora da Pós-Graduação em Artes
da Universidade Estadual Paulista (Unesp).
Pós-doutorado na Universidade de Barcelona
e na Teachers College da Universidade de Columbia.
Líder do grupo de pesquisa Arte e Formação de Educadores, do CNPq.

Ser significa ser para o outro e, por meio do outro, para si próprio.
É com o olhar do outro que me comunico com meu interior.

Solange Jobim e Souza

SUMÁRIO

Minha constituição profissional e acadêmica. Quem sou hoje? 21

1. O conflito como estratégia de mediação para profissionais da educação por meio do livro *A hora da estrela* 39
    1.1 O início de tudo 40
    1.2 Uma atividade permanente que nos une 41
    1.3 Situações que geraram os conflitos 44
    1.4 Apropriando-se do livro 46
    1.5 Intervenções com as profissionais 47
    1.6 Sinais de apropriações 51
    1.7 Assim sendo 53

2. Entremeando fazeres pedagógicos 55
    2.1 Contexto do HTP 56
    2.2 A questão de salas diferentes realizarem atividades iguais 59
    2.3 Explosão 60

3. *Alice no País das Maravilhas* e as professoras da Educação Infantil 69
    3.1 Para baixo na toca do coelho 72
    3.2 A lagoa de lágrimas 74
    3.3 Uma corrida de comitê e uma longa história 76
    3.4 O Coelho manda Bill, o Lagarto 77
    3.5 Conselhos de uma lagarta 79
    3.6 Porco e pimenta 81
    3.7 Um chá maluco 82
    3.8 O jogo de críquete no campo da rainha 84
    3.9 A história da falsa tartaruga 86
    3.10 A dança da lagosta 89
    3.11 Quem roubou as tortas? 91
    3.12 O depoimento da Alice 94

4. Mudança das práticas docentes com base na interlocução com o coordenador pedagógico por meio dos diários de bordo 97
    4.1 Como tudo se iniciou 99
    4.2 Um desafio chamado diário de bordo 100
    4.3 Início de uma interlocução 102
    4.4 Aborrecer-se faz parte do processo reflexivo verdadeiro 106
    4.5 Um momento de diálogo para além do escrito 110
    4.6 Logo, uma parceria se materializou 114

5. A assertividade como estratégia para a formação continuada **117**
    5.1 Para além de uma postura mal-educada.................................119
    5.2 A assertividade da coordenação como estratégia de implicação
        da professora Ana Maria: uma possibilidade de reflexão....................... 125
    5.3 Deixando de ser "da coordenação" e tornando-se "do grupo" 143
    5.4 Considerações a serem realizadas... 145

6. Isto aqui não pode! **147**
    6.1 Uma metodologia para ir além das estantes das bibliotecas:
        a busca de parcerias 150
    6.2 Um lugar, um contexto... 154
    6.3 Delimitando uma estratégia, apresentando parâmetros 155
    6.4 O espaço da formação continuada e seu desenvolvimento.................... 157
    6.5 "Não pode fazer isso!" como estratégia formativa? 161
    6.6 Fazendo uma limonada com o limão 163
    6.7 Como seguir? 174

7. A estratégia formativa de oferecer devolutivas escritas
semanais ao grupo de professores: alinhando concepções,
partilhando orientações..**177**
    7.1 Após a enxurrada, o que fica? 244

8. "Bem me quer, mal me quer...": contato com os crisântemos **247**
    8.1 Registros infantis, registros docentes: em busca
        da historicização do percurso.. 250
    8.2 A formação continuada como possibilidade
        de encontrar novos interlocutores 252
    8.3 Um grande vaso de crisântemos 255
    8.4 Aprofundando a interpretação dos atos da criança e da professora 269
    8.5 Se uma síntese for possível... 271

9. Intencionalidade docente e escuta das crianças:
dimensões que podem caminhar juntas?..**273**
    9.1 Apareceu um bolo: e agora? 275
    9.2 Uma atividade permanente que precisa ser coletiva
        e modificada com as contribuições das crianças............................276
    9.3 E assim chegamos a... 291

Da profissão: leitor **293**
Referências **305**
Bilbiografia consultada..**311**

Minha constituição profissional e acadêmica. Quem sou hoje?

Ou, parafraseando Alice, será que sou a mesma pessoa que acordou esta manhã? Provavelmente, não...

Compreendo a escrita deste memorial como uma oportunidade ímpar de resgatar o meu interesse na temática da formação continuada de professores. Pensei em começar este texto por minha formação inicial para o Magistério, mas faltaria um componente muito importante que me constituiu (e ainda me constitui): meu interesse pela leitura, que não se iniciou nessa época.

No nosso meio, dizem que a profissão docente é algo aprendido antes mesmo de se decidir ser professor, pelo fato de cotidianamente estar em contato com professores.

Meu primeiro contato com um espaço de educação coletivo foi na pré-escola, no início da década de 1980, em um período no qual essa etapa educacional não era tão valorizada assim. Eu e minha mãe tínhamos que andar uma grande distância para chegarmos à Escola Municipal de Educação Infantil (Emei). Contudo, tenho como recordação dessa caminhada momentos muito agradáveis, desde flores colhidas no caminho a obstáculos transpostos em calçadas, pequenos muros e travessias de ruas.

Como faço aniversário em setembro, e a lei vigente à época não permitia que os aniversariantes após o mês de julho prosseguissem para o ensino fundamental antes de completarem 7 anos, fiquei um ano a mais na Emei. Amigos e familiares que estavam lá comigo foram para o fundamental. Eu tinha muita curiosidade de saber o que produziam naqueles prédios grandes, e, ao mesmo tempo, estava receoso de não mais brincar, pois meus primos e colegas eram unânimes em apontar a ausência de brincadeiras e do parque na nova escola como um grande problema.

Recordo-me de minha mãe e de minha tia sempre se indagarem: *"Como uma professora consegue dar conta de tantas crianças? Nós ficamos quase loucas com os nossos filhos, e ela precisa dar atenção a vários ao mesmo tempo!"*. Naquele momento, mal sabiam que estavam instalando minhas primeiras dúvidas acerca de como as proposições pedagógicas podem e devem estar ancoradas em estudos que as embasem.

Frequentei o ensino fundamental em uma escola estadual próxima à minha casa, tanto, que ia e voltava sozinho. Consegui alfabetizar-me no primeiro ano. Lembro-me de ter um grande receio de não aprender a ler e de ficar como um alto adolescente que estava em nossa sala: ele tinha mais de 15 anos e não conseguia aprender a ler e a escrever. Sempre me intrigava ao pensar como alguém tão alto não sabia ler.

E, ainda hoje, vendo os números de reprovações que assolam o país, é impossível não ficar a indagação: como é a formação dos professores que se apegam à "estratégia da reprovação" sem fazer um juízo de valor, apenas desejando a resposta do porquê desse uso? Como pode haver professoras que alfabetizam os seus alunos no tempo esperado, e outras não? Como podem existir procedimentos tão díspares entre si?

Quando estava nos últimos anos do ensino fundamental, frequentei um curso de iniciação profissional de período integral no Serviço Nacional de Aprendizagem Industrial (Senai) da cidade de Suzano, cujas questões da eletricidade, tema do curso, recordo-me muito pouco. Lembro-me com grande alegria, no entanto, da bibliotecária Dona Cleuci, e da biblioteca pela qual ela era responsável. Posso dizer que foi meu primeiro acesso a uma biblioteca adequadamente administrada e preparada para mediar a leitura.

Até então, as escolas em que havia estudado tinham depósitos de livros, e a única biblioteca a que ia era a biblioteca central municipal de Mogi das Cruzes, que recordo ser um lugar de perpétuo silêncio e de difícil circulação (eu não dominava as categorias de organização do acervo).

O acesso fácil a livros, revistas e jornais que a biblioteca do Senai me proporcionou marcará definitivamente o prazer alcançado pelas leituras efetuadas no trajeto entre as cidades de Mogi das Cruzes, onde residia, para a de Suzano, além de ter sido a mola propulsora do meu futuro desejo de "dar acesso a esse prazer a mais pessoas".

Inevitável escrever sobre esse trajeto e não lembrar de Sidney Sheldon, de Machado de Assis, da continuação do filme *...E o Vento Levou* e de tantas outras obras e autores que estavam a um toque da mão. Conheci *Pollyanna*, e tudo isso mediado e ponderado pelas mãos hábeis e cuidadosas de Dona Cleuci.

Havia alguns dias, não me recordo a periodicidade, porém, era algo recorrente, em que, ao chegar à biblioteca, encontrava os seguintes dizeres: "Hoje, estarei em formação na unidade central. Amanhã, retomaremos o atendimento". Ficava muito frustrado de não acontecer o atendimento. Eu e outros alunos conseguimos, com o passar do tempo, que o espaço fosse aberto ao menos na hora do almoço. Lembro-me de perguntar à Dona Cleuci o que iria fazer na unidade central, e ela gentilmente responder: "*Aprender as melhores formas de conversar com vocês sobre os livros*".

Dentro das possibilidades de um adolescente de entender a resposta, lembro-me de ficar surpreso e responder: "*Mas, isso, seu curso não deu conta de lhe ensinar?*". Ela respondeu com um leve sorriso: "*Nenhum curso nunca dará conta de ensinar tudo!*". E sempre haverá algo de novo sendo descoberto, logo, mesmo que tudo anteriormente criado, produzido e sistematizado estivesse disponível, o novo precisaria ser aprendido.

Foi a primeira indagação mais profunda que ouvi a respeito da necessidade da formação continuada. Não fiquei muito satisfeito, afinal, minha demanda era ter o espaço da biblioteca aberto e usufruir da presença da Dona Cleuci, sem imaginar que suas ausências para a formação continuada tinham grande impacto na sua capacitação profissional e permitiam que ela realizasse seu trabalho de forma tão especial.

Vivenciar momentos de formação continuada deveria ser uma convocação ética a quem opta por estar em espaços educacionais. Ter a pretensa ideia de que a formação inicial já deu conta de tudo o que poderia, pode e poderá ser problematizado ao longo de sua vida profissional chega ao ponto de soar como uma inocência pedagógica.

Saindo do Senai, entrei no Centro Específico de Formação e Aperfeiçoamento do Magistério (Cefam),[1] outra escola de período integral, com foco na formação de professores e que, ironicamente, não contava com uma biblioteca adequada. À noite, estudava numa Escola Técnica Estadual (ETE), em um curso profissionalizante de técnico em eletrotécnica, que tinha uma excelente biblioteca. Aqui, minhas leituras se tornaram mais profundas e técnicas.

Já sabia que não seguiria a profissionalização técnica de elétrica, apesar de ser eletricista de manutenção industrial e residencial pelo Senai e auxiliar técnico pela ETE de Mogi das Cruzes. O Magistério já havia me conquistado; contudo, reconheço que as bibliotecas desses espaços técnicos foram as primeiras mediadoras eficazes de meu acesso à leitura.

Minha trajetória, de frequentar uma escola de formação de professores sem uma mínima biblioteca, é o normal em nossa realidade educacional. Nisso, já reside um grande sinalizador de problemas futuros. Como esperar que existam professores aptos a mediar a leitura a seus alunos se, quando eles mesmos eram alunos, seja nas escolas de ensino fundamental ou médio, seja no Magistério, não tiveram acesso a uma biblioteca escolar?

Ao estudar a constituição do Cefam, chama a atenção o fato de o corpo docente precisar entregar projetos nas Diretorias de Ensino para ministrarem aulas. Os professores dessa instituição tinham uma conduta profissional diferenciada. Em primeiro lugar, porque optaram por estar naqueles espaços; em segundo lugar, porque muitos militavam por uma educação pública diferenciada e acreditavam que uma formação inicial sólida e exigente era um bom começo para a virada de qualidade da educação pública.

No terceiro ano, dos quatro de duração do curso, lembro-me de que nossa turma se inscreveu para participar de um concurso a respeito

---

[1] Escola de excelência na formação de professores das séries iniciais, que recebiam um salário mínimo de ajuda de custo para o estudo em período integral que realizávamos.

de projetos inovadores na formação inicial de professores, e solicitamos ajuda das professoras. Eu e uma amiga fomos convidados a participar do horário de trabalho pedagógico coletivo (HTPC) e apresentar a todas as professoras o que desejávamos fazer.

Mal sabia eu que estava entrando no primeiro HTPC de muitos que marcariam minha vida profissional. Mesmo sem muitos recursos profissionais e experienciais, fui colocado dentro de uma discussão que escancarava as diferenças de compreensão do que era auxiliar alunos e do que era fazer o trabalho por eles. Foram 30 minutos de intensa discussão que terminou com uma votação, e o veredicto de que deveríamos escrever o projeto sozinhos, afinal, era um concurso de alunos, e não da escola!

Aos 18 anos, não imaginava que esse campo de disputa se daria e permaneceria ao longo de todo meu percurso profissional na educação (em todas as etapas e modalidades nas quais trabalhei). Somos diferentes e carregamos percursos, pressupostos e experiências que nos distinguem. Logo, estar em uma reunião coletiva implica saber como usar esses pontos distintos a favor de uma construção, e não simplesmente anular essa distinção por votações. Porém, essa construção demorou anos para ser efetivada! Ela não se deu aos 18 anos. Saí com a impressão de que as professoras (que tanto admirava), quando se reuniam, transformavam-se em pequenas tiranas ególatras.

Agora, que o Magistério em nível médio deixou de ser o formador de professores e a responsabilidade passou para as faculdades e universidades com o curso Normal Superior ou de Pedagogia, as dicotomias não diminuíram: tanto a de aprender a lidar com a diferença de pontos de vistas, como a de os cursos não ajudarem os alunos a serem leitores. Assim, quando se deparam com as bibliotecas universitárias, sentem-se desamparados e mais afastados ainda desse dispositivo informacional.

E mesmo aqueles que sobrevivem a esse ambiente e conseguem nele circular não se tornarão, por isso, melhores mediadores de leituras quando forem às escolas. Para isso, há dois motivos: primeiro, nem sempre existe uma biblioteca nas escolas em que vão lecionar; segundo, quando esses espaços existem, são completamente diferentes do encontrado nas faculdades e nas universidades.

Ao terminar o curso de Magistério, fui trabalhar na zona rural de Suzano, em um projeto da prefeitura chamado Luz. Tornei-me responsável por uma turma multisseriada, com alunos adultos, em sua maioria (havia apenas dois adolescentes), das séries iniciais do antigo ensino fundamental, da primeira à quarta série.

E, ali, nasceu a minha primeira necessidade de formação continuada profissional. No Cefam, havia aprendido magistralmente a lecionar para crianças, e sentia-me pronto para alfabetizar crianças, o que faria por muitos anos. Entretanto, não tive nada que me preparasse para alfabetizar ou, até mesmo, ensinar adultos.

Essa turma foi minha maior prova de como a significação (Bruner, 2000) é imprescindível no trabalho com a educação. Nela, pus à prova muito do que hoje reconheço como o fazer docente, que só se efetiva na prática: não tinha clareza de determinadas escolhas que, na época, chamei de "intuição". Hoje, sei que são procedimentos aprendidos no fazer, denominados *conhecimento tácito* (Zeichner, 1993).

Nunca separei a sala por fileiras e jamais deixei de tratar os assuntos abordados de forma coletiva, o que, a princípio, trouxe certos dissabores, pois os alunos foram muito resistentes em fazerem suas atividades partindo do mesmo tema. Alguns alegavam que não estavam "atrasados" para fazer a mesma coisa dos que não sabiam escrever, e outros, que não estavam tão "adiantados".

Permaneci professor dessa turma por um ano e dois meses, e esse contato foi a maior comprovação de que as questões de significação, contexto, acesso à cultura e outras tantas afirmações, quando são verdadeiramente levadas em consideração, fazem enorme diferença. Posso afirmar que me fiz professor nessa turma e com essa turma.

O irônico é que todos os professores do projeto Luz tinham um encontro de formação continuada mensal, no qual nos reuníamos com a coordenação geral. Recordo da expectativa que vivi para o primeiro encontro: "*Vou ouvir pessoas mais experientes! Vão me indicar possibilidades! Vamos trocar propostas!*".

Infelizmente, não houve uma condução didático-pedagógica do momento; ficamos restritos a nos apresentarmos e ouvirmos uma sequência de informes burocráticos. Procurei minhas antigas professoras no Magistério, que me recomendaram a leitura da obra de Paulo Freire, a qual li na íntegra.

Ao visitar meu espaço educativo, a responsável pelo projeto gostou tanto da proposta desenvolvida que pediu para que eu o socializasse no próximo encontro formativo coletivo. Eu não tinha 3 meses como professor de adultos e já era convidado a falar para professoras que estavam neste projeto há mais de 5 anos. Sentia que algo estava errado, só não sabia dizer o porquê à época.

Desafio aceito, como comunicar o que eu fazia? Como me fazer compreender para pessoas que, apesar de terem públicos parecidos com os meus, partiam de pressupostos diferentes? Eram muitas as minhas dúvidas: precisava me comunicar claramente, apresentar materiais e proposições que fossem claros e, ao menos tempo, deixar explícito que os princípios que embasavam as proposições eram fundamentais.

Uma das professoras que estaria presente na minha apresentação era a antiga docente da turma, e, como desconstruí alguns dos seus procedimentos metodológicos, precisava ser cauteloso. Sem contabilizar o desafio de ser um rapaz de 20 anos falando para várias mulheres que tinham essa idade de Magistério!

Algumas foram muito respeitosas, mas outras indagaram à responsável: "*Não é querer demais de nós? Estamos no projeto há muito tempo, sabemos como fazer as coisas de forma organizada e, até o momento, sem reclamações, e, agora, aparece essa surpresa? É para fazer assim?*". E fizeram outras tantas perguntas que fui entendendo o incômodo com o que eu apresentava. Ao final, uma professora me chamou de canto e disse: "*Daqui a pouco você aprende a fazer o básico e aparecer o mínimo. Isso é fogo de palha de quem está iniciando*".

Como tinha um contrato temporário de trabalho com a prefeitura de Suzano, comecei a prestar diversos concursos públicos, tentando um cargo efetivo de professor. Fui chamado na Prefeitura de São Bernardo do Campo. Trabalhei em uma escola bem localizada e com o público de crianças da faixa etária dos 7 aos 10 anos.

Foi uma rica oportunidade de pôr em prática muitas das coisas que tinha aprendido no Magistério. Como a rede de ensino fundamental da Prefeitura Municipal de São Bernardo do Campo estava se constituindo naquele momento, havia muitas oportunidades de cursos e de formações. Nossa Unidade Escolar foi uma das primeiras da rede a receber uma Biblioteca Interativa.[2]

Saía do isolamento de uma escola rural, na qual efetuava todas as funções burocráticas e pedagógicas e não tinha a oportunidade de compartilhar os sabores e os dissabores do dia a dia com ninguém, para entrar em uma escola em pura efervescência e receber um dispositivo informacional de primeira linha e mediado pelo próprio idealizador, o professor doutor Edmir Perrotti.

É inevitável não me lembrar das experiências de bibliotecas escolares ao mediar uma biblioteca de excelência para as crianças. Nessa época, eu privilegiava a dimensão do prazer. Reconhecia que questões culturais estavam mobilizadas, porém, via o prazer como meta nessa mediação. Questões que, hoje, trago e problematizo nas minhas propostas de formação continuada.

Acredito que, ao estar responsável por um grupo, preciso apresentar mediações qualificadas de leitura, preferencialmente literárias, afinal, só quem conhece a Literatura é capaz de mediá-la, e cabe ao responsável pelos grupos docentes fazer esse papel de mediador.

Na escola de São Bernardo do Campo, havia o HTPC, que deveria ser um momento privilegiado semanal para tratarmos das questões pedagógicas da escola. A Prefeitura era tão ciosa desse momento, que fazia grandes exigências para que toda a equipe da escola estivesse reunida em sua execução.

---

[2] Rede de Bibliotecas Interativas (Rebi) foi uma oportunidade de superação da condição de isolamento, bem como de grande valia para que pudéssemos avançar em nossas considerações acerca da leitura. A Rebi resultou de uma cooperação entre a Universidade de São Paulo (USP) e a Prefeitura de São Bernardo do Campo e se constituiu em um importante projeto criado e coordenado pelo professor doutor Edmir Perrotti e sua equipe, sediada no Departamento de Biblioteconomia e Documentação da Escola de Comunicação e Artes (ECA/USP). A escola na qual lecionávamos foi uma das seis primeiras a receber esse novo dispositivo informacional e, para que a biblioteca interativa fosse apropriada por todos os integrantes das escolas, participamos de vários encontros com o idealizador do projeto e seus colaboradores.

Dessa experiência, guardo duas lições que me instigariam o desejo de estudar profundamente as questões da formação continuada: o fato de ter um grupo reunido em torno de uma mesa não significa que estejam em colaboração; e uma pauta comum precisa ser o elo das pessoas que formam a Unidade Educacional.

Todavia, no início dos meus trabalhos nessa rede, só conseguia ver minhas expectativas formativas alimentadas. Finalmente, eu faria parte dos quadros de uma prefeitura que pagava um excelente salário, teria um horário para formação semanal coletiva e teria um profissional responsável por esse momento: eu teria um coordenador pedagógico! Poderia trocar minhas dúvidas, ter um par mais avançado.

Acredito, cada vez mais, neste aspecto do coordenador pedagógico: ele precisa ser um par avançado, aquele que provocará o deslocamento e, ao mesmo tempo, dará suporte aos professores que estão sob sua coordenação. E, nesse desejo de troca, de poder recorrer a alguém que veria de fora o que eu estava fazendo, foi a maior alegria estar com uma coordenadora pedagógica.

Mas, entre o desejo e sua efetivação, percorre-se um longo caminho, e, nesse caso, não foi diferente. Após alguns encontros formativos com a coordenação pedagógica, além de não encontrar o par avançado que procurava, os momentos de HTPC foram se aproximando de momentos de tortura coletiva: um emaranhado de comunicações burocráticas, um estar junto no qual cada um fazia seu próprio planejamento, e o pior de tudo: um momento de reclamação coletivo para as dificuldades, e quase nenhuma solução coletiva para os problemas apontados. O famoso muro das lamentações!

Neste meio-tempo, fui chamado para assumir outro cargo docente, agora, na Prefeitura de São Paulo. Se, em Suzano, eu não tinha nenhum coordenador pedagógico, agora, teria dois: um pela manhã em São Bernardo do Campo, e outro no período da tarde/noite na cidade de São Paulo. No primeiro caso, semanalmente e reunido com ele e o grupo por três horas; no segundo, de segunda a quinta-feira e fazendo, no mínimo, duas horas-aula de Projeto Especial Ampliado (PEA).

Observando esse cenário, fico entristecido de perceber como esses espaços formativos não impactaram minha formação profissional inicial de professor, como as coisas foram conduzidas em um misto de intuição, sobrevivência e coleguismo. Havia, nesses espaços, profissionais responsáveis pela formação continuada da equipe, chamados coordenadores pedagógicos. No entanto, por falta de preparo deles, talvez decorrente da ausência de uma formação continuada para eles próprios, por entraves pessoais ou, até mesmo, por uma mescla de todas essas hipóteses, essas pessoas não assumiram o que se esperava de uma coordenação pedagógica.

No meu percurso profissional, quase autodidata, fui trilhando as questões da leitura. A possibilidade de me candidatar a responsável pela sala de leitura da Escola Municipal de Ensino Fundamental (Emef) Mário Schonberg me trouxe outras possibilidades profissionais e formativas: fiquei nessa função por três anos nessa Emef, por mais dois no Centro Educacional Unificado (CEU) Alvarenga e por outros três na Emef Duque de Caxias.

Se, até então, as mediações de leitura que me preocupavam aconteciam dentro das minhas salas de aula, agora, eu era responsável por uma biblioteca escolar e tinha o compromisso de pensar dimensões de mediações capazes de dar conta de todas as faixas etárias. A Emef Mário Schonberg atendia da primeira à oitava série e a um grande contingente de alunos da Educação de Jovens e Adultos (EJA).

Sentia que precisava de interlocutores. Perceber essa necessidade e procurar saná-la (ou, melhor, contemplá-la) seriam premissas orientadoras em meus trabalhos futuros de formação e levaram-me à Escola de Comunicação e Arte (ECA) para cursar a disciplina oferecida pelo professor Edmir Perrotti. Nela, fui apresentado às questões de mediações e dispositivos culturais que iam para além do prazer.

Como eu exercia a docência na escola que contava com uma das primeiras bibliotecas interativas de São Bernardo do Campo e o professor Edmir Perrotti desenvolveria uma pesquisa a ser apresentada na

Venezuela para um grupo financiado pela União Europeia, ele me convidou a aplicar a pesquisa a crianças e professores da escola.

Fiquei muito surpreso ao perceber que os alunos, apesar de frequentarem a biblioteca interativa até mesmo fora dos horários obrigatórios, pegarem muitos livros emprestados e adorarem o espaço, nada ou muito pouco conversavam sobre suas experiências leitoras.

Comecei a compreender que a dimensão do acesso ao prazer da leitura não era o suficiente para ajudar crianças e adultos a romperem seu isolamento cultural e criarem uma rede de significação que atuasse nos seus ambientes sociais. Uma premissa que se aplica às questões da formação continuada é: estar nos momentos formativos não garante construções simbólicas e modificações de práticas.

Todas as vezes que me vejo responsável por um grupo, seja de professores, seja de formadores, duas preocupações são prementes: oportunizar aos grupos mediações simbólicas que gostaria de ver replicadas aos alunos ou públicos que atendem; e não haver possibilidade de se especializar em algo sem lançar mão da formação continuada em colaboração.

Motivado a aprofundar minhas construções simbólicas acerca da leitura e me propondo a aplicar estratégias de rompimento das minhas lacunas formativas, inscrevi-me no programa de mestrado da ECA e, sob a valiosa orientação do professor Edmir Perrotti, aprofundei as questões de mediação da leitura. Essa pesquisa se desenvolveu em uma escola estadual na região central da cidade de São Paulo. Durante o processo seletivo do mestrado, exonerei-me do cargo de professor na prefeitura de São Bernardo do Campo e assumi um cargo de professor efetivo na rede estadual de São Paulo.

Passei a trabalhar perto de casa, e as Unidades Escolares, tanto da rede paulistana como paulista, eram próximas. Essas condições foram essenciais para que conseguisse prosseguir trabalhando e frequentando o mestrado. Terminei o curso defendendo a dissertação: *Redes de leitura: uma abordagem sociocultural do ato de ler* (Alcântara, 2009).

Em linhas gerais, a pesquisa me conduziu a tratar a leitura para além da dimensão do prazer, desenvolvendo com as crianças uma rede de significação que desse suporte às suas práticas leitoras e, principalmente, contextualizasse esse ato em suas experiências sociais e culturais. A perspectiva do trabalho em rede e de forma colaborativa foi essencial em todas as minhas pesquisas acadêmicas e nas minhas formações continuadas.

Não buscava conduzir as crianças ao mundo da leitura, mas, sim, mediar as práticas de leitura de suas vivências sociais para que se aproximassem delas. Uma vez compreendendo e vivenciando práticas leitoras de seu contexto, estava aberta a possibilidade de avançarem para outras práticas e frequentarem diversos dispositivos informacionais.

Conseguir mediar os diversos dispositivos informacionais que o centro paulistano dispõe aos alunos que moram perto dele foi uma prova cabal de que é possível ressignificar espaços e condutas, e, para tanto, o papel do mediador é fundamental.

Essa "descoberta" me impulsiona, desde então, a sempre me perguntar: o que é preciso fazer para que as pessoas tenham a disponibilidade de se colocarem no papel de mediadoras? Como um formador que saiba o que está realizando pode impactar positivamente o saber fazer de quem está em formação continuada sob sua responsabilidade?

Terminado o mestrado, tinha um desafio: como possibilitar que o tratamento reticular da leitura fosse adotado por mais profissionais? Quando comecei a pensar em quais pesquisas gostaria de me aprofundar, fui aprovado no concurso para coordenador pedagógico em São Bernardo do Campo.

Saí da rede paulista, assumi o cargo de coordenador pedagógico em uma escola de iniciação profissionalizante na área da Imagem Pessoal[3] e, na rede paulistana, voltei a ser responsável por uma sala de leitura.

Quando assumi o cargo de coordenador pedagógico (nunca havia exercido tal função), sabia que não gostava das práticas dos coordenadores que me coordenaram. Mais ou menos o que acontece com os estágios nas

---

[3] Escola de iniciação às profissões de manicure, cabeleireiro e estética facial e corporal.

escolas, com ações que nos sentimos obrigados a realizar, em cujos relatórios escrevemos, na maioria das vezes, o que cremos ser inadequado realizarmos.

Além da inexperiência, havia o fato complicador de estar em uma escola de iniciação profissional de uma área com a qual não tinha a menor familiaridade. As profissionais responsáveis pelo ensino das técnicas têm como exigência, para serem instrutoras, comprovarem os conhecimentos na área de atuação e terem o ensino médio completo.

Na escola, havia duas outras categorias de ensino: uma sala multisseriada de EJA, no período vespertino, e duas salas de Telessala, de quinta a oitava série, uma no período matutino, e outra, no noturno. Nos dois casos, as responsáveis pelas turmas eram professoras com o curso superior em Pedagogia.

Apresentou-se um grande desafio: qual eixo adotaria a escola que contemplasse públicos tão diversificados? Teríamos dois grupos ou apenas um para os HTPCs?

Novamente guiado pelo bom senso, não aceitei as pressões iniciais do grupo de se separarem, alegando que gostariam de ver suas especificidades de áreas tratadas de forma exclusiva. Em contrapartida, aleguei que separá-las seria algo que complicaria a questão de o grupo se reconhecer como uma instância de reflexão coletiva.

Ao me ver desafiado a escrever o Projeto Político-Pedagógico (PPP) da escola, propus ao grupo ter a leitura como seu eixo estruturante. Era, a meu ver, uma forma de caminhar por áreas de conhecimento nas quais tinha algum domínio para compartilhar conhecimentos e estratégias que havia adquirido ao realizar a pesquisa do mestrado e nos meus anos como professor de sala de leitura.

Mas também estava posto um enorme desafio: uma coisa é ter um mediador, leitor e usuário dos dispositivos informacionais, que deseja mediar a leitura com um tratamento em rede, e outra totalmente diversa é desejar que profissionais que não se reconhecem leitores façam uma mediação em rede para a leitura.

Sabia de antemão que necessitaria mediar a leitura para o grupo e formar uma rede de leitura com ele. Não tinha ideia de como isso se daria e sabia que o grupo precisaria se ver contemplado nas atividades e perceber os meandros da mediação. Continuamos aplicando essa estratégia que, em maior ou menor nível, independentemente do grupo a ser formado, e que, com o tempo, aprendemos a nomear como *homologia de processos*.

A busca de compreender como essa homologia se dá e, mais ainda, como os processos metacognitivos dos sujeitos se constituem e possibilitam que reflitam e alterem seus fazeres foi determinante para me motivar a desenvolver uma pesquisa no programa de pós-graduação em Língua Portuguesa da Pontifícia Universidade Católica de São Paulo (PUC-SP), intitulado: *Diário de Bordo: uma construção colaborativa rumo à Pedagogia Cultural*.

As minhas experiências anteriores justificam o porquê de utilizar a metodologia colaborativa na execução da pesquisa de doutorado. Não posso dizer que uma pesquisa-ação daria conta de se adaptar a todas as especificidades que apareceram ao longo do desenvolvimento do trabalho, até porque uma pesquisa-ação exige que se tenha claramente definido qual é o problema e quais serão as ações para transformar o problema.

Na pesquisa colaborativa, assumo quais são os possíveis problemas, mas as intervenções neles serão construídas com o grupo. Por isso, é imprescindível que o pesquisador faça parte do grupo; não há pesquisa colaborativa sem o envolvimento claro do pesquisador no desenvolvimento do projeto.

Tais considerações, longe de me afastar de uma conduta científica, impunham-me um desafio duplo: tinha que ter um plano de trabalho muito bem elaborado e, ao mesmo tempo, flexível. Afinal, em última instância, seria o grupo que definiria os trajetos que eu faria, o que exige do pesquisador e, no caso, do coordenador pedagógico, um esforço claro de não se perder em devaneios e construir uma organização mínima dos conteúdos e dos procedimentos colocados à prova.

Logo, um plano de formação para o grupo se fez necessário. Dessa forma, sabia sobre o que versariam os HTPCs e as necessidades do grupo seriam acolhidas. No mestrado, insinuei a necessidade de uma Pedagogia Cultural; no doutorado, afirmei a necessidade de esse campo se constituir. As escolas deveriam perceber que não há sentido em se tratar de conteúdos e informações de maneira compartimentada como continuam a fazer. Não imaginava melhor forma de significar o que a escola se propõe a ensinar que não fosse pela via cultural, pressuposto que continuei a seguir nessa pesquisa de pós-doutorado e nas formações continuadas pelas quais sou responsável.

A Cultura é, aqui, compreendida como uma construção histórica, social e, sobretudo, humanizadora. É a Cultura que nos torna humanos e, por meio dela, conseguimos ver o que nos aproxima do outro Humano, e também o que nos diferencia. Não há Cultura que seja melhor ou pior, mas, sim, diversas formas de relacionamentos com a natureza que diferentes povos estabeleceram e, dessa diferença, emergem ricas e múltiplas situações, manifestações e dispositivos culturais. Se a escola não se assenhorar de ser o local privilegiado de discussão e assunção dessa perspectiva, não vemos muitas oportunidades de intervenções exitosas podendo ocorrer nela.

A tão propagada questão da complexidade desenvolvida por Morin (2011) e reconhecida por diversos estudiosos encontra na contextualização da Cultura sua melhor oportunidade de ser adequadamente levada em consideração, eliminando o tratamento interdisciplinar da esfera do desejo e do modismo, assumindo seu caráter essencial. Afinal, as construções culturais jamais poderão ser resumidas a uma única disciplina ou reduzidas a uma única explicação.

Uma questão muito cara a mim diz respeito ao fato de que, quando concluí o mestrado, precisei reconhecer que o trabalho desenvolvido só foi possível pela qualidade do mediador (pesquisador) que o estava efetuando. Não desejava ficar com essa marca de novo: o trabalho só teve êxito e foi possível por causa do coordenador (pesquisador). Para isso, senti-me motivado a ter um grupo de coordenadores com o intuito de trocar impressões e de auxiliá-los a mediarem um trabalho parecido com o meu.

Esse grupo, antes de ser um laboratório de verificação do êxito de determinadas técnicas, seria, para mim, a possibilidade de trocas efetivas de estratégias, de dúvidas, de alegrias, de erros. Podemos afirmar que foi a forma pela qual tentei romper com o meu isolamento de coordenação.

Infelizmente, o grupo não se manteve, e esse malogro me acompanhou por um bom tempo: o que faltou em minhas proposições? Quais elementos eram essenciais de estarem contemplados e não emergiram?

Se, academicamente, não posso reclamar que nunca me tenham faltado parceiros nessa trajetória, profissionalmente, tive poucos interlocutores que pudessem me auxiliar, até mesmo porque a configuração do trabalho de coordenação pedagógica se dá muito no trato direto com os professores e nas trocas com a gestão (diretoria e vice-diretoria), e, nos momentos em que a Secretaria Municipal de Educação nos reunia, era para passar informes ou formações verticais. Infelizmente, os coordenadores não tinham espaço para refletirem sobre o seu fazer. Portanto, não tinham e não têm formação específica, o que me mobilizou a repensar esses momentos e impulsionou a pesquisa de pós-doutorado.

Em 2013, exonerei-me do cargo de coordenador em São Bernardo do Campo e fui convidado a trabalhar na Diretoria Regional de Educação (DRE) Ipiranga, com a formação de coordenadores pedagógicos da EJA e, depois, da Educação Infantil. Agora, tinha o desafio de formar coordenadores pedagógicos. No meio deste processo, fui chamado para assumir o cargo efetivo de coordenador pedagógico na Prefeitura de São Paulo.

Em paralelo, convidei gestores da Região 1 de São Bernardo do Campo a constituírem comigo um Grupo Colaborativo de Estudo e Pesquisa da Formação Continuada Docente (GCOL), no qual temos a intenção de implementar os diários de bordo, embasados nas premissas que constituem a minha tese (Alcântara, 2015b).

Em 2014, assumi a coordenação de uma Emei, na região de Santo Amaro, sem estrutura física adequada para ser uma escola de crianças, na qual coordenei 66 professoras e procurei implementar o diário de bordo. No mês de março, defendi meu doutorado. Fiquei nessa Unidade até dezembro de 2015. Além das questões profissionais, as acadêmicas também avançaram consideravelmente: publiquei artigos, capítulos de livros, ministrei uma disciplina à distância na Universidade Federal de Lavras (UFLA) e consolidei minha participação em três grupos de pesquisa.

Em 2016, pedi remoção para um Centro de Educação Infantil (CEI) na DRE Ipiranga, onde enfrentei novos desafios, como coordenar um grupo de profissionais que lidam com uma faixa etária com a qual eu nunca havia trabalhado antes. Porém, algo foi fundamental para minha mudança: a garantia de que todos os professores participariam dos momentos formativos. Na Emei, essa participação é facultativa. Consolidei o GCOL (que avançou nas questões de uso e mediação do diário de bordo), mantive o hábito de participar de um grande congresso anualmente e continuei publicando capítulos de livros e artigos.

Em 2017, recebi o convite para trabalhar na Divisão de Educação Infantil (Diei) da Secretaria Municipal de Educação de São Paulo e ser o responsável pela formação das equipes de formadores de coordenadores pedagógicos das 13 DREs. Era uma oportunidade ímpar de pôr à prova tudo que havia pesquisado, tanto no doutorado como na condução do GCOL e nos três grupos de pesquisa que frequentava com regularidade há mais de quatro anos. Nesse ano, organizei, com a professora Lígia Vercelli, uma coleção de três livros acerca de práticas educativas na educação básica, com ênfase à Educação Infantil.

Em 2018, com a saída da professora Yara Mattioli da direção da Diei, recebei o convite para ficar em seu lugar. Novos desafios se apresentaram; não abri mão de estar à frente do processo formativo das equipes das Divisões Pedagógicas (Diped) por compreender essa ação como fundamental. No segundo semestre, recebi o convite para ministrar aulas na Faculdade do Educador (Feduc), que tem uma proposta inovadora na formação dos futuros pedagogos.

A efervescência das construções alcançadas com as equipes das Diped, em colaboração com a assessora Silvana Lapietra, e o desafio de escrever uma proposta curricular movimentando números gigantescos, como 3 mil Unidades de Educação Infantil, 59 mil profissionais e 535 mil bebês e crianças, deu-nos a dimensão da necessidade de sistematizar essas produções por meio de uma pesquisa acadêmica.

Em 2019, consolidei a pesquisa do pós-doutoramento, com reuniões quinzenais com a professora Vera Placco, voltei a organizar um livro com a professora Lígia Vercelli, *Fazeres de professores e de gestores da escola da infância: reflexões sobre cenas do cotidiano* e fui a Portugal, mais precisamente, ao Instituto Superior de Educação do Porto e, sob a supervisão da professora Sara Barros Araújo, fiz uma parte da minha pesquisa em terras lusitanas.

E, lá, encontrei o precioso tempo para poder escrever este material (que, agora, chega às suas mãos, leitor). Espero que entrar em contato com minhas experiências e trajetórias possa mobilizar a refletir e pensar: será possível fazer assim?

···1···

O conflito como estratégia de mediação para profissionais da educação por meio do livro *A hora da estrela*

Neste texto, vamos analisar a situação de mediação do livro *A hora da estrela*, de Clarice Lispector, feita com as profissionais de uma escola municipal de iniciação profissional que só atende a alunos adultos, em São Bernardo do Campo.

Para tanto, usaremos as noções de mediação e conflito, amparadas na psicanálise freudiana, e trechos do texto *Como um romance*, de Daniel Pennac (1998), para dialogar com a nossa reflexão sobre a mediação realizada, uma vez que o autor busca compreender em qual momento o leitor se perde na floresta das significações simbólicas. Procuramos analisar situações e colocações que apresentam as profissionais apropriando-se do texto de Lispector e conseguindo mediá-lo.

Em geral, a palavra *mediação* é compreendida como algo que, *a priori*, afasta a possibilidade de conflito, afinal como ajudarei alguém a conhecer algo se a mediação ocorrer fundada em bases negativas? Consideramos a premissa válida quando pensamos na relação profissional/aluno, porém, na relação coordenador pedagógico (CP)/profissionais, a regra nem sempre é uma premissa. Quantas vezes não se faz necessário cobrar uma efetiva mudança de comportamento da profissional? Quantas vezes as propostas de inovação (que, por diversas situações, são exigências) dos sistemas educacionais oficiais devem ser executadas sem muita margem de manobra?

Não estamos partindo da ideia de que a relação deva ser ditatorial ou embasada na concepção de que a coordenação manda, e os profissionais obedecem, mas, sim, reconhecendo que há momentos em que o conflito será inevitável. Advogamos que conseguir compreender isso evita dissabores aos coordenadores, que, talvez, vejam a situação conflituosa como uma afronta a sua pessoa. O professor, por sua vez, terá a oportunidade, quando superar o conflito, de rever/analisar/refletir sobre o seu fazer pedagógico.

1.1 O início de tudo

Ao assumir o cargo de CP na rede municipal de São Bernardo do Campo, em uma escola de iniciação profissionalizante na área da Imagem Pessoal, fomos apresentados ao desafio de como integrar os grupos de profissionais da Unidade.

Utilizar a palavra *profissionais* para designar os dois grupos da Unidade Escolar é muito mais do que mero detalhe linguístico. Estamos reconhecendo que são pessoas habilitadas e capacitadas a desenvolver práticas efetivas de ensino que possibilitem a aprendizagem de seus alunos de forma planejada e intencional. Quando fizermos uso da palavra professora ou instrutora, será em virtude da especificidade de ação que mereça ser explicitada, nunca como juízo de valor ou acreditando que uma categoria é superior ou inferior à outra.

Acreditávamos que o grupo de profissionais dessa Unidade até poderia ter fruído dos contos de fadas, como nos alerta Pennac (1998,

p. 19): "suas relações particulares com Branca de Neve ou com qualquer um dos sete anões eram da ordem da intimidade, que exige segredo! Grande fruição do leitor, esse silêncio depois da leitura", mas teriam se apropriado e avançado a outros desafios? Ou teriam sofrido alguma ruptura em seu percurso leitor e se perdido no bosque escuro, sem sinal de ajuda das obras clássicas sem mediadores?

Ao sermos desafiados a escrever o Projeto Político-Pedagógico (PPP) da escola, elencamos a leitura como seu eixo condutor. No entanto, para que não fosse letra morta, sabíamos que precisaríamos incentivar o grupo a ler e, mais do que ler, tornar-se capaz de mediar a leitura. Tínhamos, porém, que nos policiar como mediadores, "nós, pedagogos somos credores apressados. Detentores do Saber, emprestamos com juros. E é preciso que isto renda. Depressa! Sem o que, é de nós mesmos que duvidamos" (Pennac, 1998, p. 49).

Como evitar o papel de credores apressados e, ao mesmo tempo, sermos parceiros dos profissionais de suas saídas do bosque das significações rompidas? Esse foi um grande desafio por nós enfrentado. Acreditamos que elaborar uma atividade permanente na qual contemplássemos a leitura diária com os alunos e que fosse motivo de conversa também entre as profissionais da escola seria um bom início para rompermos com o isolamento de alguns membros do grupo e, quiçá, a saída do bosque das significações poderia se dar de forma coletiva, o que com certeza possibilitaria uma maior segurança. Talvez até mesmo as motivasse a voltar a andar por essas paragens, pelo bosque das leituras e suas significações, até então, impregnado de ausências e de dificuldades.

1.2 Uma atividade permanente que nos une

Decidimos, coletivamente, que a escola vivenciaria dois momentos de leitura diária. No primeiro, a profissional efetuaria uma leitura em voz alta, quando faria o papel de facilitadora da entrada dos alunos

nos bosques de novas significações, sem se preocupar que nomeassem as árvores que viam a sua frente, as folhas caídas e a escuridão que parecia envolvê-los. No máximo, as profissionais promoveriam oportunidades para um diálogo a respeito da leitura efetuada, sempre com o cuidado de evitar passar um sermão. Não desejávamos que, nesse momento, houvesse catequização, mas, sim, fruição. Afinal, as interpretações de um texto bem escrito são variadas, e o leitor pode colocar muito de si na interpretação. Para que se frua a leitura, a escolha do texto a ser lido é fundamental.

Nós, como coordenação pedagógica, elencamos e apresentamos diversos textos (crônicas, contos, reportagens, poemas, entrevistas, entre outros) que poderiam ser usados nos momentos de leitura coletiva. Líamos com antecedência, com as profissionais, os textos selecionados e solicitávamos que antecipassem possíveis interpretações que seus alunos poderiam ter. Dessa forma, abríamos a possibilidade de as profissionais se manifestarem livremente, podendo utilizar a hipótese de ser o outro (no caso, seus alunos) para falarem com sinceridade (poder apresentar suas dificuldades como um possível entrave de seus alunos foi alentador para algumas profissionais). Ao mediar o texto com elas, estávamos, antes de tudo, procurando mostrar estratégias eficazes de mediação, fazendo o que muitos nomeiam como *homologia de processos*.

Depois de serem expostas a diversos textos, as profissionais podiam escolher livremente quais deles leriam para suas salas. Procuramos incentivá-las a ajudar a coordenação pedagógica a montar as pastas de leitura (com os textos trazidos por nós e por elas). Assim, conseguiríamos ver quais seriam seus critérios de seleção textual e, o mais importante, ajudar o grupo a se perceber como uma instância capaz de conduzir o processo. A leitura é sempre ligada a uma dimensão individual, quase solitária. Pensar em sua mediação de forma coletiva era, a nosso ver, uma eficaz estratégia de romper com o isolamento.

Explicitar às profissionais nossos critérios de seleção dos textos escolhidos para compor a pasta, bem como pedir para que fizessem a justificativa para nós, da coordenação, e, futuramente, aos seus alunos, era uma eficaz estratégia de compartilhamento de critério de seleção. Procurávamos ir além da mera fruição, mas o passo adiante deveria ser constituído de maneira coletiva e sempre vivenciada antecipadamente pelo mediador, nesse caso, as profissionais da escola.

O segundo momento de trabalho com a leitura consistia na abertura, pelas profissionais, de um espaço mínimo de 15 minutos diários em suas aulas para os alunos escolherem um livro e realizarem a leitura. A escolha se efetivava na seleção de um exemplar contido em uma caixa previamente distribuída pela coordenação a cada sala de aula. Os livros colocados nas caixas obedeciam a critérios de disponibilização de acervo e de adequação à faixa etária.

As leituras não poderiam ser "cobradas" em forma de chamada oral ou de trabalho escrito. Poderiam ser incentivadas conversas sobre as leituras realizadas, preferencialmente de quem desejasse compartilhar trechos ou a experiência de ter lido o livro, mas sem didatismo. As profissionais eram orientadas a lerem livros da caixa com os alunos e, com o tempo, conhecerem todos os exemplares (cerca de 40 títulos) para poderem citar e perceber se os comentários de seus alunos estavam de acordo com a obra.

Um dos maiores sinais de apropriação da leitura, advogados por nós, é o desejo de conversar sobre o livro lido! Quando a experiência é marcante ao indivíduo, ele tem a necessidade de compartilhá-la de alguma forma. E procuramos mostrar aos profissionais que eles devem deixar vários canais abertos para essa comunicação, mas sempre tomando o cuidado para não burocratizar ou mecanizar a necessidade de comunicar o vivido.

Falar sobre a experiência de estar no bosque das significações, para retomar a metáfora de Pennac, e de começar a compreendê-lo deveria surgir dos indivíduos que ali estavam. Não poderíamos ter a pretensão de sermos narradores oniscientes, pois só estes têm a capacidade de saber o que cada personagem pensa ou fará.

Nossa maior preocupação era a de que os alunos pudessem sentir-se seguros em selecionar uma obra da caixa, lê-la e, caso desejassem, conversar sobre a experiência de ter lido, ter interlocutores privilegiados para isso: tanto seus colegas de sala como a profissional responsável pela aula. Além, é claro, de conseguir incentivar as profissionais a lerem. Afinal, como poderiam conversar sobre a leitura efetuada com os alunos se não haviam lido nada do que estava na caixa?

1.3 Situações que geraram os conflitos

Quando estivemos à margem do bosque das significações, com as profissionais que mediavam a leitura com seus alunos, as situações conflituosas foram mínimas. Na maioria dos casos, eram restritas a uma não execução de um dos momentos de leitura propostos, sempre prontamente explicados por suas dificuldades de administrar o tempo de maneira adequada e com o compromisso de rever sua organização para contemplá-los.

Porém, sabíamos que as profissionais só poderiam circular com seus alunos nas profundezas do bosque se fossem capazes de reconhecê-lo em sua profundidade e complexidade. Ficando só às margens, não dariam conta jamais de reconhecer a extensão e a diversidade da flora e da fauna do bosque da significação!

O acervo da caixa era, em sua maioria, composto de livros com poucas páginas. Afinal, os cursos profissionalizantes da escola duram, em média, 63 dias, e os contos e crônicas selecionados nas pastas de leitura têm de uma a três páginas.

Não estamos defendendo que os textos curtos não possam trazer problematizações e reflexões da condição humana, e auxiliar na aquisição da capacidade leitora. Tanto os vemos como um meio, que os utilizamos. Mas estávamos desejosos de irmos além. E o passo à frente, só textos maiores poderiam nos proporcionar.

As profissionais, ao serem questionadas da importância da leitura e se a efetuavam, aproximavam-se das proposições de Pennac (1998, p. 73): "é um breviário, o que recitam seus alunos: É preciso ler, é preciso ler! A interminável litania da palavra educativa: é preciso ler... quando cada uma das frases deles prova que eles não leem nunca!". Quanto disso era adequadamente vivenciado e significado pelas profissionais que recitavam de pronto que a leitura era importante?

Ousamos, como coordenação pedagógica, levá-las um pouco mais perto (para muitas, bem ao centro) das árvores do bosque das significações, onde a luz da certeza absoluta se dissipa e as margens de manobra são maiores, podendo ser imobilizadoras. Sugerimos às profissionais que lessem aos seus alunos o livro *A hora da estrela*, de Clarice Lispector.

Até o presente momento, todas as leituras efetuadas com seus alunos eram de pequenos textos, previamente mediados pela coordenação ou trocados entre elas. Não existia a necessidade de se aprofundar ou, até mesmo, comprometer-se a ler diariamente (atividade que um livro exigiria) e, muito menos, de vivenciarem algo de que estavam afastadas (algumas profissionais não liam um livro literário há tempos).

Recomendamos os procedimentos básicos de mediação literária: leitura prévia da obra; quando a leitura completa da obra não fosse possível, ler, no mínimo, o capítulo antecipadamente, buscar a compreensão dos termos nos quais sentissem dificuldade, entre outros tantos que já eram de domínio das profissionais.

Nos momentos do horário de trabalho pedagógico coletivo (HTPC), trabalhamos, com o grupo, dados da biografia da autora (estávamos lendo a obra *Clarice*, de Benjamin Moser, 2011) e alguns contos de Clarice Lispector (*Felicidade clandestina* e *Amor*), além de pedirmos que socializassem a experiência da leitura do livro realizada aos seus alunos.

Muitas profissionais narraram que era uma leitura difícil para elas e que os alunos também estavam sentido muita dificuldade. Algumas chegaram a pedir para interromperem a leitura, pois tinham dificuldade e sentiam que sua turma não estava fazendo nenhum proveito. Dissemos que dessem mais um tempo. Se, após a entrada do personagem Olímpico, a aversão à obra continuasse, poderíamos pensar em parar com a leitura.

Poderíamos ter lido a obra nos momentos de HTPC com o grupo, mas queríamos que as profissionais avançassem em sua autonomia leitora e que percebessem o grupo como instância apropriada para sanar suas dúvidas. O trabalho de mediação tinha de começar a se descentrar da coordenação pedagógica e ser assumido pelo grupo. Afinal, só profissionais autônomos conseguem trabalhar a autonomia em leitura.

Percebíamos, também, que só as estratégias de convencimento e de sedução já não estavam promovendo o retorno esperado, pois muitas profissionais estavam esquecendo de fazer a leitura de forma deliberada, e outras a realizavam de maneira tão pouco atrativa que seria impossível pensar que os alunos poderiam vir a gostar do que era lido.

Antes de tomarmos uma atitude mais ativa em relação ao que percebíamos, resolvemos trazer o debate mais uma vez para o grupo.

1.4 Apropriando-se do livro

Como mencionado, um dos maiores sinais de apropriação de uma leitura é a necessidade de comunicar aos outros a respeito dela. Esse desejo é quase físico. Compartilhar a experiência que nos mobiliza é como compreender parte do bosque e, ao nomeá-lo, deixá-lo mais familiar a nós e – quem sabe? – aos outros. Ao ser nomeado, o desconhecido se materializa.

Podemos até concordar com o narrador Rodrigo, do livro *A hora da estrela*, quando afirma: "A verdade é sempre um contato interior e inexplicável. A minha vida a mais verdadeira é irreconhecível, extremamente interior e não tem uma só palavra que a signifique" (Lispector, 2008, p. 11). Ao lermos seu discurso acerca da verdade e da vida, é impossível não nos reconhecermos nos temas tratados por Lispector em sua obra e – por que não? – também nos temas tratados diariamente por nós com os outros. Fazemo-nos humanos nessas trocas. Quando posso externar ao outro minha condição de incompletude, posso – quem sabe? – tentar mediar o que sei e o que ainda desejo saber.

Conforme a leitura foi avançando, as profissionais começaram a narrar o incômodo manifestado pelas alunas e por alguns alunos em relação ao livro. Passagens nas quais o narrador se referia à personagem principal de forma injuriosa trouxeram até certa comoção em algumas salas, sobretudo a que se refere a Macabéa como uma "cadela nordestina" (origem de alguns alunos ou de seus pais).

As profissionais tiveram dificuldade de mediar essas passagens. Não conseguiram ver que o desconforto gerado na leitura de uma obra é sinal de que a obra estava mobilizando os alunos. Apresentaram às suas salas o fato de a leitura do livro ser uma ordem da coordenação. Externaram que manifestariam o desagrado dos alunos à coordenação, e, caso necessário, pediriam que esta fosse à sala explicar o texto.

Normalmente, esperamos que a mediação da leitura conduza as pessoas ao prazer. Temos muita dificuldade em pensar que uma leitura possa problematizar uma situação e venha acompanhada de certa indignação. E, mais ainda, que tudo isso sinalize uma ótima situação de mediação.

Os alunos, ao se colocarem frontalmente contra o narrador do livro e se sentirem incomodados com certas colocações, estavam nos demonstrando que, além de entenderem a obra, poderiam discordar do que estava escrito, rompendo, assim, com aquilo que muitos percebem como o lado sagrado do escrito: se está escrito, é verdadeiro.

Contudo, a resistência maior não foi a dos alunos: as profissionais também sentiram certo incômodo com a leitura e dificuldade de mediar o livro. Contornar tal obstáculo foi a parte mais difícil da mediação e exigiu que assumíssemos o conflito como instância de mediação.

1.5 Intervenções com as profissionais

Como mediar o incômodo com o texto de Clarice? Como ajudá-las a perceber que o livro poderia assumir a dimensão de uma pergunta?

Sempre argumentamos com o grupo que o texto poderia ser pertinente aos alunos.

Isso nos colocava outro desafio: como garantir que a mediação se tornasse significativa se nem mesmo os profissionais que a estavam realizando acreditavam no trabalho ou compreendiam bem o que estavam fazendo?

Resolvemos entrar nas aulas para acompanhar como o processo de leitura do livro estava acontecendo e a forma utilizada pelas profissionais na mediação do trecho lido, e, nisso, residiu o nosso primeiro grande embate. Até então, advogávamos que uma boa mediação não devesse gerar conflito, mas, sim, quando muito, uma conversa mais cuidadosa, quase sendo uma persuasão.

Ao entrar em uma sala, vimos a professora debruçada sobre a mesa lendo o livro com grande contrariedade e pedindo silêncio para as alunas. Era obrigada pela coordenação pedagógica a lê-lo para elas.

Entramos na sala sem que a professora nos visse, pois estava de costas para a porta, então, só as alunas nos viram (a entrada nas salas de aula por parte da coordenação pedagógica é um procedimento adotado na escola e aceito por todos os membros do grupo). Achegamo-nos à professora e tocamos de leve em suas costas, para que ela percebesse que estávamos presentes. Deixamos que terminasse o trecho e iniciamos um debate com a sala.

Perguntamos quem melhor entenderia uma mulher: outra mulher ou um homem? As alunas responderam de pronto que outra mulher. Questionamos o porquê: disseram que pelo fato de terem assuntos em comum. Questionamos quem era o autor do livro. Responderam: Clarice Lispector. E, novamente, ponderamos: "*Então, por que ela usa um homem para narrar a história?*".

Para nossa surpresa, a maior reação de descoberta inesperada veio da professora. Olhou para nós com grande surpresa e externou, de forma muito natural, "*Eu não havia percebido isso!*". Até algumas alunas riram, ante tal espanto da professora. Argumentamos ao grupo que a obra era um pouco difícil, que Clarice às vezes nos confundia, mas que, vencendo esse espanto inicial, poderíamos apreender muito. Solicitei que dessem uma chance para a obra e que, ao término da leitura, nós voltaríamos para conversar com elas sobre a obra.

Ao final do dia, a professora dirigiu-se até a nossa sala para pedir desculpas pela forma equivocada como estava mediando a leitura, falou que o livro estava sendo-lhe muito difícil e perguntou o que poderia fazer para diminuir seu incômodo. Argumentamos que conversar sobre as passagens com as quais tivesse mais dificuldade conosco ou com outros membros do grupo poderia ajudá-la. Forneci à professora o *Roteiro de leitura: "A hora da estrela" de Clarice Lispector*, de Márcia Lígia Guidin (1996). Argumentamos que nem sempre esses manuais são os melhores mediadores, que há possibilidades de outras análises, porém, como sua dificuldade estava sendo imobilizadora, que poderia valer a pena lê-lo.

Solicitar que as profissionais comentassem nos HTPCs como estavam mediando a leitura do livro mostrou-se uma técnica bem exitosa. Aproximou-as do enfrentamento às dificuldades, e o mais interessante foi vê-las partilhando soluções e interpretações, chegando, por vezes, a antecipar possíveis dificuldades dos alunos.

Entramos em mais duas salas de aula para acompanhar a leitura e conversar com os alunos sobre suas impressões acerca do livro. Chegamos ao ponto de argumentar com uma professora que usaríamos uma parte de seu tempo de planejamento semanal para que lesse, na frente da coordenação, trechos dos livros para retirarmos dúvidas suas a respeito da obra, uma vez que alegava não ter tempo de ler antecipadamente. Após a marcação da primeira sessão de leitura supervisionada, a professora encontrou tempo para efetuar a leitura em outros momentos, evitando que supervisionássemos sua leitura antecipada.

Quando o grupo percebeu que a coordenação estava disposta a ir às últimas consequências para ver a obra adequadamente mediada, resolveu dar uma chance ao livro.

Defendemos que reconhecer que se precisa de ajuda é o primeiro critério a ser respeitado quando pensamos em auxiliar alguém. Todos os profissionais têm certa dificuldade de assumir que não dominam determinados conteúdos. Porém, como nós, profissionais da educação, ensinamos aos outros, assumir que não sabemos algo é mais difícil. Parece que nossa especialidade, ensinar, é colocada em xeque.

Usamos diversos instrumentos com as profissionais da escola, buscando mediar o livro *A hora da estrela* para elas de forma significativa. Como já descrevemos, o roteiro de leitura foi eficaz para duas delas. Compartilhar trechos da leitura da biografia da Clarice escrita pelo Benjamin Moser (2002) também foi bem eficaz com algumas outras. Uma até pediu que comprássemos um exemplar para ler em casa.

Tínhamos um exemplar da revista *Carta Escola* com uma grande matéria de capa falando sobre a Clarice, a particularidade de sua escrita, seus livros e contos mais famosos, seu lado hermético, sua fama de enigmática e outras tantas passagens, que foram muito bem aproveitadas pelas profissionais nas aulas. Muitas narraram que levaram a revista a suas salas, para comprovarem às alunas que Clarice era importante e que havia existido mesmo.

Parece-nos que estavam comprovando o que muitas pessoas que tratam da mediação da leitura sugerem fazer: mostrar uma foto do autor, contextualizá-lo, fornecer dados de sua biografia para que ele deixe de parecer uma entidade mágica e se humanize. Cremos que foi importante para as profissionais vivenciarem a dinâmica e, por isso, sentiram-se seguras em fazê-la com suas alunas.

Nessa linha de contextualização, assistir à exibição da última entrevista com a autora foi uma rica oportunidade de vermos corporificada, em carne e osso, a escritora. Como ela cita passagens do livro e nega-se a fornecer mais detalhes (que os alunos já poderão saber, se estiverem lendo o livro), ver a entrevista se torna mais significativo ainda.

A melhor forma que encontramos de diminuir a resistência das profissionais foi mostrar-lhes a obra cinematográfica do livro, dirigida por Suzana Amaral. Podemos afirmar que as profissionais que ainda não haviam compreendido o livro finalmente o entenderam e, assim, ficaram mais tranquilas em mediá-lo aos seus alunos. Nesse ponto, reside um aspecto crucial em qualquer trabalho de mediação: só mediamos o que conhecemos.

Ao terem mais convicção no que liam, conseguiram perceber que os alunos se apropriavam da leitura, e que a entrada do personagem Olímpico de Jesus dera agilidade e tom humorístico à trama, fazendo com que as resistências cessassem de vez.

Estamos falando de um trabalho de mais ou menos um mês com acompanhamento diário e suporte linguístico e fílmico, buscando trabalhar o contexto da produção da obra, entrevistas, matérias em jornais e revistas e outros tantos suportes.

Como a trama do livro é muito intimista, cremos que o filme foi o elemento que representou o divisor de águas na compreensão final da obra. Ao verem a corporificação dos personagens do livro, as profissionais puderam dar concretude ao que, até então, estava muito no reino da abstração.

A reclamação das profissionais da escola acerca da obra da Clarice sempre girava em torno de sua escrita intimista, abstrata, confusa, parecendo que eram rompantes de pensamentos desorganizados e desesperados. Reconhecíamos as peculiaridades da escrita de Lispector, não negávamos e argumentávamos que eram essas as características que tornavam sua obra única!

Adentrar no estilo da autora exigia uma disponibilidade maior, um verdadeiro interesse em compreender o que a moveu a escrever e, o mais importante, por que tal escrita nos incomoda. O que há em Macabéa (que todos temos, em maior ou menor grau) que tanto nos incomoda? Quantas vezes somos ou encontramos Olímpicos pelo nosso caminhar? Extrapolar o figurativo é ir ao abstrato.

1.6 Sinais de apropriações

A resistência inicial, que chegou ao ponto de algumas profissionais dizerem que não leriam o livro para as suas respectivas salas, cedeu espaço a trocas interessantes de mediações de leitura. Na hora do HTPC, por diversas vezes, o livro era citado como exemplo de envolvimento da classe.

Diversas salas usavam o termo Macabéa para designar alunas que não estavam prestando atenção ou evitando avaliar uma questão mais a fundo. Inicialmente, isso nos trouxe certo desconforto, porém, quando o contextualizamos, percebemos que é uma prova de que se apropriaram da personagem.

Por parte das profissionais, pudemos notar três grandes mudanças: a primeira foi o uso dos contos reproduzidos na pasta de leitura como atividade inicial das salas de aula. Quando usavam os contos, os de Clarice ficavam meio de lado, exceção feita à *Felicidade clandestina*. A outra mudança foi o início da leitura de diferentes obras de Clarice Lispector pelas profissionais sem a mediação da coordenação pedagógica. Várias delas foram atrás de outras obras da autora e trocaram entre si os livros. A terceira mudança foi a sensível diminuição da resistência de ler um livro indicado pela coordenação para suas salas de aula.

Quando havia alguma entrevista, reportagem ou comentário da mídia sobre Clarice Lispector, as professoras e instrutoras faziam questão de trazer o fato para o grupo de HTPC ou, no mínimo, para o conhecimento da coordenação pedagógica.

Ao conseguirmos a doação de 30 exemplares da obra *A hora da estrela*, muitas instrutoras vibraram dizendo que agora seria mais fácil ler com as alunas, afinal, cada uma teria um exemplar em mãos para acompanhar a leitura. Cada curso profissionalizante tem uma carga horária de 200 horas, o que permite atendermos três turmas por ano. Há instrutoras que fazem questão de ler o livro de Clarice a cada nova turma.

Algumas alunas chegam a fazer os dois cursos que são ofertados na escola, assim, ouvem a história duas vezes. Diversas instrutoras narraram que estas alunas são as primeiras a defenderem a obra quando suas novas amigas começam a reclamar que o texto é difícil e chato. Muitas alunas dizem que se arrependeram de não terem prestado atenção ao início da obra e que, agora, nessa releitura, poderiam fazê-lo.

1.7 Assim sendo...

Reconhecer que o conflito pode aparecer no trabalho de mediação de leitura com os profissionais da educação, sejam professores, sejam instrutores, é fundamental para compreendermos a situação conflituosa como parte do processo interno de quem vive o conflito, e não como afronta pessoal ao mediador.

Ao instalar e assumir o risco de colocar o outro em conflito, devemos fornecer-lhe todo o suporte para que o sujeito consiga se reequilibrar o mais rápido possível. Deixar o profissional sem amparo é, antes de qualquer coisa, uma atitude que o afastará (por vezes, definitivamente) da situação que gerou o conflito.

Promover situações de trocas efetivas com outros profissionais que estejam vivenciando as mesmas dificuldades é, com certeza, uma importante etapa em um trabalho que prime pela autonomia do grupo. Ver-se auxiliado e podendo ajudar um colega de trabalho é fonte de conforto para muitos profissionais.

Infelizmente, muitos trabalhos ainda buscam primar apenas pelo lado prazeroso da leitura. Claro que esse aspecto existe e pode ser aproveitado. Contudo, é essencial reconhecer que esse não é o único caminho ao se tratar de uma efetiva mediação de leitura. Assim, saímos de uma atitude meramente sensorial e avançamos às problemáticas das significações.

Por último, porém não menos importante, ter clareza da qualidade do que está sendo mediado e de como a obra poderá ser significada pelo outro é essencial para que qualquer trabalho de mediação, com ou sem conflito, tenha êxito. O livro *A hora da estrela*, de Clarice Lispector, é de uma singularidade e profundidade que contempla esse item com larga margem.

... 2 ...

Entremeando fazeres pedagógicos

Neste capítulo, procuramos apresentar alguns momentos de diálogo entre as professoras e o coordenador pedagógico (CP), que, além de desempenhar a função de coordenação, também pesquisava suas intervenções pedagógicas diante do grupo, sendo aluno de doutorado em Língua Portuguesa na Pontifícia Universidade Católica de São Paulo (PUC-SP). Os momentos privilegiados para esta análise foram os horários de trabalho pedagógico (HTP), que constituem um horário semanal para as professoras tratarem de aspectos predefinidos pela coordenação.

Os diálogos com as professoras são pautados pelo princípio de que, no encontro de dois sujeitos, sempre é possível construir conhecimentos e avançar nas questões contextuais. Por exercermos as funções de CP e de pesquisador, optamos pela metodologia colaborativa, que tem como um de seus principais pressupostos a possibilidade de coletarmos e analisarmos os dados de pesquisa, assim avaliando e registrando as situações de interações que ocorrem ao longo do nosso trabalho, que também é a nossa pesquisa.

Diferenciando-se de outras estratégias de pesquisas que, por vezes, exigem dos pesquisadores um quadro prévio de intervenções a serem efetivadas frente a um problema minuciosamente descrito e analisado, a metodologia colaborativa parte da visão de que o grupo construirá coletivamente as melhores e possíveis intervenções diante dos desafios encontrados. Para um maior aprofundamento, ver Perrotti (2004) e Alcântara (2009).

Desenvolveremos o capítulo na seguinte ordem: apresentaremos os contextos de adoção do HTP pela rede municipal de ensino de São Bernardo do Campo e, em seguida, nos deteremos na análise de um diálogo travado entre a coordenação e uma professora, em que podemos identificar pistas da transformação de pressupostos da docente acerca do seu fazer pedagógico. Procuramos exemplificar como o trabalho coletivo dessa Unidade é privilegiado, sem descuidar das peculiaridades de cada sala.

Buscamos demonstrar como a consciência de que o conhecimento é produzido em momentos de trocas significativos foi essencial para que tanto a coordenação como a professora avançassem nos seus fazeres pedagógicos.

2.1 Contexto do HTP

A Prefeitura Municipal de São Bernardo do Campo (PMSBC), procurando atender à Lei nº 11.738, de 16 de julho de 2008, que estabelece que o professor tenha um terço de sua jornada reservada ao planejamento de aulas, bem como para correção de atividades e de formação continuada, estabeleceu a possibilidade de os professores de Educação Infantil ampliarem suas jornadas de trabalho. Em vez de cumprirem 24 horas-relógio na escola (20 em regência, 2 em HTPC e 2 de livre escolha), passaram a ter 30 horas (20 em docência, 5 em HTP, 3 em HTPC e 2 de livre escolha).

O HTP é um horário reservado prioritariamente para o professor preparar as aulas e materiais de apoio do seu fazer pedagógico. A Secretaria

Municipal de Educação forneceu orientações gerais sobre como esse momento poderia ser tratado em cada escola, porém, não estabeleceu normatizações sobre como deveria ser realizado, com exceção dos horários.

No período matutino, o HTP ocorreu das 7 h às 7h30 e das 11h30 às 12 h. Tradicionalmente, as escolas de Educação Infantil em São Bernardo do Campo funcionam das 7h30 às 11h30. Assim, a Secretaria de Educação permitiu que o HTP das professoras do horário matutino fosse, em 2013, dividido em dois momentos de 30 minutos, com a clara indicação à comunidade escolar de que, no ano de 2014, as crianças estudariam das 8 h às 12 h, permitindo que os professores cumprissem seus HTPs das 7 h às 8 h. Os professores do período da tarde, por sua vez, cumprem o horário das 17 h às 18 h. Todos os professores que optaram pela carga horária de 30 horas têm garantida uma hora diária de HTP.

O papel do CP na qualificação desse horário é fundamental. Ao mesmo tempo que a oferta de uma carga horária dentro das jornadas de trabalho dos professores vem ao encontro de uma antiga reivindicação da categoria, sabemos que ficar no espaço escolar por uma hora, diariamente, sem clareza das razões de ali permanecer, poderia desestimular a opção pela carga de 30 horas.

Durante quatro meses, o trio gestor e os professores trocaram percepções sobre possibilidades de como qualificar melhor o tempo do HTP. Ainda hoje, continuamos avaliando as possibilidades de melhores intervenção e condução desses horários, sempre imbuídos do alerta:

> Chamamos a atenção para a necessidade de ações conjuntas que viabilizem a conquista de espaços e tempos direcionados à reflexão compartilhada sobre as situações do cotidiano docente; estudos de revisão e aprofundamento da área; políticas públicas de formação continuada, com a finalidade de favorecer a prática reflexiva docente indo além da prescrição dos modos de produzir em sala de aula, possibilitando a assunção do protagonismo pedagógico. (Bolzan, Santos e Powaczuk, 2013, p. 99)

Assim, reservamos um HTP semanal de cada professor, para que este tenha um diálogo mais particular com o CP, obedecendo à seguinte configuração:

- 1ª semana do mês: conversa sobre um artigo científico ou capítulo de livro que ajude o professor na reflexão sobre seu fazer pedagógico.
- 2ª semana do mês: enfoque nos projetos. Ao assumirmos a coordenação pedagógica dessa Escola Municipal de Educação Básica (Emeb), em 2013, uma das primeiras providências foi sugerir que o grupo trabalhasse com base em projetos e sequências didáticas, ante as dificuldades em adotar estas essas modalidades organizativas. Muitas de nossas intervenções iniciais se pautaram no esclarecimento dos conceitos. Como princípio norteador, sugerimos ao grupo três projetos: um coletivo da escola, com a temática teatral (para recuperar o espaço cênico da escola); todas as salas com a mesma faixa etária; integração com uma faixa etária diferente.
- 3ª semana do mês: esclarecimento de dúvidas em geral acerca das conduções didáticas e encaminhamentos da Unidade Escolar por parte do professor ou da coordenação pedagógica.
- 4ª semana do mês: síntese das observações realizadas pelo CP ao longo do mês no diário de bordo das professoras. As docentes desta Unidade Escolar escrevem diários de bordo, instrumento por meio do qual realizam relatos diários de seus fazeres pedagógicos. O CP lê esses diários semanalmente e produz uma devolutiva escrita apontando tanto aspectos positivos quanto os que necessitam de revisão na condução didática dos professores. Uma intervenção muito bem acolhida pelo grupo é a sugestão de atividades, logo, temos a necessidade de saber quais encaminhamentos deram às proposições feitas pelo CP. Diversas professoras usam bastante os HTPs para escrever os diários de bordo, porém, as professoras que não trabalham 30 horas também devem apresentar semanalmente seus registros escritos ao CP.

Como salientamos, essa configuração temática dos HTPs pode sofrer alterações, e, dependendo da demanda das professoras e do CP, o cronograma sofre alterações, mas o importante é que as reuniões de HTP sejam momentos que respeitem uma pauta mínima, que o professor venha preparado para apresentar as problematizações de seus fazeres pedagógicos e que o CP tenha clareza das proposições a serem realizadas.

2.2 A questão de salas diferentes realizarem atividades iguais

Muitas vezes, as professoras compreendem as trocas de atividades entre si como algo que auxilia seus fazeres pedagógicos diários. Nós procuramos refletir com o grupo que coordenamos sobre a questão de a mera troca de atividades não ser o maior objetivo que podem almejar nos momentos de conversas entre si.

Cada sala tem demandas e especificidades que exigirão compreensão e atendimento por parte da professora; no entanto, as diretrizes e as concepções que lhe permitem dar conta dessas particularidades podem e devem ser socializadas. Reconhecemos que é um longo caminho até a aplicação dessa condução, e os momentos de HTP podem ser uma grande chance de explicitarmos esse pensar às professoras.

Uma professora havia saído de licença-prêmio por 15 dias.[1] Ao retomar a docência de sua turma, encontrou duas atividades a serem desenvolvidas por todas as turmas do Infantil IV que lhe trouxeram certo desconforto em realizar. Ela não conseguia identificar uma conexão entre o trabalho que estavam fazendo em classe, de intensiva pesquisa sobre os fenômenos climáticos, e o que propunham essas atividades, que estavam apresentadas no projeto coletivo dessa faixa etária. Tratava-se de

---

[1] Na PMSBC, os funcionários têm direito a uma licença de 90 dias quando completam 5 anos de efetivo exercício. Essa licença pode ser convertida em dinheiro, caso haja interesse do funcionário, ou usufruída em folga de período mínimo de 15 dias e máximo de 90 dias.

duas sacolas: a primeira com jogos, que a criança levava para casa, com a finalidade de brincar com seus familiares; e a segunda com um livro para leitura. Nas duas atividades, foram enviados cadernos para registro.

Acolhemos a preocupação da professora a respeito da necessidade de uma clara contextualização do que estava propondo às crianças e, ao mesmo tempo, desejávamos que ela se envolvesse com suas parceiras de turmas com a mesma faixa etária na execução do projeto. Seria importante deixar evidente à professora que a mera reprodução da atividade não a faria estar em colaboração com as demais.

Nesse momento, iniciamos um diálogo no qual as nossas observações sobre suas colocações e dúvidas foram adquirindo uma crescente acolhida e explicitamos o desejo de nos fazer compreendidos. A professora, por sua vez, também apresentou o movimento de escuta atenta. Dessa forma, superamos o mero desejo de cumprir obrigações profissionais e adentramos em um diálogo com vistas à compreensão do outro em primeiro lugar. Como bem pontua Habermas (2007, p. 10):

> É só na qualidade de participantes de um diálogo abrangente e voltado para o consenso que somos chamados a exercer a virtude cognitiva da empatia em relação às nossas diferenças recíprocas na percepção de uma mesma situação. Devemos então procurar saber como cada um dos demais participantes procuraria, a partir do seu próprio ponto de vista, proceder à universalização de todos os interesses envolvidos.

Entremeamos nossos pontos de vista, acolhemos e compartilhamos as dúvidas e, principalmente, procuramos significar e ressignificar as colocações do outro.

2.3 Explosão

Clarice Lispector usa, por diversas vezes, no livro *A Hora da Estrela*, o substantivo "explosão". Como o leitor já deve ter percebido, essa obra é muito utilizada por nós. Como ela é bastante mencionada, sugere-se essa leitura para quem ainda não a tenha realizado. A palavra normalmente aparece entre parênteses e nem sempre tem uma clara conexão com o que é diretamente narrado. Vemos essas entradas como uma construção para entendermos a complexidade da personagem Macabéa, a protagonista nordestina do romance que vai se constituindo em um somatório de diversas explosões. Com sua escrita característica, Lispector parece empregar o termo explosão como uma intervenção hora do narrador, hora da própria personagem e, por vezes, da escritora. A seguir, um exemplo do uso da palavra "explosão":

> Maio, mês das borboletas noivas flutuando em brancos véus. Sua exclamação talvez tivesse sido um prenúncio do que ia acontecer no final da tarde desse mesmo dia: no meio da chuva abundante encontrou (explosão) a primeira espécie de namorado de sua vida, o coração batendo como se ela tivesse englutido um passarinho esvoaçante e preso. (Lispector, 2008, p. 42-3)

Estamos iniciando os momentos de HTPC da nossa escola com a leitura do livro *A hora da estrela*. Elencamos três obras literárias para serem lidas coletivamente com as professoras ao longo do ano letivo, com o intuito de auxiliarmos na fruição estética de livros com reconhecido valor literário e de ajudá-las a melhor qualificarem suas escolhas de leitura. Em 2013, iniciamos com *A casa de bonecas*, de Henrik Ibsen; depois, *A hora da estrela*, de Clarice Lispector; e, por fim, *Madame Bovary*, de Gustave Flaubert.

Logo ao vermos a professora, e nós mesmos na construção do nível de diálogo que empregamos, foi inevitável não comparamos nosso momento com as pequenas explosões que a obra menciona. Explosões que se formam ao ressignificarmos o fazer pedagógico na reconstrução de sentidos.

Compreendemos o fazer pedagógico como a capacidade do sujeito de escolher, entre diversas opções metodológicas, quais as melhores a serem aplicadas. A escolha deve estar embasada em pressupostos éticos, políticos e estéticos, além de ser capaz de explicitar seus encaminhamentos procedimentais, atitudinais e conceituais diante dos objetivos desenvolvidos com os bebês e as crianças. Uma construção que vai além da mera capacidade de escolher a atividade adequada a ser ministrada e na qual o professor é visto como um intelectual capaz de justificar sua prática, posição que encontra respaldos nos escritos de Alarcão (2001), Imbernón (2009, 2010, 2011) e Placco e Souza (2006), entre outros.

Apesar de, no livro *A hora da estrela*, não termos clareza de quem emprega os termos "explosão", aqui, desejamos que essa palavra denote nossas construções reflexivas sobre o fazer pedagógico na escola.

O HTP de 29 de maio de 2013 foi iniciado com a professora dizendo que está encantada com as ligações que as coisas estão tomando em sua sala, e que tudo parece levar às questões climáticas (objeto de estudo do projeto individual da turma). Pedimos que exemplificasse uma dessas ligações, e ela relata que, nos momentos de atividades diversificadas, optou por disponibilizar uma mesa com livros, e que as crianças que lá se sentassem deveriam escolher qual obra a professora leria na sexta-feira para toda a classe. As crianças escolheram o livro *O homem da chuva*, de Gianni Rodari, com ilustrações de Nicolleta Costa.

A professora nos perguntou se conhecíamos a obra e admitimos que, infelizmente, não. Ela assumiu que também não havia lido a obra toda, mas apenas a resenha, e que, quando os alunos fizeram a indicação, leu o livro todo. Como considerou uma boa produção, fez a leitura. **Explosão!** O texto tem tudo a ver com o que estão estudando. Aborda a questão das quatro estações, os climas secos e úmidos e muitas outras coisas que podem ser desenvolvidas. Mediante tantos temas, ela acreditava que o assunto deveria ser retomado no outro dia. A professora conta que usou o livro para construir o conceito de "cor do molhado", já que ele descreve ferrugem como sendo a "cor do seco".

Ela teve uma excelente ideia de problematização. As crianças, segundo o relato, estavam discutindo o que é "cor de ferrugem", a que o livro fazia menção. A professora, percebendo o interesse dos alunos pela discussão sobre cores, pensou em questionar o emprego das cores em uma perspectiva lúdica e problematizadora! Se o laranja é "cor de ferrugem", qual seria a "cor do molhado"?

Elogiamos a professora na condução didática para a questão, pois sua pergunta só foi possível por estar atenta às falas das crianças. Enquanto ela expunha seu relato, nós efetuávamos diversas anotações, entre elas, a possibilidade de trazer para apreciação das crianças a obra *As quatro estações*, de Antonio Vivaldi, além de alguns exemplos de obras clássicas que retrataram as quatro estações, formas de encaminhamentos futuros e outras tantas proposições.

A professora agradeceu o elogio e relatou que começara a compreender o que desejamos quando falamos em ouvir as crianças e que as questões devem estar conectadas. Ela encerrou seu relato dizendo que, naquele dia, pretendia mostrar a peça musical *As quatro estações*, de Vivaldi, mas o tempo não foi suficiente (explosão).

Mostrei a ela minhas anotações realizadas no computador enquanto conversávamos e disse que, com base nelas, faria a recomendação de que ouvissem a obra do compositor Antonio Vivaldi. É fundamental mostrar à professora que a nossa contribuição está em consonância com seus pensamentos. O grupo viu como uma tarefa muito difícil alcançar as interligações entre conteúdos e objetivos que a coordenação pedagógica realizava; logo, quando há essa confluência, devemos explicitá-la, para mostrar aos membros que são capazes de fazê-lo.

Nesse momento, reforçamos, com a professora, como o conhecimento e o aprofundamento do que estudamos conjuntamente nos possibilita ver os fenômenos pedagógicos por diversos ângulos e que, só assim, poderíamos apreender de verdade um com o outro. Ao fim, ela tomou nota das recomendações de obras de arte que abordaram o assunto das estações do ano.

Apesar de termos elogiado a condução de ter proposto a "cor do molhado", não deixamos de problematizar outros procedimentos que a professora poderia ter adotado. Assim, perguntamos: por que só pediu o registro pictórico da "cor do molhado"? Por que não dividiu a folha de sulfite ao meio e pediu que as crianças desenhassem, em uma parte, o seco de ferrugem e, na outra, o azul de molhado? Isso, pois, durante a conversa, as crianças definiram que molhado teria a cor azul por causa da água.

A professora brincou que deveria ter o CP o tempo todo na sala para poder fazer sugestões como essa. Aproveitamos o momento de descontração para reforçar a ideia de que estar do lado de fora da atividade nos possibilitava ver e compreender coisas que, no fazer, deixamos passar. Daí a importância de bons registros no diário de bordo e de aproveitar os nossos HTPs.

Neste ínterim, pergunto à professora: quais são os critérios preparados pelas professoras das outras salas de Infantil IV para selecionar obras literárias que deveriam estar na sacola? Ela mencionou que a escolha era livre para cada professor. Imediatamente, apresentamos a ela a alternativa de escolher assuntos climáticos como tema para compor a sacola (explosão).

Ela lembrou que a apresentamos ao livro *Viagem ao céu*, de Monteiro Lobato (2002), e disse que estava adorando a obra e não conseguia desgrudar do texto, mas se questionou muito sobre a possibilidade de fazer a leitura para as crianças de 4 anos, pois até ela está recorrendo ao dicionário para compreender certas palavras. Retomamos com a professora que a literalidade da obra por si já justifica o trabalho de leitura e que, para fruirmos a dimensão estética do escrever de Lobato, não se faz necessário sabermos o significado de todas as palavras pelo autor empregadas (explosão).

Essa observação se faz em consonância com os estudos mais recentes de recepção de obras literárias, bem como de trabalhos mais antigos. Esclarecemos que essa dimensão é a do leitor, o professor, como mediador, deve ter conhecimento dos significados dos vocábulos, sobretudo daqueles que não podem ser compreendidos pela contextualização. Isso não significa que o professor "traduzirá" tudo o que os alunos perguntarem, mas é essencial que saiba os significados para melhor mediar a necessidade de tais "traduções" quando se fizer necessário.

Mediante a exposição da professora, apresentamos a perspectiva de compartilhar essa mediação do livro *A viagem ao céu* com a família das crianças. Por que as crianças não poderiam levar o livro para casa? Ler um capítulo com a família? Ao trazerem o livro, compartilhariam com os amigos o que compreenderam sobre o trecho lido em casa com seus familiares. Quando o livro voltasse, a professora, por sua vez, faria a leitura do trecho, para que todas as crianças ampliassem a discussão.

Ao apresentarmos a obra de Lobato para a professora, não tínhamos ideia de quais desdobramentos o trabalho com o livro poderia assumir. Acolheríamos suas dúvidas e, ao dialogarmos, construiríamos possibilidades de encaminhamentos, o que é, a nosso ver, uma atividade de grandes complexidade e relevância no desnudamento da compreensão das motivações e implicações dos nossos fazeres pedagógicos.

Vimos, pelas colocações da professora, que ela tinha se aproximado, mesmo sem conhecer, das ideias de grandes estudiosos da obra lobatiana:

> Um dos grandes "achados" de Lobato, tal o de seus antecessores, L. Carroll e Collodi, foi mostrar o maravilhoso como possível de ser vivido por qualquer um. Misturando o imaginário com o cotidiano real, mostra, como possíveis, aventuras que normalmente só podiam existir no mundo da Fantasia. (Coelho, 1993, p. 122)

Não foi necessário, nesse caso, apresentar a teoria que embasava nossa escolha pela obra lobatiana: deixamos que o livro fosse apropriado pela professora, e que, dessa apropriação, viesse o desejo de mediá-lo. Por vezes, cremos que os professores precisam de leituras densas para mudar suas práticas e que exemplificar possibilidades é fornecer um receituário. Procuramos ficar entre esses extremos, compreendendo que os professores devam conseguir explicar suas condutas didáticas e teorizar seus fazeres pedagógicos e, ao mesmo tempo, possam ser apresentados e instigados a entrar em contato com objetos e dispositivos culturais que poderão ser mediados por eles depois de apropriados e sem uma teorização prévia.

Ao percebermos que a professora havia se apropriado da literalidade da obra *A viagem do céu*, coube a nós auxiliá-la nos ajustes para alcançar seus propósitos educativos. Iniciamos uma nova conversa, destacando como os objetos culturais podem estar interligados de uma forma que não havíamos pensado antes. As explosões conceituais não ocorrem apenas da parte da professora: nós, da coordenação pedagógica, também vivenciamos várias explosões.

Uma das maiores premissas da metodologia colaborativa é a de que todos os membros do grupo que desenvolvem a pesquisa dessa perspectiva apreendem com o outro. Valorizar essas construções simbólicas é de suma importância para que o grupo se constitua em uma dimensão de aprendizado constante.

Sentimos a necessidade de reconhecer para a professora que, ao estudar determinado fenômeno (objeto, dispositivo, conteúdo etc), nossos olhos se voltam para o objeto de interesse de tal maneira que potencializamos significativamente as chances de encontrar vários desdobramentos em coisas que, até então, não pensávamos ser possíveis. Afinal, a professora estava surpresa com a forma como tudo parecia encaminhar-se para as questões climáticas, como:

> Na verdade, o conjunto de ferramentas simbólico da cultura actualiza as autênticas capacidades do aluno e determina mesmo se estas chegam ou não a revelar-se na prática. Os contextos culturais que favorecem o desenvolvimento mental são sobretudo e inevitavelmente interpessoais, pois envolvem permutas simbólicas e incluem uma variedade de iniciativas conjuntas com colegas, pais e professores. (Bruner, 2000, p. 99)

Compartilhamos com a professora o fato de que, no curso de doutorado que frequentamos, a nossa orientadora nos faz apontamentos e colocações que só são possíveis pelo fato de não estar diretamente envolvida com a ação, conseguindo, assim, ver o fenômeno por outros ângulos. Isso também se dá conosco nessas reuniões de HTP e nas leituras do diário de bordo, pois só o fato de nós não estarmos diretamente envolvidos na ação nos permite ver o fazer pedagógico de uma perspectiva mais ampla.

Acolher ou não as nossas proposições é uma decisão exclusiva da professora. Cabe a nós apontar caminhos, demonstrar viabilidades e questionamentos que auxiliem a compreensão dos objetivos que estão em jogo. Como alerta o pesquisador espanhol Imbernón (2009, p. 9), "para a formação permanente do professorado será fundamental que o método faça parte do conteúdo, ou seja, será tão importante o que se pretende ensinar quanto à forma de ensinar".

Terminamos esse HTP sem decidir o que faríamos com a sacola de jogos; *a priori*, decidimos deixá-la de lado e encaminhar aquilo que temos consciência do porquê estamos fazendo. Decidimos que voltaríamos aos jogos em outra oportunidade. Assim, reconhecemos que andamos muito e que, para outras diversas colocações, temos um longo caminho a percorrer.

Sabemos da necessidade de criar momentos de interlocução entre os membros na escola para que haja maior compreensão dos fazeres pedagógicos. Porém, muitas vezes, as demandas burocráticas ou a falta de tempo na jornada dos professores impossibilita isso.

Apresentamos uma experiência que, até a presente data, vem sendo bem-sucedida para alguns membros do grupo dessa escola municipal de Educação Infantil que conseguiu organizar o momento de HTP como um efetivo horário de reflexão dos fazeres pedagógicos.

O reconhecimento da necessidade de parceiros na construção de uma prática reflexiva atravessa bordões e se materializa nos diálogos pautados no entremear de saberes dos professores, da coordenação pedagógica e de outros membros da comunidade escolar. A construção diária dessa conduta auxilia o grupo a compreender que o conhecimento é provisório, mutável e interligado, e que, quanto mais forem meus interlocutores, mais possibilidades de êxito teremos.

... 3 ...

Alice no País das Maravilhas e as professoras da Educação Infantil

Exerço o cargo de coordenador pedagógico (CP) há dez anos. Nesse período, conheci e tive a honra de coordenar, inicialmente, na rede municipal de São Bernardo do Campo e, agora, na rede municipal de São Paulo, muitas profissionais sérias e compromissadas. A intenção deste capítulo é trazer os personagens do livro *Alice no País das Maravilhas* e abordar, de forma lúdica, questões que compreendo como centrais de superarmos para, quiçá, desenvolvermos uma educação pública e de qualidade com ênfase na infância.

É importante que o leitor saiba duas coisas a respeito deste texto. A primeira é que ele é o mais recente de todos: foi terminado quando o livro já tinha um "corpo"; isso nos conduz ao segundo ponto: ele apresenta uma síntese de muitos aspectos que serão adequadamente aprofundados nos capítulos a seguir. Não desejo parecer simplista para aspectos que são complexos, logo, se ficar essa impressão, permita-se ir ao capítulo que avança em mais detalhes no tópico desenvolvido.

E por que a história da Alice? Ela me é muito cara; seus personagens me "perseguem" há um bom tempo, e acredito na capacidade metafórica da Literatura para explicitar muito do não dito! O texto introdutório já deve ter sinalizado isso. Um dos procedimentos mais acertados que desenvolvo com os grupos docentes que coordeno é fazer a leitura literária nos momentos de formação continuada. Mesmo quando coordenei um Centro de Educação Infantil (CEI) que só tinha três horas semanais de formação, divididas em uma hora por dia, não abri mão desse procedimento.

Como se pôde apreender, a Literatura me constitui pessoal, profissional e academicamente. Na minha monografia na graduação, apresentei o uso da linguagem poética como forma de auxiliar na alfabetização das crianças; no mestrado, tratei a leitura de forma reticular para sua mediação e de outros objetos e dispositivos culturais para as crianças; e, no doutorado, defendi como mediar a Cultura, com ênfase na Literatura, aos professores.

Com todo esse percurso, acreditando que a Literatura é a maior expressão que a linguagem escrita pode alcançar, e que o meu papel de formador é auxiliar no processo de humanização dos grupos docentes que coordeno, como poderia abrir mão de usá-la? E vou um pouco mais longe: como esperar que os professores façam escolhas literárias qualificadas aos bebês e às crianças se não tiverem acesso a repertórios adultos qualificados para alimentar suas construções metafóricas? Advogo que a formação continuada precisa ser o momento do contato com a produção escrita mais elaborada possível.

Não desejo, com as proposições que serão anunciadas neste capítulo, bem como ao longo desta obra, ser leviano e, muito menos, inocente. Reconheço, bem como diversos autores que se debruçam sobre a questão da formação docente, como Placco, Imbernón, Perrenoud, entre outros, que abordar as lacunas formativas implica lidar com um fenômeno complexo, que envolve uma estrutura que vai além do simplesmente desejar ser uma pessoa melhor. Para superar as lacunas formativas, precisa-se de condições dignas de trabalho, horário de formação continuada, oportunidades de realizar cursos (tanto dentro do horário de trabalho como fora dele) e outras variáveis que não podem ser imputadas apenas a uma simples dimensão individual.

Porém, as redes nas quais exerci e exerço o cargo de CP (só a existência desse cargo já anuncia algo relevante e importante) contam com muitos desses requisitos. É oportuno problematizar as dificuldades que muitas professoras encontram de superarem práticas que, por vezes, assentam-se em procedimentos que elas são incapazes de justificar com pressupostos científicos, ainda recorrendo muito ao senso comum.

Guiarei minhas considerações pela ordem na qual Lewis Carroll (2002) escreve seus capítulos e apresenta seus personagens. Procurei nortear minhas considerações tentando demonstrar como, por vezes, a realidade se aproxima da ficção. Neste capítulo, volto a insistir, apresentarei muitos conceitos que serão adequadamente tratados nos outros, mas não poderia deixar de trazer um diálogo lúdico entre a Literatura e a formação docente.

Para os leitores com mais tempo, e desejosos de dialogar de forma mais profunda com as possibilidades apresentadas, o texto se guia com os nomes dos capítulos na ordem que aparecem, e cada subitem é aberto com um pequeno excerto. A escolha da passagem foi determinada pelas minhas experiências e pelo que acreditava melhor dialogar com o proposto. Ao ler a obra e ver minhas considerações, o leitor poderá encontrar outras interlocuções e possibilidades (o que é a riqueza desta proposição).

Deixo o uso da primeira pessoa do singular e usarei a primeira do plural, afinal, como tão bem preconiza Bakhtin (2000), as palavras nunca são apenas de um indivíduo: a polifonia traz e materializa a ideia de estarmos em comunidade e em colaboração. Desde a escrita da minha dissertação, faço essa opção e acredito ser a que melhor faz jus ao que acredito (acreditamos?).

3.1 Para baixo na toca do coelho

> *Não havia nada de muito especial nisso, também Alice não achou muito fora do normal ouvir o Coelho dizer a si mesmo: "Oh puxa! Oh puxa! Eu devo estar muito atrasado!"*

A curta passagem sintetiza com perfeição um dos maiores problemas que observamos, na Educação Infantil, em relação ao fazer docente: professoras[1] que, por diversas vezes, desempenham o papel do senhor Coelho, sempre correndo, sempre atrasadas e, por vezes, independentemente de haver uma Rainha de Copas, solicitando que se cortem as cabeças dos atrasados.

O tempo, ou melhor, a falta do tempo é apontada pelas professoras como o maior entrave que encontram no seu fazer diário com as crianças. A transcrição de pequenos fragmentos ouvidos em nossa Escola Municipal de Educação Infantil (Emei), localizada na cidade de São Paulo, certamente poderia ser retirada da maioria das escolas que conhecemos:

"Nossa, nem deu tempo de terminar tudo o que comecei."

---

[1] Sabemos que a "norma culta" da língua pede o uso do masculino, e que a presença de homens na educação, com ênfase na infantil é importante, contudo o Magistério, nas primeiras etapas da educação no Brasil, é uma profissão majoritariamente feminina, logo, priorizaremos o uso do feminino.

"*Minha sala fez muito rápido o que eu pensei que demorariam mais tempo!*"

"*Não aguento mais cortar tanto papel!*"

"*As crianças estão muito agitadas! Vou dar mais atividades, assim, elas se acalmam, mas terei que fazer novas para amanhã.*"

É de conhecimento geral que uma escola de Educação Infantil que prime pela qualidade precisa dar conta das questões do tempo, do espaço, do material e das interações, dimensões que estão interligadas e se retroalimentam. O ritmo alucinante de atividades propostas (ou impostas?) às crianças, muitas vezes, não respeita o tempo delas e, mais sério, não as deixa compreender o que está em jogo nas proposições.

O problema vai se complexificando, afinal, a professora acredita que precisa ter mais propostas às suas mãos para, no menor sinal de ócio infantil, já oferecer outra atividade, e, de atividade em atividade, as crianças vão entrando no ritmo do senhor Coelho. E chegam à mesma conclusão que ele: "*Devo estar atrasado*".

As perguntas não serão respondidas, contudo, precisam ser feitas: atrasadas para o quê? Quando submetemos nossas crianças a correrem tanto, estamos acionando o quê? Em nome do quê? E para quê?

A pausa docente para buscar essas respostas coletivamente é, a nosso ver, a maior justificativa de existirem momentos coletivos de formação, e a necessidade de compartilharmos uma forma de registro, que nos permitirá acionarmos e desenvolvermos competências cognitivas similares. Advogamos que o diário de bordo é o melhor instrumento para isso, porém, reconhecemos que possam existir outros. O que não se pode fazer é deixar de ter uma forma de consolidar o que se faz aos bebês e às crianças.

O CP precisa, em seu plano de ação, mobilizar a busca dessas respostas, auxiliar, quando não alimentar, a reflexão para além das reclamações das dificuldades enfrentadas cotidianamente, indo para além da...

3.2 A lagoa de lágrimas

> *Puxa! Puxa! Como tudo está tão estranho hoje! E ontem as coisas estavam tão normais! O que será que mudou à noite? Deixe-me ver: eu era a mesma quando acordei de manhã? Tenho a impressão de ter me sentindo um pouco diferente. Mas, se eu não sou a mesma, a próxima questão é: "Quem sou eu?" Ah! Esta é a grande confusão!*

Transpor a lagoa de lágrimas, também conhecida como muro das lamentações, é o grande desafio no processo coletivo de formação. Não estamos minimizando as dificuldades que encontramos nas Unidades Educacionais, ao contrário, estamos cientes delas e nos indagamos: o que podemos fazer apesar delas? Esperar que todas as dificuldades desapareçam para, então, realizarmos algo não é factível! O desafio nasce aqui: reconhecemos os entraves e somos capazes de sinalizar como nosso trabalho seria muito melhor se tivéssemos condições objetivas melhores, contudo, no que temos como realidade, não somos capazes de fazer isso! Como tão bem sintetiza Mônica Fujikawa (assessora em diversas escolas e no Brasil, com ênfase no fazer da gestão para potencializar a prática docente) em suas palestras: como transformar o queixume em ação sem menosprezar o que é comunicado na queixa?

O que fazemos, apesar das condições, é o que precisa unir o grupo, e não o que as ausências nos impossibilitam. Evitar essa "armadilha" exige do gestor uma clareza do que é INEGOCIÁVEL. Não existe condição adversa que permita a negociação dos princípios éticos, políticos e estéticos de nossas ações educativas. Se negociarmos os princípios, a escola, principalmente a pública, perde a razão de ser, deixa de ser possibilidade de integração e de mediação e torna-se *locus* de perpetuação da desigualdade social, que, no Brasil, é vexatória para qualquer um dos indicadores socioeconômicos que utilizarmos.

Reconhecer os limites e as possibilidades de se estar com 35 crianças é totalmente diferente de abrir mão de se estar com elas. Compreender o que é não estar no centro do processo educativo tem muito mais a ver com uma questão de abandonar o adultocentrismo do que com a quantidade de crianças atendidas simultaneamente. Ser professor de criança sem dar aula, como provoca Danilo Russo (2008), é o que nos desafia. E, na ausência de uma resposta, apegamo-nos a números de crianças e a condições espaciais, materiais e salariais. Todas essas ausências, vejam bem, perpassam um fazer de excelência, porém, não impedem um fazer que rompa o adultocentrismo, e é disso que estamos falando.

A condução de processos formativos que explicite e explique, coletiva e colaborativamente, aos docentes o porquê de suas escolhas é o cerne de toda transformação. Não há dicas mágicas, não existe texto redentor, não haverá formação continuada nem curso ou palestra que dê conta dessa consciência. É fundamental estar *in loco*, mexer com as narrativas constituintes dos sujeitos, ter alguém perto para ajudar nas decisões, construir com e para as crianças.

Ao longo desse período em coordenação pedagógica, sempre soubemos que a chave docente estava virando quando eles assumem: "quem sou eu? Essa é a grande confusão!". Temos uma metáfora que nos acompanha há muito tempo, de que, quando estamos entendendo o que fazemos, viramos a chave, o que nos abre novos caminhos de significado; transpor uma nova porta não significa ter superado tudo que é necessário construir, ao contrário, é um novo desafio constante.

Desconfiar de suas certezas pedagógicas e de suas conduções didáticas é o primeiro sinal para abrir-se à escuta efetiva dos bebês e das crianças. Não há espaço para abertura ao outro se o que me rege e a certeza do que realizo são impecáveis e irrepreensíveis. Muitas vezes, caberá aos gestores realizarem o que Lacan (1998) nomeou como "em nome do pai" e realizar o corte que poderá trazer este questionamento. Diversas professoras nos narraram, ao longo desses anos, como foi doloroso e, ao mesmo tempo, libertador despir-se dessas certezas, afinal, deixaram de participar de...

3.3 Uma corrida de comitê e uma longa história

"Eu não sei o significado de metade dessas palavras, e mais, não acredito que você saiba." E o Papagaio torceu a cabeça para esconder um sorriso: alguns dos outros pássaros riram às escondidas audivelmente.

Precisamos, como gestores, ser muito vigilantes com o que propomos ao grupo. Muitas vezes, apresentamos novos discursos, que são justificados pelos membros do grupo com velhas práticas e afirmações do tipo: "*Isso já sei! Isso já faço! Isso? Qual a novidade?*". Se aceitarmos essas frases sem problematizá-las, ampliamos a percepção das professoras de que o discurso é descolado da prática, pois não adianta usar um discurso bonito e atento ao que há de mais "moderno" sem amparo em uma ação efetiva.

Assim, os gestores precisarão demonstrar como se faz o que está subjacente a determinadas afirmativas, que existe a necessidade de se rever práticas (iniciando pela suas próprias) à luz de novos conceitos, além de outras tantas coisas. Porém, se o condutor das discussões só tiver o discurso e não conseguir materializá-lo, de nada adiantará a reunião do comitê ou, até mesmo, o estudo coletivo.

Neste trecho do livro, é possível fazer um claro paralelo com muitas reuniões que ocorrem na escola. Nelas, deixamos gestores/professores discursarem na esperança de que logo terminarão, ou fazemos perguntas que ficam sem resposta, o que só valida a percepção do: "*Viu, era só discurso mesmo!*". Romper a dicotomia "prática *versus* ação" é uma construção que se efetiva em uma práxis ética e política.

Uma oportunidade ímpar de se avançar coletivamente no quesito de ir para além do discurso é, junto com o grupo, que proponhamos "escovar as palavras", para ficarmos na metáfora do poeta sul-mato--grossense Manoel de Barros. Precisamos, como Unidade Educacional, ter claro o que determinadas palavras nos indicam. Construir uma rede de significação sólida, pautada no encontro, aberta no acolhimento e rigorosa na definição.

Sentar-se com outras pessoas, partilhar concepções e negociar sentidos são alguns dos maiores desafios formativos que já presenciamos; o que é óbvio para nós pode não o ser para o outro, e vice-versa. Entender isso e, conjuntamente, ir estabelecendo parâmetros é uma construção árdua e delicada.

O grande nó que vemos na formação continuada está aqui: qual o tempo para isso acontecer? Em outras palavras, podemos sinalizar que existem aspectos que mudarão antes de haver a compreensão do porquê se está mudando? Poucos teóricos e estudiosos da formação continuada assumem esse ponto, até porque, no limite, ao assumirmos que haverá uma mudança de um ato irrefletido para outro, estamos negando a essência da proposta da formação continuada. Entretanto, ao falarmos de crianças de 0 a 5 anos, qual o limite de tempo que podemos ficar esperando a mudança? E, aqui, posicionamo-nos claramente, afinal...

3.4 O Coelho manda Bill, o Lagarto

"Mas então", pensou Alice, "eu não vou nunca ficar mais velha do que sou agora? Isso é um conforto, de qualquer maneira... nunca ficar velha... e então... ter sempre que estudar. Oh! Eu não gostaria disso!"

O limite de ser um gestor tirânico (farão o que nós pedirmos) e auxiliar os docentes a avançarem metacognitivamente nos seus fazeres, para nós, sempre esteve assentado nesta sentença de Alice: "ter sempre que estudar". Ajudar o grupo docente a saber de onde vieram as proposições que usamos, como as propostas se materializam e, o melhor, como as mudanças procedimentais trazem ganhos cognitivos para todos são premissas inegociáveis de uma postura: *"Agora, precisamos fazer assim"*.

Por reconhecer a polêmica que tal afirmação traz, sentimo-nos obrigados a fazer um desdobramento adequado: publicamos alguns artigos com esta temática e, alguns textos à frente, a explicaremos melhor, porém, o que não pode passar sem tratamento agora é: assumimos que, ao lidarmos com a formação continuada de professoras da primeira infância, às vezes, solicitaremos que deixem determinados procedimentos, e, após a formação desdobrar-se, espera-se que compreendam o porquê da mudança.

Vemos uma justa e oportuna preocupação com os tempos de mudança docente, que a formação inicial deixa muitas lacunas, que estar atualizado com tudo descoberto e escrito acerca da primeira infância não é tão simples assim. Mas, qual o limite desse tempo? E a pergunta ética que nos persegue constantemente nesses momentos: ao ver alguém fazer algo equivocado com crianças e bebês, qual o limite ético de assistir a isso passivelmente?

Nesse contexto, vem à memória a celebre foto que registrou a fome na África por meio da exibição de um abutre se aproximando de uma criança muito debilitada. A foto foi mundialmente premiada, até que alguém se perguntou: *"Mas o abutre chegaria tão perto de um ser vivo de uma hora para outra?"*. E o fotógrafo precisou admitir que ficou horas observando a aproximação até conseguir o premiado ângulo.

Lançamos novos questionamentos sem a pretensão de respondê--los: como gestores pedagógicos das Unidades Educacionais, podemos tangenciar o que vemos de inadequado com a expectativa de que o outro mudará? Mais vale a constituição profissional docente do que a garantia dos direitos infantis? Vejam a profundidade dessas perguntas. E não estamos ousando respondê-las de forma açodada, mas, sim, trazendo a questão!

Tomamos um posicionamento todas as vezes em que estamos à frente de grupos docentes: quando nos depararmos com o inegociável, ele será interditado. Haverá explicação da interdição, ocorrerão momentos formativos, traremos a discussão coletiva e toda sorte de propostas, porém, haverá o impedimento do que se realiza de inadequado. Nosso posicionamento foi o de que não podemos compactuar com a mediocridade, nem que seja para depois o outro perceber que estava sendo inadequado.

Só se é bebê e criança uma única vez na vida. Estudos da Neurologia (Brown e Jernigan, 2012; Burger, 2010; Kuhl, 2011; Siegler, 1996; Stein, 2013) comprovam que a construção cerebral de 0 a 3 anos é única em todo o nosso crescimento. A constituição da subjetividade e da compreensão do Eu até os 6 anos é a base do que seremos como seres humanos para o restante da vida. A ideia e a vivência do que vem a ser afeto e vinculação emocional também se dá nessa faixa etária. Logo, ser docente de crianças na primeira infância é algo que implicará estudo para o resto da vida, portanto, é salutar ouvir os...

3.5 Conselhos de uma lagarta

> *A Lagarta e Alice olharam-se uma para outra por algum tempo em silêncio: por fim, a Lagarta tirou o narguilé da boca, e dirigiu-se à menina com uma voz lânguida, sonolenta.*
> *"Quem é você?", perguntou a Lagarta.*

Novamente, a história aborda uma questão muito cara aos docentes da infância, a resposta à pergunta: "*Quem é você?*". Para nossas provocações, a questão seria mais bem formulada nestes termos: "*Como suas escolhas procedimentais evidenciam como você é profissionalmente, professora?*".

E, na passagem que abre este subitem, Alice precisou da Lagarta para se questionar. Defendemos, como muitos estudiosos da formação continuada – citando apenas Imbernón (2009, 2010, 2011), por sua importância em nosso processo constitutivo –, que o outro é essencial na nossa constituição, precisamos do outro para saber quem somos. Ou, em um jogo de palavras de que gostamos muito, preciso do Outro para saber quem Eu sou; quando sei que não sou o Outro, abro possibilidades para saber quem Eu sou.

Para além dos jogos de palavras que ficam bonitas quando bem combinadas, o que está em ação, ou deveria estar, com esse procedimento de considerar o Outro?

Em primeiro lugar, perceber que não podemos ter respostas definitivas, e nem provisoriamente sustentadas, sem o auxílio do Outro. Precisamos criar as comunidades de aprendizagem preconizadas e defendidas por Imbernón (2009, 2010, 2011) e, o mais significativo, saber que o outro vê o fenômeno educativo de uma óptica diferente da nossa. E não estamos afirmando se melhor ou pior, mas, sim, diferente!

Em segundo lugar, estar à frente de um grupo de bebês e crianças conduzindo uma proposta de cuidado ou de educação é totalmente diferente de estar assistindo à proposta. Quando nos colocamos como espectadores, ganhamos um ponto de vista distinto daquele que aplica a condução didática. Enxergamos o ganha-ganha pedagógico quando há a soma desses pontos de vista. E, nesse ponto, a beleza da frase se materializa, precisamos do Outro e do que ele observou do local que ocupava para entender o que estava em ação.

Em terceiro lugar, entrar nessa possibilidade de compreensão do que se faz implica, antes de qualquer coisa, saber quem eu sou. Não há chance de ocorrer o despojamento simbólico de me desnudar ao Outro sem a clareza identitária de quem sou. E, muitas vezes, será necessário responder o porquê da escolha da profissão. Como fomos nos constituindo profissionalmente? Quais são nossos mobilizadores simbólicos e suas implicações com nossas escolhas?

Vejam quanto conteúdo identitário acionado, o que faz estudiosos como Placco e outros se debruçarem sobre essa questão há muito tempo. Não a ignoro, tanto, que tive três grandes privilégios acadêmicos que asseguram isso: a professora Vera Placco participou da minha banca de qualificação e defesa do doutorado e foi minha supervisora de estágio do pós-doutorado. Saber que a identidade docente está permeada por um sem-número de entradas não me exime de tomar decisões, de indicar possibilidades e de convocar o Outro a uma explicitação de suas escolhas (mesmo que, em um primeiro momento, a pergunta pareça sem sentido). Afinal, preciso sair do absurdo que pareça a afirmativa...

3.6 Porco e pimenta

> *"Isso depende muito de para onde você quer ir.", respondeu o Gato.*
> *"Não me importo muito para onde...", retrucou Alice.*
> *"Então não importa o caminho que você escolha", respondeu o Gato.*

Para nós, essa é a passagem mais emblemática do livro. Se tivéssemos que escolher uma única passagem, com certeza seria essa, pois sintetiza com perfeição o que compreendemos como o desafio maior de quem lida com a questão da formação continuada: saber responder para onde se quer ir.

Os gestores não conseguirão ajudar seus docentes, e nem a eles mesmos, se não tiverem planos de ação bem-estruturados, factíveis e avaliados constantemente. Se não se souber para onde se deseja ir, além de qualquer caminho servir, a chance de não irmos para nenhum lugar é enorme. Afinal, o que mais existe são pessoas querendo ir para diferentes lugares dentro de uma Unidade Educacional.

E como ser o Gato? Ele sabia onde os dois caminhos davam, mesmo Alice não querendo fazer uma escolha. Como ser um gestor que sabe os caminhos (ou prevê as possibilidades que as escolhas acionam) e, ao mesmo tempo, implicar os docentes que realizam as escolhas na decisão (e em suas consequências)? A nosso ver, isso só é possível por meio de um plano de ação que tenha clareza das metas, dos caminhos e que esteja embasado no "inegociavelmente" (compreendido como o diálogo ético nas escolhas que serão efetivadas COLETIVAMENTE ao longo da sua execução).

E, aqui, nos deparamos com um grande desafio: o Gato indica onde cada caminho dará, assim como muitas vezes será necessário dar escolhas aos docentes. Como coordenadores, tentamos sempre oferecer mais de duas opções, e por quê? Para que, ao escolher, haja implicação de quem o faz. Não podemos delimitar a escolha das professoras, senão, no menor malogro, não há como saber quem é o culpado. Também não podemos abrir tantas opções a ponto de parecer que qualquer coisa é válida. O desafio está nesse meio (ou centro) termo?

Se isso não estiver claro, corremos o risco de tornar a Unidade Educacional...

3.7 Um chá maluco

> *"Por que deveria?", resmungou o chapeleiro.*
> *"Por acaso seu relógio diz o ano que é?"*
> *"É claro que não" Alice replicou rapidamente, "mas*
> *é porque o ano permanece por muito tempo o mesmo."*
> *"Este é exatamente o caso no meu", disse o Chapeleiro.*

Se, na passagem do personagem Gato, há uma convocação para que nos analisemos como indivíduos, delimitemos para onde desejamos nos encaminhar e o por que estamos fazendo determinadas escolhas. A nosso ver, o trecho do livro que narra a hora do chá é primorosa para nos mostrar como o Outro pode não ser considerado.

Faz um tempo que acreditamos ser viável e preferível fazer uma aproximação do que se espera da formação continuada (e cremos que inicial também) dos docentes, e o que se espera que se realize às crianças. E o eixo da Educação Infantil no Brasil são as brincadeiras e as interações. Como podemos esperar que as professoras promovam interações significativas entre as crianças e os bebês se são incapazes de interagir com seus pares?

É muito triste afirmar isso, mas muito do nosso desejo de assumir a coordenação pedagógica de uma Unidade Educacional se deu no legitimo anseio de mudar os momentos formativos de "horas do chá" para algo que pudesse auxiliar nos processos pedagógicos dos participantes. Com o tempo, descobrimos que, se os momentos coletivos fossem possibilidades de contato com a Cultura, já estaria de excelente tamanho a proposta.

Quando éramos alunos do Magistério, muitas horas de estágio foram realizadas 1.800, para ser exato, e a maior parte delas foi para conhecer o que não deveríamos fazer quando estivéssemos com a regência de uma sala. Depois, na graduação em Pedagogia, novas horas e novos não procederes futuros. E, finalmente, quando estamos professores, passamos por uma infinidade de gestores que foram nos dando mais indícios do que não fazer.

Esses são claros sinalizadores de que precisamos mexer tanto na formação inicial quanto no acesso à carreira para nos tornarmos gestores. Há claros indícios de que, da forma como estamos encaminhando a questão, deixamos sérias lacunas. Não podemos pautar as formações iniciais apenas pelo que não deveria ser feito, ao contrário, deveríamos estar bombardeando os sujeitos de possibilidades potentes e planejadas. E acessar o cargo de gestor (para os sistemas educativos que, ao menos, se preocupam com isso) deveria ser mais do que uma questão de ir bem, ou não, em provas de acesso.

Acreditamos e defendemos que haja o concurso, mas ele deveria vir acompanhado de outras possibilidades, como: só pode concorrer ao concurso interno quem fez determinados cursos promovidos pela Secretaria de Educação; ao ser aprovado, o novo gestor ficaria tantos meses acompanhado de um gestor mais experiente. Não podemos acreditar que nossos cursos de Pedagogia em 3 anos (como são a maioria deles hoje) habilitam seus frequentadores a serem professores de crianças de 0 a 11 anos, gestores (CPs, assistentes de direção, diretores e supervisores escolares), além de pessoas aptas a trabalhar nos setores de formação continuada das próprias secretarias educacionais.

Conseguir mobilizar que os professores se constituam em uma comunidade de aprendizagem, que, ao se sentarem lado a lado, não se comportem como os personagens da "hora do chá" é um desafio a ser assumido pelos gestores, com especial atenção aos CPs que normalmente estão à frente desses momentos. E, assim, voltamos à importância de um bom plano de ação!

É quase desalentador ler o trecho de abertura deste subitem e nos lembrarmos do alerta de Nóvoa (1991a,b) de que, às vezes, a profissão docente é um ano de novidade (o primeiro) e, depois, são anos de reproduções desse ano. Auxiliar o grupo a sair desse comportamento alienado é tarefa de quem conduz o processo formativo. Contudo, não é um sair da "alienação" no campo discursivo, é implicar o Outro de maneira ética e verdadeira, estarmos e refletirmos juntos em ações CONCRETAS. Não estamos pregando a existência de uma forma de redenção, estamos sinalizando que os grupos precisam buscar coletivamente formas de procedimentos que qualifiquem os seus fazeres didáticos.

Se não o fizermos, corremos o risco de sempre estar fazendo...

3.8 O jogo de críquete no campo da rainha

"Eu não acho que eles joguem da maneira muita certa", Alice começou num tom de queixa, "e discutem de um jeito tão maluco que você não consegue ouvir ninguém falar... e parece que eles não têm nenhuma regra. Finalmente, se têm, ninguém parece respeitar... você não faz ideia de como é confuso jogar com todas estas coisas vivas".

Já abordamos esse aspecto antes, e ele será aprofundado no futuro, mas essa passagem pede um tratamento da questão, a nosso ver, central: o *ponto de vista*. Alice, nesse trecho, explica ao Gato o que está entendendo do jogo de críquete. Todos os sujeitos que estão na Unidade Educacional têm um ponto de vista acerca do que lá se passa. Com o tempo, fomos entendendo (e essa é uma construção que precisa de constante vigilância de nossa parte) que não existe ponto de vista definitivo. Não há forma única e infalível, mas existe a necessidade de se comunicar aos Outros o que vemos e de onde vemos.

Quantos dissabores foram diminuídos, quando não, superados, pelo pessoal de apoio ao apresentar por que determinadas salas em determinados dias ficavam mais "sujas"? Quantas queixas e reclamações dos responsáveis não se tornaram rasgados elogios após explicações dos procedimentos que adotamos? Não podemos partir da ideia de que todos veem do meu ponto de vista, e – o mais difícil – de que o que vejo é sempre o melhor ângulo para entender o que se passa.

No trecho, Alice sinaliza a importância das pessoas se ouvirem. Estabelecer nos preceitos de Habermas (2007) o diálogo ético é uma das atividades mais complexas, urgentes, envolventes e significativas de qualquer espaço que deseje ter o nome de educacional associado a ele. Todavia, é uma construção delicada, não é o procedimento de ficarmos realizando votações que permitem a assunção do diálogo ético, mas, sim, como me posto para ouvir o Outro.

Se não sou capaz de ouvir, não terei elementos mínimos para compreender o que o move para a ação da maneira como ele realiza, e isso não é uma mera questão filosófica. Interdito, ao agir dessa forma, qualquer possibilidade de dialogar, e, sem o diálogo, perco a chance de constituir um grupo de aprendizagem.

Em teoria, a escola tem vários instrumentos que indicam as regras, como: Projeto Político-Pedagógico (PPP), planos de ação de cada segmento, projetos didáticos e outras sortes de instrumentos que cada sistema educacional adota. A questão que nos fica é: quanto disso é realizado coletivamente para além da formalidade de estarmos reunidos em alguns momentos?

Vamos um pouco mais longe com a provocação? Quantas pessoas sabem efetivamente o que está escrito no PPP de sua Unidade? E um detalhe nada irrelevante: corretamente assinado por elas. Se nem do PPP sabemos, fica impossível imaginar os outros instrumentos a serviço de uma qualificação. Logo, ninguém há de respeitar o que desconhece.

E chegamos à parte que mais nos convoca do trecho, "você não faz ideia de como é confuso jogar com todas estas coisas vivas". Estamos diariamente lidando com seres vivos nas Unidades, não podemos nos furtar dessas questões, seja porque as crianças têm o direito de viver situações que as auxiliem no processo de humanização, seja porque os sujeitos que trabalham nas Unidades também o têm. Não podemos transformar nossas Unidades em *locus* de reprodução alienatório dos sujeitos que lá trabalham.

Uma imagem que sempre nos trouxe incomodo, e ainda o traz, é pensar que existam indivíduos reunidos em torno de uma mesa, em algum lugar do mundo, decidindo o que farão de ruim para que as pessoas não alcancem seus potenciais. Para a manutenção do *status quo*, é preciso muita alienação, não temos dúvida disso. A questão para nós é: o quanto dos nossos procedimentos não está ajudando nessa perpetuação?

Não é simplesmente denunciar a existência da situação, que já ocorre desde da década de 1960, mas, sim, como verdadeiramente transformamos nossos cotidianos com as crianças e os profissionais em construções que amenizem a alienação? E, para tal, voltamos ao início deste item, precisamos nos ouvir dentro de um diálogo ético, senão, corremos o risco de ficarmos repetindo...

3.9 A história da falsa tartaruga

> "Nós tivemos a melhor educação...na verdade,
> nós íamos à escola diariamente..."
> "Eu também ia à escola todos os dias" falou Alice,
> "você não tem porque ficar orgulhosa disso."
> "Com aulas extras?", perguntou a Falsa Tartaruga
> um pouco ansiosa.

A afirmação de que se vai à escola diariamente tem um peso duplo, a nosso ver. O que estamos realizando ao público que está indo à escola todo dia? E, como profissionais que desempenhamos nossas atribuições no dia a dia da Unidade, o que estamos fazendo com esse tempo/espaço para nos aprimorarmos nos nossos fazeres?

Indo um pouco mais longe, como estamos estabelecendo momentos formativos eficazes para a diminuição dos nossos NÃO SABERES? Para nós, saber o que não se sabe é tão importante quanto o saber fazer. Afinal, muitas vezes, o primeiro passo para que nos mobilizemos a saber algo será reconhecer que não o sabemos. Muitos diálogos foram interditados, nesses anos que exercemos a coordenação pedagógica, com a seguinte afirmativa: "*Isso, eu já sei fazer*".

E voltamos a um dos pilares desta produção: como lidar com essa recusa? E mais: como trazer o sujeito que, em um primeiro momento, recusa-se a sair do lugar que está? Diríamos que essa resposta é o cerne que todos os pesquisadores da formação continuada buscam. Muitos concordam que é preciso implicar o sujeito na mobilização de saberes e de questionamentos, que não há uma receita infalível e que haverá sempre quem fique de fora desse processo de transformação/modificação.

Nosso questionamento, desde que estudávamos no Magistério, é: podemos, como agentes que lidaremos (lidamos) com a Educação, resolver "não mudar"? E, levando a reflexão um pouco mais longe, quando somos funcionários públicos, que têm espaço de formação continuada em nossas cargas horárias, temos o direito ético de prescindir da reflexão do nosso fazer?

É um consenso que as respostas serão sonoros "nãos" e a indagação que vem a seguir é o xis da questão: como mobilizar o Outro? Em outros termos, sabendo que não podemos, como gestores, compactuar com a mediocridade, como trazer os profissionais que se arvoram no direito de dizerem que não mudarão? A resposta a essa questão irá demarcar possibilidades e nuances nos fazeres dos gestores. Uns insistirão na convocação do Outro por vias do diálogo, da problematização cotidiana, do convite a repensar o que se faz. Na verdade, esses procedimentos são quase que consensuados.

Diríamos, que a nossa diferença está mais na forma do que no conteúdo (reconhecemos que forma e conteúdo, muitas vezes, não podem ser separados). Colocar o sujeito diante de seu NÃO SABER gerou muitas transformações e aberturas para mudanças. No início, não é um movimento fácil, gera desconforto a quem se depara com o não sabido e, ao mesmo tempo, exige cuidado e conhecimento de quem faz os apontamentos para não parecer mera perseguição. Não podemos, em hipótese nenhuma, parar no apontamento de que o outro não sabe!

Optar por essa forma exige que se dê alternativas ao sujeito (já falamos sobre isso). Estar junto com o profissional, implicar-se com ele na busca das respostas e possibilidades de adentrar no saber fazer e, por vezes, reconhecer que o não saber também é partilhado por nós (não podemos nos arvorar de conhecer tudo). No Capítulo 7, descreveremos em detalhes como fomos pontuando ao grupo esse movimento.

O importante para nós, neste momento, é que não podemos tornar banal a mera ida à escola como sinônimo de aprendizagem, nem para as crianças e os bebês, e, menos ainda, para os adultos que lá estão cotidianamente. Senão, a afirmação da Falsa Tartaruga e o contra-argumento da Alice vão se naturalizando, fazendo-nos perder o foco e desistir dos processos e de seus desdobramentos, vendo com naturalidade...

3.10 A dança da lagosta

> *"Mas não adianta contar desde ontem,*
> *porque eu era uma pessoa diferente ontem."*
> *"Explique isso melhor", disse a Falsa Tartaruga.*
> *"Não, não! As aventuras primeiro", disse o Grifo em tom impaciente.*
> *"Explicações tomam um tempo louco!"*

A delicadeza de colocar o Outro ante o seu não saber mobilizará a consciência de que somos pessoas diferentes a cada dia e que sempre haverá alguém pedindo melhores explicações do que realizamos. A constituição de um instrumento de registro (advogamos e estudamos profundamente os diários de bordo, mas podem ser outros) é pré-requisito para que exista periodicidade, sistemática e possibilidade de percepção dos avanços e desafios para o acionamento de níveis elevados de metacognição (só alcançados quando há escrita) e de situações de partilha.

O desafio (e sempre há um desafio) é superar o: "'Não, não! As aventuras primeiro', disse o Grifo em tom impaciente. 'Explicações tomam um tempo louco!'" (Carrol, 2002, p. 101). Cansamos, ao longo desses anos de coordenação, de ouvir que o importante era o que faziam com as crianças, que elas estavam felizes, que sempre fizeram assim, e os pais gostavam, entre outras tantas afirmações que tinham como objetivo comunicar: não vou mudar porque você quer!

A intervenção do Grifo já nos foi feita diversas vezes. E precisamos de uma generosidade ética para lidar com esses pedidos. Entender fatores como: O que está anunciado? O que almeja tal solicitação? De que modo podemos, como gestores, auxiliar e nos problematizar? São perguntas, como várias que leram e lerão neste livro, que não têm uma única resposta, logo, não ousamos respondê-las. Isso não significa que não temos hipóteses e não tentamos conduzir às possíveis respostas.

Romper com o desejo do imediatismo docente, de preferência, o quanto antes, é o sonho de todo gestor que zela pela formação continuada, contudo, no limite, não é ir contra a perspectiva da construção do conhecimento? E voltamos a uma questão cara a nós: qual o tempo para haver a mudança? Qual o limite de tempo? O que é passível de tempo? O que é INEGOCIÁVEL?

No afã de irmos direto às aventuras, quantos bebês e crianças não são submetidos a violências simbólicas e perdem a oportunidade de viver experiências? Somos categóricos em afirmar que precisamos, dentro da possibilidade de quem acompanha diariamente os fazeres docentes, sinalizar de maneira clara: isto aqui não pode! (título do Capítulo 6 deste livro).

Muito melhor e mais eficaz será quando essa interdição vier acompanhada de explicação, ajuda, análise cuidadosa do fazer docente, parceria em construir alternativas, busca da compreensão do porquê de determinadas escolhas e outras mil estratégias. Mas, em nome de zelar pelo tempo docente, os bebês e as crianças não podem ter seus tempos desrespeitados.

E, para além do tempo louco que tomam as explicações, nossa experiência nos possibilita afirmar que a necessidade de tecê-las traz um grande incômodo. Não houve grupo, seja de docentes, seja de alunos da Pedagogia, seja de gestores ou formadores de coordenadores, que não ficou incomodado, quando não ofendido inicialmente, ao ser confrontado com os seus não saberes.

Ao sermos confrontados com o NÃO SABER, precisamos tomar um posicionamento. Alguns resistem (*"sempre fiz assim, e, até hoje, ninguém morreu"*), alguns lamentam (*"outro modismo... Quando será que poderei me aposentar?"*), alguns se movimentam (tanto para parar com essa "*palhaçada*" de ter que pensar, como para refletir: *o que será que eles querem?*). A riqueza e o maior desafio de lidar com o grupo está neste pormenor (que é um grande "pormaior"): as pessoas de um grupo são diversas, carregam experiências diferentes, veem e sentem as situações de maneiras particulares.

O desafio posto é como garantir que a diversidade atue na qualificação do grupo, e não na perseguição de responder o tempo todo...

3.11 Quem roubou as tortas?

"Você não tem o direito de crescer aqui", disse o Leirão.
"Não fale bobagens", respondeu Alice destemidamente,
"você sabe que você está crescendo também."
"Sim, mas estou crescendo em uma velocidade razoável", retrucou o Leirão,
"e não desse jeito ridículo." A seguir ele levantou-se com irritação
e atravessou a sala até chegar do outro lado da corte.

Apontar o dedo para as ausências do Outro é parte importante de estar em grupo dentro de um diálogo ético, como preconiza Habermas (2007). No entanto, não somos acostumados a ter as ausências indicadas, ao contrário, tendemos a ver esse movimento quase como um desrespeito, e a posição de defesa é acionada quase que institivamente: *"Mas você não vê quantas crianças tenho?"*; *"Não tinha ninguém para me ajudar!"*; *"E como você faria?"*; *"Já teve tantas crianças para cuidar?"*; *"Já pensou que nem tudo que está no livro pode ser realizado de verdade?"*; entre outras tantas afirmativas que temos certeza que os leitores poderiam preencher algumas folhas.

A questão que nos fica é: o que essas expressões anunciam indiretamente? E, antes de tentar levantar mais questões, é fundamental nos determos um pouco na questão do implícito. Em geral, as grandes indagações e dificuldades docentes não são realizadas no plano da consciência; os maiores pedidos de ajuda, as grandes entradas oferecidas para viradas procedimentais que os profissionais educacionais nos deram ao longo desses 20 anos de Magistério vieram de forma indireta, sempre nos convocando a tentar entender o que estava subjacente a determinadas colocações.

Há constructos da Psicologia, com destaque à Psicanálise, que explicam muito desse movimento. Nossa intenção não é enveredar por essa área, inicialmente, por não ser o campo no qual temos estudos aprofundados. Lemos um pouco de Lacan, Freud, Lebrun e outros, mas, decerto, essas leituras foram mais para entendermos o que fazíamos de forma intuitiva, bem denominado *conhecimento tácito* por Zeichner (2013), do que para podermos efetivar as intervenções realizadas.

O curto trecho que abre este subitem traz outra questão muito difícil de se abordar nos grupos: a discrepância de saberes e avanços dos membros do grupo. Além das diferenças, abordadas no item anterior, temos, com o passar do tempo, uma diferença considerável de disponibilidade e avanço dos membros para as proposições lançadas pela gestão. Há pessoas que, quando confrontadas com o seu NÃO SABER, mobilizam-se de maneira rápida para superar essa situação, e, mesmo não sendo inicialmente profissionais com os melhores recursos discursivos ou práticos, em pouco tempo, transformam-se em uma máquina de autoquestionamento que é muito interessante e desafiador de se acompanhar.

Em contrapartida, por vezes, aquelas pessoas que pareciam ter os melhores recursos discursivos e uma prática interessante se aferram ao que realizavam e tentam dificultar o crescimento do outro. Há uma passagem em nossa trajetória profissional que muito nos marca e sintetiza claramente o que desejamos comunicar. Sem citar nomes, locais ou datas, o que permitiria uma localização rápida de quem são os personagens, deteremo-nos no contexto e na situação.

Em uma escola de Educação Infantil com um grupo relativamente estável, em especial no turno matutino, duas professoras exercem grande ascendência no grupo, seja pelo fato de lá estarem há mais de 15 anos, seja porque uma delas já desempenhara o cargo de gestora. Ao assumirmos o cargo efetivo de coordenação pedagógica da referida Unidade, fomos recebidos com afeto por uma delas com a seguinte frase: *"Prazer! Pena que você demorará para entender de Educação Infantil e poder saber de que falamos!"*.

Como contávamos com um trio gestor coeso e fomos atrás de muitas informações e leituras acerca do que se esperava de uma Educação Infantil de qualidade (tanto, que, depois, não saímos mais dela), em pouco tempo, estávamos fazendo diversas intervenções no grupo. Isso foi gerando muitos desconfortos na equipe como um todo. Porém, o que nos chamou mais atenção, tanto nesse exemplo que usamos para ilustrar o que estamos apresentando como em outros, foi a "perseguição" de certos "líderes" que estavam dispostos a compactuar com o que apontávamos.

Além do movimento de resistência individual de cada docente, precisávamos estar alerta com os movimentos de determinadas pessoas que tentavam, a todo custo, manter o grupo no estágio que achavam o mais adequado. E, nesse movimento, emergiram situações muito próximas do diálogo extraído do livro: *"Como você vai seguir o que eles estão falando? Agora, deu para obedecer aos outros? Olha, só! Se sentindo só porque ganhou um elogio!"*.

Nesses dez anos de coordenação pedagógica, presenciei profissionais chorando porque pessoas do grupo pararam de falar com elas; diversas pediram para não receberem elogios em reuniões ou em momentos formativos, porque, depois, o grupo fazia chacotas; algumas escreveram que entendiam a importância do estávamos apontando, mas que não davam conta da pressão do grupo, logo, voltariam ao que faziam. Toda sorte de desrespeito que nos chocou, e sempre nos fez questionar: como criar uma comunidade de aprendizagem em um ambiente assim?

E sempre acreditamos que a melhor solução era fazer algo como...

3.12 O depoimento da Alice

Sentada, com os olhos fechados, quase acreditou estar ela mesma no País das Maravilhas, mesmo sabendo que quando abrisse os olhos novamente tudo voltaria a ser a chata realidade de sempre...a grama se mexeria apenas com o vento e a lagoa estaria se movimentando apenas com os juncos...o tilintar das xícaras novamente seria o badalar dos sinos pendurados nos pescoços dos carneiros...os gritos agudos da Rainha seriam apenas os berros do pastor...o espirro do bebê, o guincho do grifo, e todas as outras coisas esquisitas iriam transformar-se (ela sabia) no confuso clamor da vida do campo...assim como o mugir do gado à distância iria tomar lugar dos pesados soluços da Falsa Tartaruga.

A essa altura, nosso leitor já deve ter percebido que não haverá uma resposta única e fechada para resolver as questões apontadas ao longo do texto. Contudo, sinalizar claramente aos grupos por nós coordenados o que vislumbramos sempre foi um procedimento. E todos eles foram unânimes em dizer que nosso entusiasmo e nossa vitalidade em apontar o caminho são contagiantes. Podemos discordar, ficamos bravos, desejamos que sumam, e outras tantas manifestações que deixem claro o descontentamento inicial, mas sempre ouvimos "*Não podemos ignorar a paixão que vocês manifestam por aquilo em que acreditam*".

Instalar nos grupos a possibilidade, como fez Alice ao narrar para a irmã o que sonhou, é o maior desafio dos gestores. Ao longo deste livro, vocês entrarão em contato com possibilidades, caminhos que fomos percorrendo. Nem tudo será reproduzível em seus contextos; há coisas que hoje poderíamos fazer diferente, outras que manteríamos, mas, para preservar a coerência e por acreditarmos no processo, resolvemos manter.

O aspecto mais difícil, a nosso ver, de convencer um docente da infância (ou de qualquer etapa educativa de que estivermos tratando) é:

o processo é mais importante que o produto final. Infelizmente (ou felizmente?), o alerta serve para os gestores também: muitas vezes, queremos as mudanças de práticas e de novas atitudes, sem dar conta do processo.

O rico, e, ao mesmo tempo, desafiador, é como dosar a consciência do processo com atitudes que respeitem os direitos infantis. Assegurar o direito das crianças não significa que os docentes e os gestores não os tenham também. Não é escolher lado, é fazer convergir estratégias e crescimento que ajudem no processo de humanização de todos. Não são apenas as crianças que estão se humanizando no ambiente escolar, ao contrário, estamos todos nesse caminhar.

Este texto não terá um subitem intitulado "conclusão", afinal, os próximos capítulos tentarão mostrar algumas trajetórias empregadas. Muitos capítulos foram escritos em parceria, preferencialmente com professoras que coordenávamos, pois acreditamos e defendemos que todos os profissionais da Educação podem ser intelectuais. Assim, escrever e problematizar os seus fazeres e explicitar os seus não saberes é algo possível de se fazer em colaboração.

• • • 4 • • •

Mudança das práticas docentes com base na interlocução com o coordenador pedagógico por meio dos diários de bordo

Cristiano Rogério Alcântara
Raquel Spagiari*

Neste capítulo, apresentaremos o percurso de ressignificação da prática docente que uma professora da rede municipal de São Paulo, com mais de nove anos de experiência, alcançou com base na escrita sistemática do seu diário de bordo. A transformação e a reflexão do seu fazer não se dará de forma solitária, afinal, o coordenador pedagógico (CP), proponente da ideia da escrita do diário, lerá as produções da professora e efetuará devolutivas escritas e orais, também ressignificando, com esse movimento, o seu fazer.

---

* Pedagoga pela Fundação Hermínio Ometto (FHO – UniAraras). Exerce a docência na Prefeitura de São Paulo.

Podemos inscrever a execução da prática docente e da coordenação pedagógica desenvolvida nessa escola, bem como nesse texto, dentro dos trabalhos que fazem uso da Metodologia Colaborativa, pois os participantes da prática analisada não sabiam quais seriam os desdobramentos que seus fazeres assumiriam. Entretanto, sabiam que as escritas diárias das práticas da professora, bem como a leitura e o acompanhamento da coordenação, permitiria adentrar em um nível reflexivo que só se acessa em parceria.

A fim de permitir uma melhor apresentação de como se efetivaram as trocas entre as escritas da professora e as intervenções do CP, optamos por apresentar os posicionamentos da professora e, na sequência, as intervenções da coordenação.

Procurando facilitar a escrita e a compreensão do texto, a professora fará uso da primeira pessoa do singular, e a coordenação, por sua vez, da primeira pessoa do plural. E isso se deve, antes de qualquer coisa, ao fato de que a coordenação, ao ler um diário de bordo, nunca se sentiu desacompanhada, pois, durante essa leitura, incluíam-se as impressões advindas das outras leituras que acabava de efetuar ou, até mesmo, das leituras teóricas que embasam a redação das devolutivas à professora.

Admitimos de antemão que este capítulo visa permitir analisar e divulgar o processo constituído, mas, no fazer cotidiano da escola, nem sempre as proposições se efetuaram desta maneira: ação da professora, comentário do CP e mudança do fazer docente. Não poderíamos crer em um processo assim, afinal, seria um enorme contrassenso acreditar que as reflexões e as problematizações da prática docente seguiriam um percurso linear e fixo.

O fato de termos outros capítulos escritos em parceria com outras professoras, bem como análises mais aprofundadas de desdobramentos alcançados, será, a nosso ver, uma chance ímpar de os nossos leitores constituírem um quadro de significações e poderem compreender, de forma articulada, como as diversas ações propostas se relacionam e se complementam, não sendo possível resumir uma ação ao fato de se escrever ou não o diário de bordo.

4.1 Como tudo se iniciou

Iniciei na educação pública em 2006, sendo, desde início, com Educação Infantil. Como grupo, trabalhávamos com planejamento anual e semanário, fazendo reuniões para realizá-lo nos horários de formação coletiva. Esses momentos eram destinados à troca de experiências e aconteciam de modo a promover reflexões acerca da nossa prática.

Trabalhei sete anos seguindo esse formato de organização e acreditava que, dessa forma, estávamos favorecendo nosso processo reflexivo com o grupo, beneficiando a interlocução com os alunos e realizando planejamentos e reflexões necessários à qualidade da Educação Infantil.

Somente em 2014 participei da experiência de escrever um diário semanalmente com devolutivas do CP e, a princípio, senti receio em realizá-lo, desnudar-me diante dele, desvelando concepções, equívocos, desencontros, inquietações e dúvidas cristalizadas desde 1997, quando me formei e tive a certeza de que o caminho educacional é árduo, austero e quase sempre inquietante, que, mesmo quando acertamos, ainda nos falta muito para atingirmos a excelência, principalmente se tratando de um universo de múltiplas linguagens, como é a educação infantil. Em 2015, recebi o desafio de escrever o diário de bordo diariamente.

***

Cremos ser oportuno contextualizar aos leitores um pouco do percurso traçado até a exigência, de nossa parte, da escrita cotidiana do diário de bordo.

Ao assumirmos a coordenação dessa Escola Municipal de Educação Infantil (Emei), em 2014, trazíamos a prática de coordenar grupos que escreviam diários de bordo e que foi objeto de nossa pesquisa de doutorado na Pontifícia Universidade Católica de São Paulo (PUC-SP), analisando o período de 2010 a 2013. Em 2013, no último ano de pesquisa, tivemos a oportunidade de coordenar uma escola de Educação Infantil em outro município da grande São Paulo.

Quando chegamos à escola paulistana, estávamos desejosos de replicar a prática que se mostrava exitosa na outra rede. Porém, deparamo-nos com alguns desafios: diferentemente do grupo da outra escola, as professoras da rede paulistana não estavam acostumadas a sequer escrever todas as semanas acerca de seus fazeres e, quando o realizavam, não tinham alguém que lhes dessem uma devolutiva sistemática. O segundo desafio foi o número de professoras que escreveriam os diários: seriam 42 diários! O máximo que tínhamos lido até aquele momento eram 20 documentos. E, por fim, como estávamos chegando à Unidade Escolar, não queríamos causar grandes rupturas.

Assim, acordamos com as professoras que escreveriam semanalmente e, conforme fôssemos dando devolutivas a respeito dessas escritas, poderíamos avançar nas solicitações de textos maiores ou menores por parte delas.

Ao término de 2014, sinalizamos ao grupo que, em 2015, os diários de bordo respeitariam seu nome: seriam diários. Os horários destinados às horas atividades seriam prioritariamente utilizados para essa função (escrita dos relatos diários).

4.2 Um desafio chamado diário de bordo

Tinha consciência das discussões acerca da importância dos registros para refletir e avaliar a minha práxis e, sem opções de escolha, já que essa era uma exigência oficial, iniciei meus registros, e com todas as inseguranças de fazê-lo. Procurei estar aberta, aceitando o desafio e comprovando se despender tanto tempo realizando relatos realmente favoreceria o dia a dia com as crianças, ou se tal ato terminaria parecendo com produções de portfólios que nunca são analisados de modo reflexivo.

Pude perceber, desde os primeiros registros, que o desafio é muito grande. Além do tempo destinado à escrita, temos que estar atentos aos detalhes no dia a dia com as crianças, perceptivos e reflexivos, o tempo todo. Isso tudo além da importância de realizar pequenas anotações, já que escrevo os relatos no fim do dia. Assim, é possível garantir fidelidade ao escrito, senão, poderia esquecer detalhes preciosos ou acabar por não lembrar das proposições realizadas.

Sempre procuro efetuar os relatos de modo a contemplar aspectos relacionados ao projeto, sendo minuciosa de forma a delinear meus apontamentos, assim como percepções, dúvidas, descobertas e encantamentos realizados pelas crianças. Também utilizo o diário para escrever sobre meus anseios, desilusões pedagógicas e futuras ideias e proposições que pretendo desvelar.

Particularmente, não consigo escrever seguindo um padrão prefixado. Criei um modo próprio de registrar, no qual elenco aspectos relacionados ao andamento do projeto e das propostas permanentes do currículo, apesar de ter consciência de que poderia oferecer maior riqueza de detalhes aos momentos em que as crianças estão mais livres, relacionando-se no parque ou nas salas ambiente. Não realizo esses relatos diários, porém, procuro registrá-los todas as semanas e, quando o faço, procuro elencar como, em geral, as crianças se organizam e exploram esses espaços, podendo facilitar as intervenções do CP, quando necessário.

Apesar da consciência da importância de realizar meus registros com mais detalhes rotineiros, ainda me falta tempo para fazê-los. Desse modo, não elenco todos os pormenores da rotina: procuro me concentrar em oferecer um fio condutor que garanta interlocução reflexiva comigo mesma e com o CP que realiza leituras com devolutivas semanais.

***

Grande parte do desconforto da professora de escrever os relatos, inicialmente, acontece pelo fato de não fornecermos um modelo de como ele deverá se constituir, e, cada vez mais, temos certeza dessa nossa opção. O fato de não haver um modelo de como se realizará o relato amplia a possibilidade de a professora sentir-se autora do que registra.

As descrições da professora afirmam isso, afinal, ela percebe ter um estilo próprio de escrita que não segue um modelo e que elege o que fará parte do seu relato. Creditamos a essa possibilidade autoral a chance de se tornar uma escritora, apresentando suas dúvidas, descrevendo seus fazeres e tudo o que nele se implica de forma mais "tranquila" do que se seguisse um roteiro.

Não poderíamos deixar sem uma problematização a afirmação da professora de que reconhece a importância da escrita e dos registros de seu fazer, assim como dos alunos, tanto, que cita os portfólios que nem sempre cumprem suas funções. Há, nessa afirmação, uma prova cabal de que não faltava à professora repertório teórico para entender a importância da escrita diária.

Muitas vezes, as formações pensadas aos professores se preocupam demasiadamente com a oferta de um referencial teórico (advogamos que os professores são intelectuais e que SEMPRE devem ter acesso aos pressupostos teóricos de qualquer intervenção que se pretenda fazer com eles), mas não será somente o conhecimento teórico que permitirá ao professor modificar sua prática.

Mesmo ciente da importância da escrita do seu fazer, portadora de conhecimentos da inadequação do trato dos portfólios com os alunos e de outras tantas construções teóricas constituídas em muitos cursos e leituras, a professora sentiu uma enorme dificuldade de efetuar a escrita cotidiana de sua práxis. Por vezes, aponta o desejo de retomar a escrita semanal, já que a escrita diária demanda muito do seu tempo.

4.3 Início de uma interlocução

Logo no início do semestre, eu estava com muitas expectativas em relação ao andamento dos trabalhos, pois pensava em como poderia favorecer os protagonismos das crianças para que pudessem acompanhar o percurso do projeto, e não só serem meros expectadores do planejamento realizado.

Há muito tempo, observo que as atividades na Educação Infantil terminam, muitas vezes, em proposições que se encerram em si. Mesmo quando existe planejamento e excelentes propostas, falta participação ativa das crianças no acompanhamento do trabalho que estão realizando.

Iniciei o ano me propondo a seguir com o projeto que decidimos coletivamente aplicar na escola, intitulado *Brincadeiras e sons por todos os cantos*. Realizei, com minhas parceiras, a escrita de todas as etapas e comecei os trabalhos com as crianças. Nesse meio tempo, também escrevia o diário de bordo, priorizando, desde o início, dar ênfase à descrição do projeto nos meus relatos.

No relato do dia 19 de fevereiro, as crianças (cujos nomes foram modificados) chegaram ao questionamento "*o que é tocar?*".

Voltar de um feriado é sempre difícil, porém, até que o dia transcorreu bem. Fomos ao ateliê. Foi ótimo poder realizar esta proposta em outro ambiente, principalmente maior. Formamos a roda, e coloquei o pau de chuva para ser observado. Pedi que falassem sobre o objeto, perguntando se conheciam. Como não houve manifestações, emendei: "Vocês imaginam o que poderia ser isso?". Disseram: "negócio de soprar", "machado" e "trompete"... Então, mostrei que não daria para soprar, pois não havia abertura; ficaram curiosos. Aí, o Kevin falou que era de tocar; devolvi a pergunta: "O que é tocar?". Disseram: "bater", "soprar", "balançar". Devolvi novamente: "O tambor, sopramos para tocar?". "Não", em coro. "E o chocalho, posso bater para tocar?", perguntei. "Não! Mexe, balança", responderam. Continuei: "Então, gente, o que significar tocar?". Muitos repetiam as falas, mas o Adalberto falou "soltar o som", e o Kevin emendou "fazer o som é fazer barulho". Continuamos conversando sobre os sons e voltamos para o objeto à nossa frente. Também falamos sobre o material utilizado.

Manusearam o pau de chuva, e, quando o Kleber balançou forte, falaram: "chocalhooo grandeee!". Então, falei que, na verdade, não se chamava "chocalho", manuseei de modo a sonorizar (chuva). A Joice falou: "chocalho da chuva". Eu ri e disse: "'Pau de chuva' é o nome!". "Por que 'pau de chuva'?". Responderam parece o barulho da chuva. Todos tocaram!

Realizaram um protótipo do instrumento, recortando coletivamente papel Kraft, e pintaram com tinta. A Yasmin falou que era "instrumento de índio". Rapidamente, comentei que era utilizado por algumas tribos, mas não estendi o assunto, pois foi corrido, em razão de termos demorado na roda de conversa (risos).

Recebi a seguinte devolutiva do CP, que chegou como um oásis para meu trabalho, pois possibilitou novas estratégias que poderiam contribuir com o protagonismo do grupo:

Raquel

Sinto que ainda vê esse instrumento como um catalisador do tempo… (Risos.) Mas tenho quase convicção de que, ao final do ano, você terá um rico material em mãos!

Tenho um CD só com instrumentos da bateria (um por vez), vou lhe trazer… Interessante desenhar conforme a música. Há um desenho da Disney (creio que "Fantasia") que faz isso… Seria legal se eles assistissem…

Gostei da ideia de um caderno como produto final. Só é preciso apresentar a ideia a eles…

O gênero textual, nessa idade, só com muito uso… (Risos.)

Achei maravilhosa a ideia de construção do conceito de tocar (não pedia um registro?) em formato de verbete. Olha outro gênero querendo aparecer… (Risos.)

Parabéns por ter conseguido usar a ideia de "projeto"! (Risos.)

E, por fim, a possibilidade de mudarem o <u>verbete</u> escrito para o livro. Creio que seria digno de registro. [Em fevereiro, achávamos isso; em maio…]

Cristiano Rogério Alcântara
Coordenador Pedagógico
23/02/2015

Não tive dúvidas de que a ideia do verbete auxiliaria o grupo a acompanhar e a participar, oferecendo suas impressões e possibilitando acompanhamento por meio dos registros que realizariam. Avaliariam, também, suas aprendizagens, colaborando com a formulação de novos questionamentos e facilitando descobertas, afinal, iriam estabelecer um fio condutor.

Pude perceber, por meio dessa devolutiva, muitos elementos que colaboraram com minhas reflexões e facilitaram minhas percepções em relação às proposições com as crianças. E mais: pude, com esse diálogo, repensar minhas ações e trocar experiências.

Hoje, consigo ver o que acontecia comigo, tinha clareza do que iria propor às crianças: o registro como uma capacidade de reflexão. Não há mais nenhuma possibilidade de negação, compreendi o valor que os registros da minha prática podem assumir.

***

A ressignificação da professora para a importância de efetuar a escrita de sua prática diariamente ainda é constante. Como pessoas complexas que somos e procurando dar conta de todas as dimensões que o exercício comprometido da docência demanda, há momentos em que os relatos da professora ficam muito pequenos ou genéricos (sempre apresenta justificativa quando isso ocorre, e, em geral, está embasada na falta do tempo).

Não fazemos tal adendo com vistas a diminuirmos o esforço empreendido pela docente. Pelo contrário, estamos cientes de que a execução da escrita diária do fazer implica escolhas, dedicação e tempo que poderiam ser assumidos se houvesse um adequado planejamento dos órgãos administrativos com a dedicação de tempo e de estudo para essa realização cotidiana.

Na Prefeitura paulistana, um documento faz clara menção à necessidade e à importância do registro e trata brevemente da questão do tempo para sua efetivação:

> A construção desses registros, inclusive os decorrentes da observação do educador, deve favorecer o acompanhamento do trabalho pedagógico, nas Emei, Emebs, CEI, CEII e Cemei.
>
> Os momentos de planejamento devem, sempre, prever espaços nos quais os educadores registrem suas reflexões sobre o trabalho desenvolvido. O educador poderá manter um caderno contendo fatos relativos a cada criança, individualmente. Além disso, existem, ainda, os registros construídos pelas próprias crianças, que devem ser considerados na elaboração de portfólios individuais e coletivos também, ocupar lugar de material de análise e reflexão das professoras bem como de estudos nos horários e momentos formativos. (São Paulo, 2014)

Precisamos frisar que as construções dessa professora só puderam se efetuar porque ela se dispôs a abrir um diálogo franco com as nossas propostas e trazia dentro de si um genuíno desejo de avançar nas proposições de significação com seus alunos, bem como de compreensão da sua prática docente.

O nosso lado coordenador fica muito inquieto de perceber como os membros do grupo reagem de formas distintas a nossas proposições que, *a priori*, parecem tão aproximadas. Todavia, nosso lado pesquisador da formação docente se encanta com a constatação de que há aspectos que tocam mais detidamente em alguns, ao passo que outros precisam de diferentes estímulos para chegar a construções aproximadas (muito desse encantamento ocorre porque tivemos a oportunidade de partilhar as aulas da professora Vera Placco, que se debruça nas especificidades da aprendizagem do adulto professor e nos ajudou a melhor compreender esse fenômeno). Esse foi um dos motivos de termos procurado a professora Vera Placco para nos supervisionar no pós-doutorado.

O alerta, como coordenação, que sempre fazemos aos professores, de que os alunos são indivíduos singulares e que devem ter suas especificidades contempladas, serve-nos ao pensarmos sobre a formação docente. Estávamos tendo a mesma experiência que a professora quando ela fazia menção de vivenciar algo em relação à escrita e à percepção do percurso trilhado, perto do que seus alunos fariam. Reconhecer esse processo não significa que não tenham ocorrido aborrecimentos ou que eles não continuem acontecendo.

4.4 Aborrecer-se faz parte do processo reflexivo verdadeiro

Nesse movimento reflexivo, observo que existe uma faceta de superação, pois estamos cotidianamente procurando significar a práxis, em especial, quando imersa em realidades tão caóticas como a brasileira. Deveríamos nos questionar todos os dias, uma vez que é necessário romper com ideias cristalizadas há muito na educação, que se descortinam em práticas execráveis, que não têm mais nenhum sentido social ou que se desenrolam desde a nossa própria educação, ensinando exatamente como aprendemos, tornando o ensino arcaico e pouco reflexivo.

Posso afirmar que a escrita diária me coloca diante não só dos entraves de ordem político-social, mas, também, de meus equívocos, fracassos, dúvidas e certezas, tudo isso ainda reverberando com as dificuldades de estrutura física, social e familiar.

Em muitos momentos de entrega das devolutivas, houve aborrecimentos quando existiu algum apontamento negativo. Foi preciso olhar com carinho e profissionalismo, afinal, não sabemos tudo e nunca podemos saber tudo! Muitas vezes, porém, podemos fazer do nosso melhor jeito. Aceitar problematizações é um exercício possível quando acreditamos na educação.

Em uma das devolutivas que recebi, vi-me inicialmente aborrecida, precisei retomar (e não é fácil essa retomada), em especial, porque a primeira coisa de que nos lembramos é de todas as dificuldades que enfrentamos. E, ao ler a "crítica", parece haver, por parte da coordenação, uma desconsideração de tudo que superamos para realizar o nosso melhor.

Hoje, percebo que é necessário ter forças, é preciso caminhar para além de práticas há muito pasteurizadas para, então, refletir! Uma das devolutivas que mais me mobilizaram foi a que dizia:

Raquel

Há uma faceta da escrita do diário de bordo que acredito você esteja vivenciando, apesar de ainda não tê-la nomeado. É a possibilidade de as coisas ficarem interligadas (quando você escreve que se obriga a 'linkar' o que acaba de registrar).

Gravar em áudio as cantigas e, depois, compararem as versões é bárbaro!

Também acredito que as crianças percebam muitas coisas da nossa sociedade; a questão é: como ajudá-los a problematizar/contextualizar percepções?

A sessão de faxina na sala e com a sala deve ter rendido reflexões da parte das crianças também (ou não?).

O que significa o fato das crianças implorarem para ficarem na Simbólica e, depois, para voltarem? Será que a resposta dessa questão não ajuda na resposta da outra pergunta que acabei de fazer?

Chega uma hora em que a melhor devolutiva para algumas profissionais é a apresentação de outras tantas perguntas... (Risos.)[2]

Cristiano Rogério Alcântara
Coordenador Pedagógico
27/05/2015

Quando terminei de ler, questionei-me se estava contribuindo para as contextualizações de percepções por parte dos alunos; se não estava com excesso de conteúdos pouco reflexivos; se estava dando conta somente do previsto deixando passar oportunidades importantes, como a do momento de organização das atividades que o CP citou (concordo que esse momento não deve acontecer como um fim em si mesmo). Essa ocasião poderia ter sido tratada como uma rica possibilidade de avaliação, e não como uma atividade automática; deveria ter sido um espaço de reflexão coletivo que deixei passar.

Com relação à *Sala Simbólica*, será que estou privando as crianças de vivenciarem possibilidades de brincadeiras simbólicas? Agiram assim porque não temos horário nessa sala? Por que segui a rotina tão rigidamente? Conheço a importância dessa sala, por que ela não foi priorizada?

Com uma única devolutiva, que tanto me aborreceu no início, pude, depois de dar um tempo a mim, reavaliar o tempo na Educação

---

[2] Acreditamos que algumas contextualizações se façam necessárias para a compreensão do teor das colocações da coordenação. A sessão de faxina se refere à arrumação que a professora efetuou no seu armário com as crianças, separando as atividades para serem apresentadas aos pais no dia da reunião bimestral. Há uma sala na escola denominada *Sala Simbólica*, onde, todos os meses, são montadas situações cotidianas nas quais as crianças podem brincar livremente problematizando situações sociais. Até o presente momento, vivenciaram: um escritório, uma farmácia/consultório médico e um laboratório de experimentos tecnológicos.

Infantil, retomar pontos essenciais e repensar muito do meu fazer. Pude experimentar essa interlocução com o CP, na qual o registro acontece de modo a contemplar o planejamento, a avaliação, a reavaliação e o replanejamento, favorecendo a reflexão das tomadas de decisão. Vejo que a reflexão ganha valor quando compartilhada com o CP. A parceria garante uma ação mais rápida na minha zona de desenvolvimento proximal, favorecendo meu crescimento pessoal e profissional.

***

O nível reflexivo alcançado pela Raquel assegura que lidamos com uma profissional acima da média. Reconhecer que nossa intervenção age em sua zona de desenvolvimento e que a parceria, mesmo que, *a priori*, lhe cause aborrecimento, é uma construção altamente complexa e por poucas profissionais alcançada em tão pouco tempo de escrita diária.

Todas as profissionais que escrevem diários de bordo e contam com um leitor que lhes ajuda a desnudar sua prática chegam às construções dessa professora, no entanto, o tempo que demandará a construção da importância da escrita e a profundidade da reflexão estará intimamente relacionado aos aportes procedimentais e aos conteúdos que são de domínio da professora que escreve os relatos.

Podemos dizer que os aborrecimentos não acontecem apenas por parte das professoras, que, por vezes, sentem-se desvalorizadas com apontamentos que parecem muito críticos aos seus fazeres. Como coordenadores, sentimos, às vezes, um grande desamparo com atitudes que vimos como excessivamente hostis. Com o tempo, fomos problematizando que a resistência inicial, longe de ser uma revolta gratuita, demonstrava com clareza que nossas devolutivas estavam mobilizando conteúdos significativos.

Por vezes, acreditamos que o grupo já consolidou uma postura e, ao problematizarmos um novo tópico, percebemos que o que achávamos sólido ainda estava no plano da implementação, ou, para ficarmos na feliz colocação da professora ao citar a zona de desenvolvimento proximal, não há mudança efetiva que saia de um extremo a outro.

As verdadeiras transformações procedimentais passam por idas e vindas, demandam que as professoras e a coordenação avancem, recuem, reavaliem, replanejem e, por vezes, façam todo o caminho de novo.

Esse foi o terceiro grupo que coordenamos e para o qual propusemos a escrita dos diários de bordo. Houve colocações pelas quais passamos nos grupos anteriores, como resistência inicial da escrita, tentativas de boicote às proposições lançadas, atrasos nas entregas semanais dos diários e junção do grupo para pressionar a direção a deixar de escrever diariamente.

Contudo, cada grupo também viveu construções particulares e descobertas que não possibilitam acreditarmos em um receituário de proposições a serem simplesmente seguidos e copiados (o que, antes de nos desmotivar, serve-nos como um excelente exemplo da adequação de nossas proposições, pois lidam com as singularidades dos grupos e dos indivíduos atendidos).

A escrita, às vezes, é geradora de maus entendidos; reconhecemos e defendemos que só acessamos determinadas reflexões, principalmente a autorreflexão aprofundada, por meio da escrita. Se o discurso escrito pode gerar dúvidas, mas é essencial para o aprofundamento da reflexão, recomendamos que exista a oportunidade de conversar acerca dos escritos, assim serão maiores as chances de dirimirmos as dúvidas, tanto nossas como as dos outros. E o mais importante: a conversa terá um denominador comum, o que não é pouca coisa, afinal, assim, eleva-se o nível reflexivo de uma simples conversa sobre determinadas dúvidas procedimentais para um diálogo expositivo de alternativas variadas.

4.5 Um momento de diálogo para além do escrito

No Projeto Especial Ampliado (PEA),[3] que acontecia duas vezes por semana na companhia da coordenação, estudei sobre o registro e pude

---

[3] O Projeto Especial Ampliado (PEA), na Prefeitura de São Paulo, dá às professoras a oportunidade de estudarem acerca de determinado tema em horário de serviço. As professoras optantes da jornada especial integral de formação (Jeif) já têm o horário de PEA incorporado a sua carga horária, ao passo que as professoras em jornada básica do docente (JBD) escolhem se desejam ou não participar dessa formação.

dialogar sobre como o estava realizando, sobretudo ao utilizá-lo para refletir a respeito do meu trabalho. Nesse ínterim, houve, de início e de minha parte, momentos de recusa, nos quais tentava, de certo modo, defender-me de realizar o diário de bordo, problematizando questões referentes à demanda excessiva de tempo gasto na sua confecção e à impossibilidade de dar conta de todos os pormenores nos registros, além de que, ao dedicar tanto tempo à escrita do diário, eu perderia tempo de efetuar um bom planejamento, que vejo como precioso para uma boa condução em sala de aula.

Conforme pude ir experienciando a realidade da escrita e, depois, ter a chance de entrar em interlocução com o CP, consegui observar que meu fazer se tornava cada vez mais intencional. Ganhava tempo! Eu podia planejar e sistematizar o percurso que se realizaria. Sentia-me, também, muito motivada com as crianças e percebia o mesmo entusiasmo nelas. Esses diálogos embasados nos relatos do meu diário e as devolutivas do CP potencializavam minhas reflexões e facilitavam a troca, já que eu era motivada, pela escrita, a pensar antes de qualquer problematização apresentada por ele no PEA.

Em diferentes momentos, comentei que tinha o desejo de fazer determinadas interligações e proposições se tornarem reais para as crianças, utilizando-as como protagonistas, proporcionar que "virassem a chave da significação" (termo sempre utilizado pelo CP em nossas conversas). Tanto, que a proposição do trabalho com o verbete foi dissecada, nesses momentos, além de outros que favoreceram nossa comunicação, diminuindo as tensões, criando esclarecimentos e coparticipação.

Quando realizei a leitura do texto, *Descrevendo a experiência de escrita do diário de bordo colaborativamente* (Capítulo 3 da tese do CP), estava muito mais favorável à escrita e podia estabelecer trocas efetivas com os momentos de formação, favorecendo os diálogos com o CP. Em um desses momentos, houve um trecho que me colocou diante do espelho:

> Cremos que o desejo é mola propulsora do fazer humano, o que nos mobiliza e nos permite a construção de novas questões e aprendizagens, contudo sem esquecermos o alerta de Lebrum (2008, p. 61): "como ainda prescrever que no jogo do desejo é necessário perder para poder ganhar"? (Alcântara, 2015b, p. 127)

Nesse semestre, vivi intensa contradição entre a abertura e a disponibilidade para novas descobertas e a corrida contra o tempo que o processo reflexivo exige, afinal, queremos o cômodo e estamos ajustados aos padrões de trabalho realizados outrora. Contudo, relatava que meus alunos estavam motivados, que, apesar de sempre trabalhar com projetos, nunca havia presenciado tamanho interesse pelas crianças em realizá-lo. O CP me pergunta, então: *"O que acredita que trouxe esse entusiasmo?"*.

A princípio, julgava que o fato era decorrente do tema do projeto, mas já percebia que o sentido estabelecido pelas reflexões e pelos diálogos proporcionados pelo registro me mobilizou ao ponto da efetivação aos alunos. Como explicita Perrenoud: "Uma vida tranquila e metódica pode anestesiar a busca de sentido, levando as pessoas a nunca se perguntarem o porquê, com que direito e em virtude de que sonhos escolhem determinados caminhos" (Perrenoud, 2008, p. 63).

O trabalho de anos que havia realizado trazia muitas contribuições, porém, essa dimensão reflexiva proporcionou o favorecimento da transposição em relação ao trabalho que se configurava, muitas vezes, determinado por uma infinidade de propostas que se tornavam apenas atividades para cumprir a rotina escolar. Nesse sentido, encontro, nesta citação, compreensão desse processo dialógico que ocorreu com a oportunidade de escrita do diário de bordo:

> A formação em uma prática reflexiva não responde, como tal, à questão do sentido. No entanto, ela permite suscitar o problema, oferece algumas ferramentas e estimula uma forma de sensatez, a qual consiste em abandonar certezas. O

profissional reflexivo vive na complexidade "como um peixe dentro d'água", ou pelo menos, sem revolta e sem a nostalgia incurável do tempo em que tudo representava segurança. (Perrenoud, 2008, p. 63)

***

A professora aborda questões, a nosso ver, essenciais para o êxito e, acima de tudo, para a razão de ser da proposição de se escrever o diário de bordo. O primeiro ponto é a questão dos diálogos nos momentos de PEA e outros estarem estruturados com base nas escritas da docente. Asseguramos que é completamente diferente um diálogo partindo de um prévio contato por meio da escrita do diário e uma conversa sem esse conhecimento. A leitura do Capítulo 2 da presente obra, "Entremeando fazeres pedagógicos", no qual descrevemos, de maneira pormenorizada, como se dá essa intervenção de forma dialogada é a materialização da importância de haver uma prévia (no caso, leitura dos diários de bordo) antes do diálogo.

Outro ponto importante é o da qualidade dos textos trabalhados nesses encontros de formação. Nosso PEA intitulava-se *O brincar, o registrar e o ler: três dimensões que podem ampliar a aquisição de múltiplas linguagens por parte dos alunos e professores*, e, por vezes, desenvolvemos, com o grupo, o procedimento de vivenciarem as situações (como a escrita dos diários) e, depois, fornecerem materiais teóricos a respeito dessa prática.

No capítulo de nossa tese a que a professora faz menção, há um excelente depoimento de outra professora narrando suas dificuldades iniciais de escrever os relatos e, depois, de como lidar com as devolutivas aos seus escritos. Diversas profissionais que entraram em contato com o texto cobraram de nós o porquê de não termos apresentado ele logo no início de nossas proposições. Defendemo-nos, alegando que, se já estavam bravas de escreverem relatos diários, imaginem se nós apresentássemos um texto narrando como isso era maravilhoso. Provavelmente, ampliaria o sentimento de contrariedade ou, pior, seria recebido com descrédito, afinal, é do ser humano não acreditar em nada que lhe seja contrário.

E o cerne de tudo o que foi exposto pela professora no seu relato a nós se apresenta quando ela diz que sua reflexão e suas proposições aos alunos vão ganhando profundidade e qualidade que só são passíveis de acontecer por causa da mediação que é efetuada com base em suas escritas diárias. Logo, o que era fonte de desconforto se torna possibilidade de reflexão cuidadosa e aprofundada.

4.6 Logo, uma parceria se materializou

Por tudo apresentado, podemos afirmar (e aqui o uso do plural se dá no encontro entre o CP e a professora) que a escrita do diário de bordo é uma tarefa árdua e que pode trazer muitos benefícios quando conta com um escritor desejoso de externar suas alegrias e suas dificuldades, bem como com um leitor comprometido e ciente de seu papel de auxiliar a prática docente.

As proposições de intervenções da prática docente serão mais exitosas conforme as escritas dos relatos dos diários permitirem que a coordenação conheça as dificuldades do professor. Chegar a tal nível de desvelamento implica comprometimento ético, no qual as dimensões reflexão-ação se tornem indissociáveis.

O ato de escrever nos desvela um poder autoral, no qual assumimos responsabilidade formativa, tanto pessoal quanto pedagógica, favorecendo observações e questionamentos, assim como avanços e retrocessos entre a teoria e a prática, e promovendo movimentos cada vez mais intencionais.

Com todas as dificuldades que enfrentamos no dia a dia da escola, a esfera mais preciosa, por muitos ainda desconhecida, diz respeito ao sentido e à significação. Assim, a escrita do diário estabelece uma forma de democratização do saber, pois estamos sempre partilhando dúvidas, certezas, medos, descrenças, acertos, equívocos e, acima de tudo, conhecimento.

Nessa esfera, significamos nossas ações, deixamos de seguir currículos preestabelecidos e partimos para a ação formativa pessoal e pedagógica. No isolamento, não há aprendizado. Tal questão diz respeito ao ato de educar. Acreditamos que crescemos com as relações e a dimensão reflexiva alcançada quando descrevemos nossas ações e, posteriormente, dialogamos sobre elas.

Quando vivenciamos e resolvemos partilhar essa experiência, o fazemos em prol de mostrarmos que é possível construir uma escola pública de qualidade e reflexiva, na qual as intervenções dos professores e gestores estão para além do *laissez-faire*.[4]

Combater o *laissez-faire* jamais nos autorizou a advogar por uma escola que não primasse pelo protagonismo das crianças e dos professores envolvidos no ato educativo. Não podemos crer que o contrário de uma escola na qual não haja intencionalidade educativa seja uma escola em que tudo é direcionado, e o trabalho autoral das professoras não seja valorizado.

A realização desse texto permitiu que recordássemos, nos papéis de professora e de CP, quanto conhecimento se constituiu em uma relação dialógica, imbuída de significados e cujos obstáculos, antes de serem impeditivos da execução do trabalho, foram o mobilizador para a resposta de anseios e de desejos de melhor compreensão dos nossos fazeres. Esperamos, por meio de nossa narrativa, possibilitar que outras equipes escolares partilhem de caminhos que trilhamos, compartilhem os percursos que realizam e, acima de tudo, percebam que uma educação pública de qualidade é possível de se realizar quando há uma reflexão constante das intervenções propostas às crianças e ao corpo docente e gestor.

---

[4] N. do E.: expressão em francês que significa "não intervenção", "liberdade absoluta". Usada sobretudo no contexto econômico, para se referir ao liberalismo.

• • • 5 • • •

A assertividade como estratégia para a formação continuada

No Capítulo 1, intitulado "O conflito como estratégia de mediação para profissionais da educação por meio do livro *A hora da estrela*", escrito em 2011 e revisto para esta publicação, apresentei, em linhas gerais, o que pretendo consolidar neste capítulo. Quando escrevi o referido texto, era aluno do doutorado e só tinha coordenado um grupo de professores. Muito da minha condução profissional dava-se no campo do conhecimento tácito, em minhas experiências anteriores de ser coordenado por outras pessoas e em minha conduta pessoal.

Advogo, há um bom tempo, que não tem sentido falar na primeira pessoa do singular se o que defendo e acredito se constitui em colaboração. Dessa maneira, abandono o uso do singular e vou utilizar a primeira do plural, forma que encontro para contemplar todas as profissionais que passaram pela minha trajetória.

Hoje, passados vários anos, reconhecemos que essas características ainda nos acompanham, porém, somadas à experiência de coordenarmos outros três grupos (todos de escolas de Educação Infantil), além de concluirmos o doutorado e pesquisarmos ininterruptamente a questão da formação continuada, atitudes que nos permitiram transformar muito do que era conhecimento tácito em conhecimento científico.

Defendemos que os diálogos com os professores são pautados pelo princípio de que, no encontro de dois sujeitos, sempre é possível construir conhecimentos e avançar nas questões contextuais, como no capítulo anterior. Por exercermos as funções de coordenador pedagógico (CP) e de pesquisador, optamos pela metodologia colaborativa, que tem como um de seus principais pressupostos a possibilidade de coletarmos e analisarmos os dados de pesquisa, avaliando e registrando as situações de interações que ocorrem ao longo do nosso trabalho, que também é a nossa pesquisa.

Diferenciando-se de outras estratégias de pesquisa que, por vezes, exigem dos pesquisadores que tenham um quadro prévio de intervenções a serem efetivadas diante de um problema minuciosamente descrito e analisado, a metodologia colaborativa parte da visão de que o grupo construirá, em conjunto, as melhores e possíveis intervenções ante os desafios encontrados. Para um maior aprofundamento, ver Perrotti (2004), Cintra (2012) e Alcântara (2009, 2015b).

A escrita deste capítulo parte da ideia de partilhar nossas descobertas e colocar à prova os procedimentos que, esperamos, sejam aplicados por um grupo de profissionais de uma cidade da grande São Paulo (uma das pessoas responsáveis pela formação dos profissionais da Educação desse município nos procurou para pensarmos em uma formação para os CPs, com a possibilidade de o diretor e o assistente de direção participarem, se assim o quiserem). O convite se realiza por entrarem em contato com nossa tese: *O diário de bordo: uma construção colaborativa rumo à Pedagogia Cultural*.

Logo, estamos cientes das lacunas que podem aparecer nesta produção, bem como da possibilidade de existirem outros caminhos. Apresentaremos a primeira sistematização de nossas ideias, desejamos que o diálogo com nossos leitores e com os participantes da formação que iniciamos permitam aperfeiçoamentos e, quiçá, modificações ou/e consolidações das proposições que se seguem.

Desenvolveremos o capítulo em quatro partes: iniciamos esclarecendo que nossas proposições de assertividade não devem ser confundidas com posturas de má educação e, muito menos, com uma louvação a pequenas tiranias; na sequência, apresentamos os textos da professora Ana Maria Sansiviero, que reconhecem a postura assertiva da coordenação como item importante da condução do seu processo reflexivo; na terceira parte, demonstramos a importância das proposições deixarem de serem tidas como algo da coordenação e se tornarem do corpo docente; finalizamos reconhecendo que há muito a ser pesquisado e que precisamos estar abertos a novas proposições e a novos diálogos.

5.1 Para além de uma postura mal-educada

Procuraremos definir com mais precisão o que estamos pretendendo quando utilizamos o termo *assertividade*. O dicionário eletrônico Houaiss assim define assertividade: "é qualidade ou condição do que é assertivo", definição que nos obriga a procurar o significado do vocábulo "assertivo": "1. que faz uma asserção; afirmativo; 2. ling em que o locutor declara algo, positivo ou negativo, do qual assume inteiramente a validade; 3. psic que demonstra segurança, decisão e firmeza nas atitudes e palavras".

Há dois aspectos da definição do Houaiss que são importantes e relevantes ao que desejamos definir: a questão da conduta firme e a preocupação de que haja segurança de quem a desempenha. Queremos deixar muito claro neste ponto que não compactuamos com pequenas tiranias e não acreditamos em um desenvolvimento profissional (tanto dos professores como dos membros do trio gestor) que passe ao largo de um diálogo ético dentro das proposições de que:

> É só na qualidade de participantes de um diálogo abrangente e voltado para o consenso que somos chamados a exercer a virtude cognitiva da empatia em relação às nossas diferenças recíprocas na percepção de uma mesma situação. Devemos então procurar saber como cada um dos demais participantes procuraria, a partir do seu próprio ponto de vista, proceder à universalização de todos os interesses envolvidos. (Habermas, 2007, p. 10)

Entretanto, nossa prática de coordenação pedagógica ao longo desses anos nos possibilita afirmar que, se chegássemos aos grupos que coordenamos com uma postura muito aberta de negociar os princípios das proposições, não obteríamos nenhum sucesso em auxiliá-los a refletirem acerca de suas posturas profissionais.

Isso nos conduz a explicitar quais são os nossos princípios: nossa prática de coordenação está ancorada na escrita de diários de bordo pelas professoras. Assim, as profissionais que coordenamos são "convidadas" a escreverem diariamente acerca dos seus fazeres. Essas escritas são lidas por nós toda semana, e, quando devolvemos o diário, escrevemos uma devolutiva a respeito do que lemos, apontando pontos positivos e outros a serem revistos.

Essa ação não é tranquila para nenhuma das partes, as professoras precisam realizar diversos movimentos complexos:

- Escrever diariamente sobre seu fazer.
- Entrar em contato com seus pressupostos teóricos (ou ausência deles).
- Refletir sobre muita coisa que realizava com base em seu conhecimento tácito.

- Ganhar um leitor crítico de suas produções (jamais corrigimos aspectos gramaticais dos textos).
- Analisar e argumentar suas escolhas procedimentais com as crianças.

Nós, da coordenação, fazíamos o seguinte:

- Ler uma grande quantidade de material escrito.
- Não fornecer respostas padronizadas.
- Encontrar o tom exato para cada membro do grupo (alguns desejam respostas mais objetivas, outros querem mais contextualizações).
- Manter constante vigilância para se respeitar os princípios da Pedagogia da Infância.
- Auxiliar constantemente os professores para sanar ou pesquisar qualquer dúvida.
- Ter disponibilidade para buscar/pesquisar qualquer material que for solicitado pelos docentes (não o encontrando, oferecer alternativas).
- Evitar gerar uma reflexão maior do que a profissional suporta em determinada fase da sua formação.
- Nunca escrever uma devolutiva aos professores que não os auxilie a refletir acerca de seu fazer docente.

Como se pode perceber, ativemo-nos às questões do diário de bordo, pois é por meio dele que elaboramos nossos planos formativos para os grupos que coordenamos e, até o presente momento, essa é a maior causa de conflito nos grupos de professoras coordenados. E, nesse quesito, é necessário agir com muita assertividade, afinal, os grupos tentaram boicotar a escrita, seja por atrasos nas entregas, por relatos com pouco ou muito material escrito, por reuniões entre os membros do grupo para falarem com a direção escolar e serem "desobrigadas" a escreverem os diários, entre muitas e variadas estratégias que tinham um único objetivo: deixarem de escrever os diários!

Cada vez mais, reconhecemos que esses movimentos de resistência fazem parte do processo e que não são gratuitamente direcionados à nossa figura de coordenação pedagógica, mas, sim, antes de qualquer coisa, às suas dificuldades formativas. Não é simples entrar em contato com as lacunas formativas, muito menos quando não se esperava percorrer esse caminho.

Trajeto diferente de quando nos inscrevemos em cursos regulares (seja em qual nível for), nos quais, ao efetuarmos a inscrição, sabemos que podemos entrar em contato com saberes e fazeres que diferem do que realizamos, e, como optamos por realizar o curso, parece-nos mais palatável mudar (ou, até mesmo, não mudar) nossa ação.

Infelizmente, nos momentos de formação continuada em nossas escolas públicas, não parece ser o normal deparar-se com a existência efetiva de momentos formativos que problematizem o que se convencionou chamar de "zonas de conforto". O fato de nunca terem se deparado com uma coordenação pedagógica que as acompanhasse tão de perto e que exigisse o mínimo de coerência procedimental entre a prática com as crianças e alguma proposição teórica (na ausência de uma escolha, apontamos as da Pedagogia da Infância) é um enorme entrave, pois somos vistos como os "fora da curva", o que, até certo ponto, é exato, mas o normal deveria ser o que nós propomos, e não o inverso.

> Se for necessário, será preciso ajudar a remover o senso comum pedagógico, recompor o equilíbrio entre os esquemas práticos predominantes e os esquemas teóricos. O (a) formador (a) ajuda a mediar sobre situações práticas, pensar sobre o que se faz durante sua execução, incluindo-se nesse processo a deliberação acerca do sentido (e da construção deste analisando e submetendo à revisão crítica o sentido da educação) e o valor ético das atuações. (Imbernón, 2009, p. 107)

Imbernón (2009) nomeia de *senso comum pedagógico* o que, por vezes, chamamos de *conhecimento tácito*. Contudo, reconhecemos que os anos de práticas e o contato com os discursos pedagógicos possibilitam aos professores apresentarem seus fazeres tácitos com uma roupagem mais "acadêmica", utilizando palavras que, algumas vezes, fazem mais o papel de chavões do que de representações de uma postura profissional. Os diários de bordo permitem que percebamos esse movimento claramente.

Mediante esse quadro, postulamos que ser assertivo é uma necessidade. Todas as vezes em que houver a tentativa de romper com um princípio (seja na entrega dos diários de bordo, seja na proposição às crianças de práticas que contrariem as diretrizes da Pedagogia da Infância), haverá a necessidade de agir prontamente. E retomamos o alerta inicial: esse agir não precisa e não deve ser confundido com uma postura mal-educada ou tirânica, no entanto, deve ser claro no que aponta e contundente na demonstração do equívoco apresentado.

Arcar com a decisão de prontamente (e sempre de forma ética) apontar os equívocos procedimentais das professoras nos fez, por muitas vezes, ouvir dos grupos que coordenamos que parecíamos não fazer questão de sermos amigos das professoras e, para horror de muitas delas, confirmamos a impressão. Argumentamos que não acreditávamos que a nossa razão de ser no grupo se justificava à expectativa de agrupar muitos amigos, mas, sim, que deveríamos auxiliar o grupo a refletir acerca de suas práticas.

Há um traço da sociedade brasileira que vemos potencializado nas escolas no que tange à "cordialidade". Parece-nos que a escola não sabe lidar com os conflitos, sejam de que ordem forem: de pais, de jovens, de crianças e, muito menos, entre os adultos que compõem o corpo docente e doutros funcionários. Assim, quanto menos conflitos forem causados, melhor será para todos.

> Em sociedade de origens tão nitidamente personalistas como a nossa, é compreensível que os simples vínculos de pessoa a pessoa, independentes e até exclusivos de qualquer tendência para a cooperação autêntica entre os seus

> componentes, tendo em vista um fim exterior a eles, foram sempre os mais decisivos. De onde, com certeza, a vitalidade, entre nós, de certas forças afetivas e tumultuosas, em prejuízo das qualidades de disciplina e método, que parecem melhor convir a um povo em vias de se organizar politicamente. (Holanda, 1995, p. 81)

Apesar de o autor falar acerca de uma organização política, fazemos de suas palavras as nossas quanto à questão de uma cooperação autêntica. Muitas vezes, prezamos por uma escola na qual reine a relação de amizade em primeiro lugar, diversas vezes, em detrimento das relações profissionais. Não adefendemos que a escola seja meramente técnica e que seus membros não possam ser amigos, contudo, reconhecemos a importância de que exista espaço para a profissionalização.

Compreendemos a profissionalização como a forma pela qual o professor e os demais membros da escola (da gestão aos funcionários de apoio) pautam o seu fazer em premissas técnicas e teóricas. É salutar que os membros do grupo se posicionem a respeito de suas dificuldades profissionais e, mais importante ainda, que possam receber orientações quando se fizer necessário. Não se pode comungar de um posicionamento sobre o qual ninguém se posiciona para não melindrar ninguém, e tudo permanece da mesma forma.

Haver a possibilidade de conversar acerca de nossas dificuldades permite o crescimento profissional do grupo, como alerta Bolzan e Isaia (2008, p. 99):

> Chamamos a atenção para a necessidade de ações conjuntas que viabilizem a conquista de espaços e tempos direcionados à reflexão compartilhada sobre as situações do cotidiano docente; estudos de revisão e aprofundamento da área; políticas públicas de formação continuada, com a finalidade de favorecer a prática reflexiva docente indo além da prescrição dos modos de produzir em sala de aula, possibilitando a assunção do protagonismo pedagógico.

Construímos algumas relações de amizade com alguns professores ao longo dos anos nos quais fomos coordenadores. A postura de nunca ser amigo de um professor seria tão prejudicial quanto desejar ser amigo de todos os professores. Desejamos demarcar que não podemos pautar nossa intervenção com os grupos apenas da perspectiva de agregar amigos.

A profissionalização docente, bem como o entendimento do seu fazer, passa, obrigatoriamente, por uma compreensão dos seus pressupostos teóricos (que sustentam suas práticas), pessoais (que impactaram na sua escolha profissional), políticos e sociais (como sua atuação ajuda, ou não, na permanência das desigualdades sociais vigentes em nosso país).

Por muito tempo, acreditamos, assim como uma significativa parcela de pessoas que ainda estudam a formação continuada de professores e lidam com o assunto, na importância de se conquistar o docente para se implicar e rever sua postura profissional; reconhecemos que não há mudança sem que o sujeito se implique. O que problematizamos é que cabe, às vezes, ao CP iniciar o processo de implicação do sujeito, movimento nem sempre harmonioso, sendo necessário, em alguns casos, recorrer à assertividade.

5.2 A assertividade da coordenação como estratégia de implicação da professora Ana Maria: uma possibilidade de reflexão

No capítulo "Mudança das práticas docentes com base na interlocução com o coordenador pedagógico por meio dos diários de bordo", em parceria com a Raquel Spagiari, e na tese de Alcântara (2015b), preocupamo-nos em apresentar o ponto de vista das profissionais que coordenamos. Isso se deve, antes de qualquer coisa, ao fato de empregarmos a pesquisa colaborativa como metodologia. Assim, trazer o ponto de vista das profissionais é fundamental.

Ao contemplarmos a perspectiva do outro, procuramos diminuir uma postura que possa parecer prescritiva (sabemos que não há possibilidade de simplesmente replicar uma formação de grupo) e, o mais importante, fornecemos a possibilidade de entrarem em contato com as dificuldades que enfrentamos.

Escolhemos, para este capítulo, as respostas às avaliações finais do primeiro semestre de 2016 que a professora Ana Maria do Centro de Educação Infantil (CEI) 13 de Maio produziu com base na seguinte orientação:

P.S. 1: na próxima semana, recomendo que leiam os escritos dos seus diários de bordo e preparem um texto que contemple as seguintes questões: percebo mudança nos meus relatos? Quais foram as minhas maiores dificuldades em fazer os diários? Quais foram os melhores retornos que tive ao escrever este instrumento? Quais foram as melhores reflexões que efetivei? O que me parece muito difícil de conseguir fazer a respeito do diário?

P.S. 2: um segundo texto acerca dos relatórios individuais: o que foi mais fácil de escrever a respeito das crianças? O que tive mais dificuldade para fazer? Quais são as melhores proposições? Quais são as maiores dificuldades?

Antes de prosseguirmos, efetuaremos duas explicações: a primeira acerca da avaliação e a segunda direcionada ao portador das perguntas.

Acreditamos que não são apenas os professores que precisam passar por avaliações. Nós da gestão, prioritariamente da coordenação, precisamos receber devolutivas do grupo para acompanhar se as intervenções estão, ou não, alcançando seus propósitos. E não estamos falando de avaliações institucionalizadas, a própria Prefeitura Municipal de São Paulo (PMSP) tem várias, porém, como suas respostas implicam impactos no salário e na progressão funcional, pactuou-se um acordo silencioso: eu lhe dou nota máxima, e você me devolve essa nota.

Procurando romper com essa mediocridade, fornecemos aos professores uma avaliação semestral do que compreendemos conter pontos essenciais de seus fazeres e oferecemos um questionário para que eles nos avaliassem. Ao responderem esses questionários, vão conquistando repertório para auxiliá-los em suas autoavaliações.

A segunda explicação se dá para o portador das perguntas, ao término da décima oitava devolutiva geral ao grupo.[1] Adotamos, como uma das estratégias formativas, além das devolutivas individuais a cada membro do grupo docente em seus diários de bordo, fornecer uma devolutiva geral ao grupo, na qual colocamos aspectos de condutas pedagógicas combinados a reflexões abrangentes a serem analisados por todos.

Escolhemos as respostas da professora Ana Maria por vários critérios: o primeiro se deve ao fato de apresentar mais de 40 anos de experiência na educação, somando-se o tempo em que foi professora e coordenadora de uma escola particular (12 anos), mantenedora de uma escola particular (18 anos) e professora da Educação Infantil na PMSP (12 anos).

O segundo, por demonstrar grandes dificuldades em compreender as proposições da Pedagogia da Infância e, de forma muito espontânea e sincera, partilhar isso com o grupo.

O terceiro, por ter sido, inicialmente, uma das professoras mais resistentes do grupo às proposições que apresentávamos.

Acreditamos que será um ganho a possibilidade de observar as implicações das descobertas da professora. Sem contar a possibilidade de nos auxiliar a perceber o impacto positivo que uma coordenação pedagógica comprometida com os fazeres docentes pode ter na compreensão dos pressupostos teórico-práticos de um docente.

---

[1] No próximo capítulo, haverá a reprodução da primeira devolutiva ao grupo docente e uma análise cuidadosa da mediação realizada com a professora Ana Maria. Em relação à estratégia da escrita de devolutivas gerais ao grupo, ver mais no Capítulo 7, no qual analisamos as 10 primeiras devolutivas ao CEI 13 de Maio.

Como a professora enumerou suas respostas, ficará mais fácil retomarmos as questões. Teceremos, entre parênteses, um comentário para cada resposta, jamais com o intuito de contrapor o que a professora apresentou, mas, sim, de procurar melhor contextualizar o que ela apresentou. Vale explicar que oferecemos acesso a este texto íntegra, a fim de que a professora fizesse considerações e ponderasse sobre aspectos com os quais não estivesse de acordo.

Para o quesito diário de bordo, respondeu:

Percebo mudança nos meus relatos?

> 1) *Comecei meus relatos apresentando de forma objetiva a rotina: por exemplo: 8-9 h: café; 9-10 h: roda etc. Até começar a entender que seria muito diferente daquilo que fiz durante minha carreira no magistério, ou seja, iniciei um processo de mudanças que, até hoje, estou tentando aprimorar. Acredito que está melhor que os primeiros, embora falte muito ainda.* (A professora inicia sua resposta fazendo menção aos primeiros relatos do diário de bordo, que eram meros pontos descritos. Conforme fomos explicando e solicitando novas informações, seus registros ganharam mais elementos e deixaram de ser meras descrições do que se realizava em sala. Perceber-se autora é essencial para a professora, como ela diz: "muito diferente daquilo que fiz durante minha carreira no magistério". A autoria lhe permite afirmar que efetivou uma mudança no seu fazer. Como a mudança não é linear, e sua consolidação se dará por meio de idas e vindas, reconhece que haverá aprimoramentos a serem realizados.)

Quais foram as minhas maiores dificuldades em fazer o diário?

> 2) *Acho que minha dificuldade é a de <u>começar a contar uma proposta pedagógica</u>; depois que começo, vou lembrando e puxando tudo como foi, mas muitas falas, expressões e gestos, acabo não colocando e se perdem. É uma pena, mas não dá para ser na íntegra, porque o professor*

não fica somente anotando, tem outras tarefas a cumprir e tempo etc. (Interessante como, nessa resposta, a professora demonstra claramente o que foi anotado na anterior. No que tange à questão da mudança ser gradual, ela percebe que existe a necessidade de se "*começar a contar uma proposta pedagógica*", o grifo é dela, sinal inequívoco de que ainda não compreende por completo as proposições da Pedagogia da Infância e nem as proposições que são efetivadas juntos às crianças como fruto de sua intencionalidade. Acredita que essa "nova forma" de lidar com as crianças e o que é oferecido a elas precisam ser minuciosamente descritos, tanto, que se frustra de não dar conta de fazê-lo, argumentando, na sequência, que há outras demandas a serem cumpridas!)

Quais foram os melhores retornos que tive ao escrever este instrumento?

3) *O retorno do diário de bordo é ter um registro documentado do momento da vivência que a criança está oportunizando.* (Na resposta da professora, encontramos uma quebra de expectativa que acreditamos ser importante apresentar. Quando efetuamos esta questão, esperávamos que a professora apontasse algo acerca do diálogo que estabeleceu com a coordenação pedagógica [o que várias fizeram], porém, ela elencou na sua resposta um genuíno desejo de compreender o conceito de vivência, tanto, que vemos um novo grifo realizado por ela própria. Em grupo, lemos diversos artigos da professora Suely Amaral Mello, que trabalha com o conceito de vivência de Vygotsky. Então, a professora Ana Maria percebe que o diário de bordo pode ser o lugar de registrar as vivências das crianças, e acreditamos que, em breve, ela perceberá que, com base em seus registros, conseguirá qualificar mais vivências às crianças. Contudo, no momento, não tem a clareza da significação desse conceito, escrever a respeito e tentar utilizar os termos documentação e vivência é a forma que encontrou para se aproximar dessa compreensão.)

Quais foram as melhores reflexões que efetivei?

4) *Na verdade, eu ainda não consegui fazer grandes reflexões dos meus registros. O que tenho feito é: releio e vejo <u>o ponto no qual poderia ter feito mais ou diferente</u> ou o ponto em que falei etc., e, na próxima vez, acrescentar.* (É notável o nível de reflexão por ela alcançado e como ainda não se dá conta desse processo. Conseguir voltar aos seus registros e questionar o que poderia ter feito de outra forma é alcançar um nível reflexivo considerável, pois:

> Aprender envolve uma interação afetiva muito intensa: de um lado supõe o aceitar que não se sabe tudo, ou que se sabe de modo incompleto ou mesmo incorreto; e de outro relacionar-se ao prazer de descobrir, de criar, de inventar e encontrar respostas para o que se está procurando, para a conquista de novos saberes, ideias e valores. (Placco e Souza, 2006, p. 65)

Questões que, a nosso ver, a professora Ana Maria tenta superar e compreender melhor. Em uma conversa informal, ela partilhou conosco que, ao reclamar com sua mãe, uma senhora de mais de 80 anos, que estava incomodada com o tanto de coisas que estava precisando aprender nessa nova Unidade Escolar, sua mãe lhe disse: "*Mas isso é ótimo! Aprender sempre é bom, filha!*".)

O que me parece muito difícil de conseguir fazer a respeito do diário?

5) *Para mim, não é o diário de bordo o problema, ou melhor, a dificuldade, porque relatar o que acontece é só começar a escrever e a contar exatamente a verdadeira vivência. Meu problema reside na minha dificuldade na <u>"criação das vivências"</u>. Estou presa para elaborar (ou deixar as crianças elaborarem), pareço sem assunto, sabe? Perdida: o que fazer agora?* (Nesse trecho, a professora alcança as proposições do mundo comunicativo subjetivo de Habermas (2007), há o desejo de compreender o seu fazer, e vê em nós um interlocutor que pode auxiliá-la. Seu

questionamento – se está presa ou impossibilitando as crianças de agirem para efetivarem a vivência – é um imenso avanço, já que:

> No decurso de nossa rotina cotidiana, temos a necessidade prática de confiar intuitivamente naquilo que consideramos incondicionalmente verdadeiro [...] Na mesma medida em que esses hábitos e certezas são postos em xeque e tornam-se questionáveis, temos a opção de passar do envolvimento direto nas rotinas de fala e ação para o nível reflexivo do raciocínio, onde buscamos saber se algo é verdadeiro ou não. (Habermas, 2007, p. 62)

Creditamos a necessidade de ter que escrever sua rotina diariamente à possibilidade de sair da "rotina cotidiana". Até pouco tempo atrás, a professora não tinha dúvida de quem controlaria as situações didáticas seria ela. Hoje, ao se permitir o questionamento, abre-se à chance de novas conduções. Seu desejo de "controlar a vivência" explicita que ainda tem dificuldade com esse conceito. Procura se rever, pois afirma que o "controle da vivência" precisa passar para a mão das crianças. E como fazer essa transição? Como não se perder nesta nova proposta? São questionamentos adequados e demonstram que a professora se abriu para um diálogo subjetivo com a coordenação pedagógica.)

Por todas as colocações até aqui apresentadas, podemos ver que a professora Ana Maria é uma profissional que busca compreender o que realiza. Questiona seus anos de magistério e percebe que há um longo caminho a ser percorrido para sua mudança. Arriscaríamos afirmar que já mudou muito, porém, como está no meio do processo e desejosa de se apropriar de tudo o que começa a perceber, ainda não consegue se dar conta de tudo o que realizou nesse primeiro semestre.

Na sequência, a professora respondeu às questões relativas ao relatório individual das crianças. Retomamos as questões e, na sequência, teceremos comentários.

O que foi mais fácil de escrever a respeito das crianças?

6) *O mais fácil se refere às <u>coisas do cuidar</u> = alimentação, sono, uso do banheiro e até sobre sua autonomia, cuidados pessoais com os objetos pessoais.* (Por serem comportamentos fáceis de se quantificar e de ensinar, a professora os vê como tranquilos de se tornarem um relatório individual das crianças. Entretanto, dentro da lógica de uma vivência, que é uma preocupação por ela apresentada diversas vezes, esses aspectos não poderiam estar à parte.)

O que tive mais dificuldade em fazer?

7) *Também não senti dificuldade em relatar comportamentos, atitudes e progressos das crianças. Acho que tenho dificuldade é de <u>escrever de uma forma mais elaborada</u>, porque escrevo e/ou relato com muita simplicidade.* (Essa resposta merece uma explicação melhor, afinal, ao término da primeira visita da professora Suely Amaral à nossa escola, a professora Ana Maria foi uma das mais contundentes em afirmar que Suely falou de coisas que todas elas já faziam, e nós argumentamos: a professora Suely consegue falar de coisas complexas de forma simples, mas isso não significa que seja fácil de se fazer. E, agora, parece que a professora Ana Maria deseja apoderar-se de uma forma de expressão mais elaborada, quase como um reconhecimento de suas construções.)

Quais são as melhores proposições?

8) *Melhores proposições foram as de relatar as atividades (rodas, oralidade, músicas, ateliê/arte).* (A coordenação pedagógica recomendou que as professoras tomassem o cuidado de citar todos os ambientes e todas as atividades da escola. A professora escolheu, em sua resposta, aspectos de seus fazeres com os quais se sente mais segura em realizar e nos quais vê as crianças mais envolvidas.)

Quais são as maiores dificuldades?

9) *Minha <u>ENORME</u> dificuldade foi colocar fotografias nos relatórios. As fotografias foram coletadas desde o início do ano sem problemas; os relatórios*

também: acabei até antes do prazo estipulado; a dificuldade foi na informática, no sentido de encaixar as fotos, e ficar na dependência de ajuda. (O uso da caixa alta e do grifo não nos deixa dúvida de como foi difícil para a professora não ter esse conhecimento técnico. Ela foi para o recesso dizendo que faria um intensivo e que procuraria ajuda para aprender a fazer a inclusão das fotografias.)

Essas respostas nos apresentam uma professora que não vê muitas dificuldades em escrever os relatórios individuais das crianças, a não ser para as questões técnicas do recurso da informática, e um desejo de usar uma linguagem mais elaborada.

Acreditamos que o cerne da questão que justifica a escrita dos relatórios individuais das crianças não foi sequer problematizada pela professora, pois seus relatórios não historicizam os percursos delas. Contudo, não lidamos com esse aspecto, por compreendermos que:

> na formação do profissional da educação é mais importante centrar a atenção em como os professores elaboram a informação pedagógica de que dispõem e os dados que observam nas situações da docência, e em como essa elaboração ou processamento de informação se projeta sobre os planos de ação da docência e em seu desenvolvimento prático. (Imbernón, 2011, p. 41)

Se optássemos por apontar o problema da ausência de uma historicização para a professora, sem que ela percebesse essa necessidade, estaríamos indo contra as proposições que citamos de Imbernón (2011), que esclarecem a importância de "como os professores elaboram a informação pedagógica de que dispõem e os dados que observam nas situações da docência" (2011, p. 41). Será com base na sua elaboração significativa que a professora compreenderá a necessidade de seus relatórios mudarem.

Como alertamos, não podemos fornecer uma reflexão que esteja além das possibilidades cognitivas do momento da profissional. Adotamos esse procedimento por compreendermos que a:

> formação do professor se fundamentará em estabelecer estratégias de pensamento, de percepção, de estímulos; estará centrada na tomada de decisões para processar, sistematizar e comunicar a informação. Desse modo, assume importância a reflexão sobre a prática em um contexto determinado, estabelecendo um novo conceito de investigação, em que a pesquisa qualitativa se sobrepõe à quantitativa. Finalmente insiste-se no estudo da vida em sala de aula, no trabalho colaborativo como desenvolvimento da instituição educativa e da socialização do professor. (Imbernón, 2011, p. 41)

Para nossa surpresa, e nos comprovando que iniciou um processo de metacognição de seu fazer, a professora escreveu outro texto. De acordo com as proposições de que:

> Registrar, narrar, avaliar, autoavaliar, escrever, desenhar, mapear, explicar são processos de significação, produção, socialização e apropriação de saberes e sentidos, que ocorrem em contextos sociais, caracterizados por processos de mediação. Entretanto, é a intenção do uso que fazemos desses recursos cognitivos que os torna procedimentos metacognitivos, provocadores do desenvolvimento de conhecimentos e habilidades metacognitivas, no sujeito e no grupo do qual participa. (Placco e Souza, 2006, p. 65)

Comprovando-nos que a construção do conhecimento não é linear, a professora Ana Maria tem dificuldade em ver a necessidade de historicizar o percurso de aprendizagem das crianças por meios dos relatórios individuais, no entanto, realiza uma significativa historicização do seu próprio percurso. A elaboração da sua historicização é extremamente elaborada, complexa e sinalizadora de que a professora avançou muito no processo de compreensão e de questionamento do seu fazer docente. Um salto qualitativo que pareceria inimaginável no início do ano. Transcrevemos a produção de Ana Maria:

Considerações finais!

Cristiano, talvez eu não consiga escrever tudo o que gostaria, mas deixo registrado o "teor" do que foram esses seis meses de Centro de Educação Infantil (CEI) 13 de Maio na minha vida profissional.

Vim para a atribuição, pela primeira vez aqui neste CEI e, na maior expectativa (eu era a quinta professora a escolher) queria o período da manhã e pleiteava a sala do Minigrupo 2. Deu tudo certo, mas tive uma péssima impressão do coordenador pedagógico (CP), que se apresentou com "arrogância" e até certo "abuso de poder". Depois, pensei, para me consolar: "A diretora, Marta, é irmã da Luzia (que é muito gente fina), então, se o CP não for tão bom, tem a diretora que deve ser". Conversando com a Eunice:

"Ele também não pode fazer isso com a gente... Também temos nossos direitos e deveres" (Risos.)

Quando chegamos para a primeira reunião, tive a certeza de que me dei muito mal. Nos três dias de reuniões pedagógicas, vi que não "tínhamos voz" e que era uma DITADURA *aqui neste CEI (conhecemos a diretora efetiva), e a parte pedagógica tinha que ser nos moldes do CP.*

Quando voltamos do Carnaval, definitivamente (sem ter tido tempo para arrumar a sala nem decorá-la), senti-me perdida, numa casa fria, numa escola sem ACONCHEGO, *cheia de leis, com um CP ditando as regras... nossa... me senti muito, muito mal, como uma intrusa fazendo tudo errado, chorei muitas vezes na minha casa, de domingo já ia dormir triste e muitos domingos até perdia o sono. E os meses foram passando.*

Como vejo o CEI hoje e como me sinto dentro dele? Começando pelo CP: é um <u>profissional</u> extremamente ativo, com uma bagagem imensa, e que está sempre com a "bala na agulha" para me dar suporte pedagógico sempre que necessito *e solicito, e que é uma* pessoa *confiável, que sabe o que faz. Dessa maneira, fui percebendo que existe outras formas de ser professora e de didática,* EMBORA *ainda* NÃO *me sinta formada nesse novo conceito de trabalho, tento buscar ajuda sempre que posso. Erro, acerto, mas estou caminhando e me sentindo entusiasmada para aprender coisas novas.*

Quanto aos colegas professores, também já percebi quais são aqueles com quem tenho maior afinidade e aqueles que sempre servem para uma "boa vizinhança". O pessoal da cozinha e da limpeza, comigo, é MARAVILHOSO*. Quero agradecer, também, à Elaine e ao Laerte, que me ajudaram bastante.*

A minha relação com a gestão ainda é bem distante e sem condições de fazer um julgamento, mas percebo muita formalidade.

Finalizando, saio para o recesso, sentindo que faço parte do CEI (corpo docente), vejo-me mais integrada, porém, ainda acho que falta um pouco de aconchego humano nesta casa para virarmos uma equipe.

Obrigada!
Ana Maria Sansiviero

Poderíamos classificar seu texto quase como uma catarse, afinal percebemos que o texto/depoimento da professora Ana Maria expõe diversos sentimentos dela e, em certa medida, do grupo. Algumas professoras efetivaram depoimentos orais parecidos quando as chamamos para apresentar a elas a avaliação que efetivamos de suas posturas profissionais ao longo do primeiro semestre de 2016.

Debitamos muito do que a professora apresentou à nossa assertividade demonstrada ao longo do percurso. Ficamos felizes por ela ter reconstruído sua percepção, apesar de não tê-la escrito. A melhor e mais significativa devolutiva que ela nos deu para sua reconstrução foi dizer que, ao retornar à sua antiga escola (para participar da festa junina), percebeu o quanto suas colegas desse outro CEI estavam paradas no tempo e que, se tivesse permanecido nesse local, provavelmente não teria avançado como profissional.

Vamos, na sequência, explicar o que desejávamos efetivar com as posturas que a professora destaca. Já antecipamos que não se trata de uma "defesa" ou de uma "desconstrução" do que foi apontado, mas, sim, de uma tentativa de explicitar o que estava em jogo ao adotarmos determinadas posturas, e, dessa forma, demonstrar que a assertividade pode ser uma estratégia formativa.

No início do seu texto, a professora descreve sua alegria de ser a quinta classificada no processo de escolha da Unidade Educacional, e que, até certo ponto, tudo deu certo, com exceção da postura do coordenador. Nossa presença, nesse momento de atribuição, foi mais do que proposital, afinal, nossa sede, em 2015, era em outra escola. Estar no dia da atribuição dessa Unidade Educacional foi uma escolha.

Antes de se iniciar o processo de escolha, solicitamos a palavra e esclarecemos ao grupo que nossa remoção da Escola Municipal de Educação Infantil (Emei) para o CEI ocorria, antes de mais nada, em razão da dificuldade de não ter o grupo completo de professores nos horários de formação coletiva na Emei, uma vez que, nas outras modalidades de ensino na PMSP, é facultativo ao professor optar pelo horário de formação coletivo.

Nesse momento, explicitamos compreender que o nosso papel de coordenação pedagógica implica orientar o grupo para as proposições da Secretaria Municipal de Educação de São Paulo (SME-SP) e, mais do que isso, zelar para que as proposições da Pedagogia da Infância efetivamente aconteçam para as crianças. Acreditamos que um embasamento teórico sólido se faria necessário, portanto, utilizaríamos as proposições do Instituto Pikler-Lóczy e a professora Suely Amaral Mello havia se comprometido a nos auxiliar nesse percurso.

Finalizamos apontando que jamais seria um problema uma professora ou professor (na escola, contamos com três professores) não saber como proceder, por acreditarmos que auxiliar o grupo seja uma das maiores razões de ser do nosso cargo, todavia, que seria inadmissível, uma vez orientados, ajudados e esclarecidos, permanecerem se negando a aplicar o que foi apresentado. Caso isso acontecesse, seriam chamados para uma orientação oral com a direção; persistindo a recusa em rever seus procedimentos, solicitaríamos uma orientação por escrito da direção; e, caso não houvesse acordo, não excluiríamos a penalidade de uma advertência no Diário Oficial.

São termos duros, contudo, a busca de uma escola pública de qualidade não pode mais ficar refém da boa vontade dos profissionais que nela trabalham, de desejarem, ou não, rever suas práticas docentes. Há uma considerável gama de pesquisas e de publicações municipais, estaduais e federais que atestam a importância da reflexão do fazer docente. Sem contar a necessidade de se contemplar o protagonismo infantil no processo de construção do conhecimento.

É muito dinheiro público envolvido nessas pesquisas e publicações, não é ético e nem profissional se sentir no direito de não considerar as proposições sem um argumento plausível. Muitas vezes, os professores afirmam que as recomendações foram escritas por pessoas que não lidam com a realidade das escolas ou que desconhecem o que é uma sala de aula, ou que são colocações bonitas no papel e nada factíveis de acontecerem realmente. Outros posicionamentos têm a convicção da impossibilidade das proposições oficiais e das pesquisas acadêmicas poderem estabelecer parâmetros mínimos de reflexão da escola.

Esclarecemos que não saímos advertindo indiscriminadamente os profissionais. Tal postura não estaria de acordo com o nosso processo de formação que acredita no diálogo. Nunca desejamos pautar nossa relação com o corpo docente pelo medo, por uma obediência cega às proposições que efetivamos no grupo. Evitamos e não acreditamos em uma postura que passasse a impressão de que somos senhores de uma verdade absoluta. Porém, todas as vezes que se fez necessário advertirmos alguém, isso foi realizado. Com uma postura ética (nunca contamos para os outros profissionais), e, sempre que chegamos a este ponto, a(o) profissional sabia claramente o porquê da advertência.

O choque narrado pela Ana Maria para os três primeiros dias de reunião pedagógica se dá pelo fato de receber uma pauta extensa e com leituras teóricas do que estávamos propondo ao CEI. Infelizmente, não são todas as Unidades que procedem dessa forma, não vou gastar o tempo do leitor descrevendo o que acontece em outras Unidades, mas vale a ressalva para que compreendamos melhor o choque da professora, com destaque ao fato de não terem tempo de decorarem as salas para receberem às crianças. Procuramos, dentro do possível, partilhar e explicar todas as decisões tomadas por nós nas escolas que coordenamos, e isso não foi diferente no CEI 13 de Maio. Contudo existem aspectos que, por não permitirem revisão, devem ser inicialmente inibidos e, depois, explicados. Isso se dá no embelezamento das salas. Se permitíssemos que embelezassem as salas para receberem as crianças, não poderíamos fazer nada depois. Logo, fomos contundentes em dizer: não desejamos ver as salas enfeitadas para as crianças. Esclarecendo que, se desejassem e quisessem, com o tempo, realizar a decoração, esse ato deveria acontecer com as crianças. Essa "proibição" gerou uma segunda celeuma e a primeira divisão no grupo (os que nunca gostaram de enfeitar as salas aplaudiram, e os que adoravam ficaram ressentidos).

Advogamos, como muitas das publicações municipais e federais que tratam da sala referência, que esses ambientes devem se modificar ao longo do ano letivo. As crianças, seus familiares e os professores precisam participar do planejamento e da execução dessa transformação. Esclarecemos que não acreditamos em uso de desenhos estereotipados que são normalmente definidos como próprios para as crianças por serem simples e desprovidos de complexidade. E, muito menos, de produções que tenham como referências as animações dos grandes estúdios cinematográficos, que visam, antes de qualquer coisa, inserir as crianças em um sistema de consumo acrítico.

A partir de então, iniciou-se o que classificamos como uma "pequena guerrilha", na qual todos os movimentos da coordenação pedagógica eram minuciosamente escrutinados. Não houve afirmação ou proposição que não fosse debatida à exaustão! E o debate não se dava com vistas a procurar compreender o Outro, mas, sim, de invalidar qualquer proposição. Compreendemos esse comportamento como um ato comum de acontecer. Fomos assertivos em determinar que a prática recorrente a muitas professoras de decorarem suas salas para as crianças deveria mudar. Obviamente, a mudança teria um desdobramento no grupo.

Ao iniciarmos os momentos de formação coletivos, o grupo argumentou que o nosso Projeto Especial Ampliado (PEA) não estava homologado e, como não havia homologação, não teria necessidade de nos reunirmos coletivamente. Novos embates, questionamentos a suas representações sindicais, leitura da portaria da jornada dos professores da CEI, novas disputas, relatos de que, em suas antigas Unidades, não se procedia assim.

Em meio a tudo isso, tivemos a primeira visita da professora doutora Suely Amaral Mello. No dia seguinte à visita da professora, quando fomos avaliar o encontro, para nosso espanto, avaliaram que ela tinha falado de coisas muitos óbvias e simples. Tínhamos lido um texto dela para preparar a visita, *Formação de professores: aplicações pedagógicas da teoria histórico-cultural* (Mello e Lugle, 2014). Mediante a avaliação do grupo, solicitamos à professora Suely que recomendasse mais textos seus sobre o papel do professor como mediador, e, assim, preparamo-nos melhor para sua próxima visita. Recebemos as seguintes recomendações: *A escola como lugar da cultura mais elaborada* (Suely Amaral Mello e Maria Auxiliadora Soares Farias, 2010); *A especificidade do aprender na pequena infância e o papel do/a professor/a* (Suely Amaral Mello, 2009); e *Relações entre adultos e crianças na contemporaneidade: o que estamos fazendo com nossas crianças?* (Suely Amaral Mello, 2009).

Neste ínterim, fomos recolhendo os diários de bordo, efetuando as devolutivas individuais nos próprios diários e as coletivas em papéis avulsos e lidando com as novas e cotidianas guerrilhas. Faz-se necessário ressaltar a importância do papel do trio gestor estar de acordo com o processo, pois, sem o apoio da direção e da assistente de direção, seria muito difícil a coordenação pedagógica suportar toda a pressão do grupo.

Ao perceberem que seus escritos eram cuidadosamente lidos e que geravam a oportunidade de um auxílio efetivo para o que se passava com suas crianças, o grupo foi diminuindo as resistências de escrita, partilhando mais as suas dificuldades e vibrando com os seus acertos.

O fato de nós auxiliarmos o seu fazer, curiosamente nomeado pela professora como "bala na agulha", é, com certeza, o que ajudará a reduzir de forma significativa os atos de resistência, tanto dela, como do grupo. Para esse ponto, é necessário fazer outra ressalva: não há sentido em sermos assertivos se não formos na mesma medida prestativos para as necessidades do grupo docente. Ou, melhor ainda, ser assertivo com o grupo implica ser extremamente ligeiro em fornecer as melhores condições para que possam executar o que desejam.

Lógico, a execução das proposições deverá estar de acordo com os princípios da Pedagogia da Infância, partilhada preferencialmente em grupo, e jamais se nortear por preferências pessoais. Não é por temos afinidades profissionais ou pessoais com alguns membros do grupo que eles terão preferência no atendimento de suas demandas. Por atuarmos sob esse princípio, a professora Ana Maria nos deu o adjetivo de confiável e, mesmo com nossos desencontros iniciais, percebeu que nunca foi preterida e nem escamoteada em relação aos outros membros do grupo.

Não desejamos minimizar o fato de que o processo é desgastante, muitas vezes, tivemos vontade de capitular; lembrávamos do nosso antigo grupo de professores e como já tinham superado o movimento de resistência. Estávamos adentrando em questões mais complexas e produtivas.

Reiniciar o processo com um novo grupo não é simples, assim como também não é fácil conseguir compreender que as resistências iniciais, que chegam quase a beirar uma raiva palpável, não são direcionadas a nossa pessoa, mas, sim, ao que representamos. Poderíamos pontuar diversos aspectos, porém, deteremo-nos em três que são, a nosso ver, os centrais:

- Incômodo de perceberem que não tinham um embasamento teórico para se contrapor às nossas proposições.
- Sensação de um acompanhamento sistemático de seus fazeres didáticos.
- Necessidade de reconhecer que são assistidas em tudo o que solicitam.

A resistência diminuiu de maneira considerável quando viram suas solicitações serem atendidas prontamente, quando perceberam que nós entramos em suas salas referência imbuídos do desejo de auxiliar e de compreender os seus fazeres, e quando fornecemos ajuda, desde acalentar uma criança que esteja precisando de uma atenção mais específica até o fato de oferecermos um material que sequer foi solicitado por elas.

Tudo melhorou significativamente quando começaram a compreender os princípios da Pedagogia da Infância, somando-se isso ao fato de entrarem em contato com outros teóricos e de conhecerem outras instituições que postulam esses princípios. Dessa forma, descaracterizaram-se as proposições como se fossem algo só nosso, trazendo a percepção de que se tratava de algo maior.

Precisamos efetuar uma autocrítica, partilhamos com o grupo e agora faremos com os nossos leitores, na expectativa de que evitem ao máximo esse equívoco. Muitas vezes, explicamos e exigimos aos profissionais por nós coordenados que se atentem aos seguintes fatos: as crianças precisam de tempo; não há sentido em antecipar processos; o erro faz parte da aprendizagem; a mediação significativa implica a necessária participação efetiva de quem aprende; e outras tantas considerações. A autocrítica se efetiva ao reconhecermos que, infelizmente, não temos a mesma percepção quando é o professor que está no lugar de quem aprende.

Vemos a produção deste livro, e de nossas outras produções, como algo fundamental para o nosso processo de autopercepção. Afinal, não desejamos culpabilizar os docentes, mas, sim, compreender quais são as melhores estratégias formativas para auxiliá-los a desempenharem, da melhor forma possível, o seu fazer.

5.3 Deixando de ser "da coordenação" e tornando-se "do grupo"

Percebemos, ao longo dos anos que coordenamos grupos de professores, que eles começam a avançar significativamente na apropriação das bases que fundamentam a Pedagogia da Infância quando as proposições que apresentamos deixam de ser entendidas como "da coordenação" e vão, aos poucos, tornando-se "do grupo". Esse processo se inicia quando há um desejo de conseguir compreender as proposições da Pedagogia da Infância. À medida que a compreensão aumenta, é natural querer conseguir aplicá-las.

Reconhecer a necessidade e a efetivação da reflexão dos seus atos docentes, que, consequentemente, implicam a mudança de seus fazeres, é um processo muito elaborado, doloroso e, por vezes, conflitoso. Perceber-se comungando de proposições que, até há pouco tempo, combatia é complexo. Entretanto, conforme vão sentindo-se capazes de realizar procedimentos de mediação da cultura mais elaborada às crianças, adquirem uma confiança e abrem espaço para posições menos conflitosas.

Ao percebemos os primeiros sinais de contentamento dos professores que buscam compreender o que está em jogo para a Pedagogia da Infância e de estarem "acertando", faz-se necessário diminuir a assertividade da coordenação pedagógica. O grupo, ao ceder espaço para o que antes era ocupado por dilemas, dúvidas e, por vezes, receio, gera a real possibilidade de compreendermos que:

> O conhecimento resulta de três processos simultâneos, que se corrigem entre si: a atitude de resolver problemas diante dos riscos impostos por um ambiente complexo, a justificação das alegações de validade diante de argumentos opostos e *um aprendizado cumulativo que depende do reexame dos próprios erros*. Se o crescimento do conhecimento é uma função desses processos que interagem entre si, é errôneo postular uma separação entre o momento 'passivo' do 'descobrir' e os momentos 'ativos' de construir, interpretar e justificar. *Não há necessidade nem possibilidade de 'limpar' o conhecimento humano dos elementos subjetivos e das mediações intersubjetivas, ou seja, dos interesses práticos e dos matizes da linguagem*. (Habermas, 2007, p. 57, grifos nossos)

Nossos grifos à citação de Habermas desejam chamar a atenção para dois pontos essenciais da coordenação pedagógica: é necessário que professor e CP estejamos sempre reexaminando nossos erros. Não é fácil e nem prazeroso entrar em contato com nossos equívocos, porém, não há construção de um saber fazer melhor didático sem passarmos por essa atitude.

Como nosso plano formativo se dá por meio da escrita do diário de bordo, a linguagem escrita e, muitas vezes, a oral, nos momentos de formação, permearão todas as mediações e significações, o que demanda estar em contato com relações intersubjetivas e com elementos subjetivos. Logo, o que pode ser uma estratégia exitosa para um integrante do grupo, pode apresentar-se como uma séria ofensa para outro.

O reconhecimento de que as proposições estudadas e defendidas não são apenas da coordenação é essencial para o diálogo. Perceber que seguir as proposições da Pedagogia da Infância auxilia o seu fazer docente e contribui para a realização de uma escola pública de qualidade é fundamental. Nesse contexto, vale muito apresentar outras escolas e experiências que comungam dos pressupostos que defendemos, bem como trazer novos interlocutores para o espaço escolar.

Dessa perspectiva, defendemos a importância de efetuarmos trocas de experiências entre escolas que têm pontos em comum. Procuramos, desde 2015 e de forma semestral, promover colóquios entre os professores que escrevem diariamente acerca de sua prática docente. Já efetivamos dez edições. O evento acontece a cada semestre em uma escola diferente, ganhamos parceiros com experiências diferentes da nossa, agora, realiza-se na instituição do ensino superior em que lecionamos. Isso, sem contar a oportunidade de nos apresentarmos para outras escolas que demonstram o desejo de conhecer nossas práticas. Nesse processo, o Grupo de Pesquisa em Educação Infantil e Formação de Professores (Grupeiforp) somou-se a nós, contribuindo para nos auxiliar na reflexão e, ao mesmo tempo, aprenderem com as nossas estratégias formativas. Com o tempo, criamos o nosso Grupo Colaborativo de Estudo e Pesquisa da Formação Continuada Docente (GCOL), que, hoje, é o responsável pela execução dos colóquios que passaram a ser anuais.

Podemos afirmar que significativa parte do grupo de professores, ao participarem do "III Colóquio de Professores que escrevem diariamente sobre sua prática docente", realizado em nossa Unidade Escolar, foi fundamental para vencerem as últimas resistências às proposições e compreenderem que as concepções não eram apenas da coordenação pedagógica, mas, sim, de um grupo.

5.4 Considerações a serem realizadas

Não poderíamos terminar o capítulo nomeando sua última parte como "considerações finais", pois as proposições que apresentamos de como conduzimos o processo formativo dos professores de forma assertiva se encontra em aberto. Como a professora Ana Maria tão bem definiu estar se *"apropriando dessa nova forma de exercer o magistério"*, poderíamos nos inspirar nela e dizer: estamos procurando delimitar o uso de uma forma mais assertiva de dirigir e conduzir a formação continuada do grupo.

Não somos capazes de afirmar se alguém pode conseguir os mesmos resultados, ou até melhores, sem o uso da assertividade. Nós desejamos partilhar nossa estratégia, voltamos a recomendar cautela para que não se aja de forma tirânica gratuitamente e, acima de tudo, reconhecemos a importância de todos estarem envolvidos no processo de auxílio da compreensão do que se está fazendo e do porquê se faz, assim, os membros do grupo têm muito a ganhar.

Acreditamos que uma escola pública de qualidade é viável de se efetivar, contudo, não podemos ficar à mercê de contar com a sorte para encontrarmos um grupo que emane o mesmo desejo ou, pior ainda, compactuarmos com movimentos de resistência às descobertas científicas de como as crianças aprendem, às proposições das legislações de vários níveis, e outras tantas colocações, em nome de um alegado direito dos docentes de procederem da forma que bem entendem por terem passado em um concurso público ou por não terem tempo de estudar outras formas de fazerem o que sempre fizeram.

••• 6 •••

Isto aqui não pode!

Este capítulo justifica-se como desdobramento de nossa tese intitulada: *Diário de bordo: uma construção colaborativa rumo à pedagogia cultural* (Alcântara, 2015b), na qual procuramos delimitar o papel que a coordenação pedagógica deve assumir na consolidação de auxiliar uma postura mais reflexiva por parte dos professores.

Como a reflexão não depende apenas do desejo da coordenação, advogamos a necessidade de arcar com algumas posturas. No Capítulo 5, apresentamos como a assertividade nas proposições lançadas ao grupo pode fazer parte do processo reflexivo dos docentes.

Em setembro de 2016, cansados de escrever e defender proposições que pareciam só ser possíveis de acontecer porque nós assumíamos os riscos de defendê-las, propusemos a um grupo de gestores da rede municipal de São Bernardo do Campo estudar as proposições aplicadas aos grupos por nós coordenados e, quiçá, desenvolverem algumas das estratégias empregadas com seus grupos docentes. Dessa união nasce o Grupo Colaborativo de Estudo e Pesquisa da Formação Continuada Docente (GCOL).

Reconhecemos de antemão que muitos itens a serem abordados são tabus para quem lida com a formação continuada de professores, como: empregar a assertividade; precisar dizer "*não*"; assumir o ônus do papel de liderar o processo pedagógico; desenvolver a prática de oferecer *feedbacks* sistematizados; entre outros temas muitas vezes evitados em nome de se empregar uma postura dita "democrática" nas escolas. Tudo isso justifica, a nosso ver, esta publicação. Acreditamos que a reunião dos nossos diversos textos permitem aos leitores traçar um quadro mais elaborado do que defendemos.

Haverá menção, ao longo do capítulo, a outras produções e capítulos, jamais no intuito de fazer propaganda ou de nos compreendermos como única fonte digna de citação, mas, sim, na tentativa de explicitar aos leitores como nossas produções se complementam e se ressignificam. Estes escritos nascem para superarmos o desafio de contemplarmos temas tão complexos como a formação continuada docente nos espaços exíguos dos artigos. Dessa maneira, unir nossas produções neste livro e fazer citações de outras acontece com vistas ao preenchimento de possíveis lacunas.

A intenção é redimir algumas ausências. Como não há espaço para um aprofundamento em diversas questões, para descrever algumas situações, indicaremos procedimentos e estratégias adotados, porém, no espaço de um capítulo que pressupõe uma temática, não há possibilidade de se efetuar uma minuciosa descrição. Assim, apostamos que a união de diversos textos deste livro forme um todo mais coeso.

Voltaremos a esse alerta ao longo do texto, mas o fazemos neste ponto também. Jamais partimos da concepção de simplificar as possibilidades reflexivas dos docentes; sempre fomos desejosos de ampliar o olhar e as estratégias reflexivas dos professores e acreditamos no papel fundamental da postura do coordenador pedagógico nessa construção.

O ato de escrevermos e divulgarmos o nosso trabalho se dá, antes de mais nada, no desejo de encontrarmos interlocutores para as nossas proposições, reconhecendo que entrar em contato com o contraditório pode ser tão, ou mais, rico do que encontrar pessoas que apenas concordem conosco. As mídias digitais têm se mostrado muito potentes nessa construção, no entanto, por mais que uma postagem possa ser o início de uma troca mais aprofundada, ela jamais substituirá uma leitura mais complexa.

No presente capítulo, ponderamos que uma negativa pode ser o início de uma intervenção da coordenação pedagógica no fazer docente. Esclarecemos, como em outras produções, que não advogamos por uma postura ditatorial, contudo, reconhecemos caber a quem coordena a formação continuada de um grupo dizer: "*Isto aqui não pode!*".

Os traços de personalidade das crianças e dos docentes devem ser respeitados e considerados quando se pensa na mediação em sala de aula, é mister reconhecer as características pessoais de quem desempenha a coordenação pedagógica na hora de se realizar a intervenção pedagógica. Existem coordenadores que lidam melhor com o confronto advindo da necessidade de argumentar algo com o grupo, outros, por sua vez, podem sofrer muito na confrontação; alguns profissionais podem ser mais diretos, outros podem preferir abordagens mais indiretas.

O que desejamos apresentar neste texto, e que acreditamos ser o mais significativo, é que, independentemente de se adotar uma postura mais direta (como a nossa) ou mais indireta, há momentos, para quem desempenha o papel de coordenação pedagógica, nos quais será inevitável dizer: "*Não!*".

A intervenção não se basta: ao proferir uma negativa, é importante justificar claramente o porquê da proibição. Nos casos a serem partilhados aqui, o critério adotado foi proibir as proposições docentes contrárias aos princípios da Pedagogia da Infância, uma vez que há uma proposta de formação continuada ao grupo embasada nessa concepção.

Iniciamos este capítulo apresentando a fundamentação metodológica da intervenção, com várias alusões à metodologia colaborativa, pois muitos pontos são fruto de publicações em revistas científicas e em anais de congressos que prezam por essa organização. Vamos nos dedicar a explicar, com mais cuidado, do que estamos falando e o contexto pesquisado. Depois, exemplificamos as negativas ofertadas para alguns elementos do grupo e finalizaremos transcrevendo um diálogo entre a coordenação e duas professoras, no qual podemos perceber como elas encaram, hoje, as negativas recebidas no início do ano.

6.1 Uma metodologia para ir além das estantes das bibliotecas: a busca de parcerias

Estamos há mais de década pesquisando nossa prática (inicialmente, como professor e, depois, como coordenador pedagógico). Nesse período, lemos diversas publicações e participamos delas; frequentamos congressos, seminários e fóruns como ouvintes, expositores ou organizadores. Em quase todos esses lugares, ouvimos ou lemos críticas que não reconhecem o esforço empreendido por quem está nas escolas como algo a se denominar de *científico*.

Para mitigar a crítica, estudamos formas de produções científicas que aceitam e reconhecem o esforço de quem se encontra como protagonista da ação pesquisada como uma forma válida de se fazer o conhecimento científico. Destacamos as pesquisas da metodologia da pedagogia-em-participação (Oliveira-Formosinho e Formosinho, 2013) e a possibilidade de se adotar diversas perspectivas para contemplar a complexidade do fenômeno a ser estudado.

Para Oliveira-Formosinho e Formosinho (2013), porém, a figura do pesquisador não é, obrigatoriamente, a de quem realiza a ação. Admitem, o que já é um significativo avanço, que o pesquisador poder estar no campo e interagir com ele. Todavia, compreendemos que a questão vai além, afinal, nossa intervenção não visa somente a um título acadêmico nem implica pontuações em *rankings* acadêmicos nos quais os artigos serão publicados.

Não tecemos tais comentários com a intenção de invalidar as práticas da academia para seus pares; desejamos, sim, problematizar a existência de outras possibilidades de se construir o conhecimento científico de forma rigorosa e contribuindo para o crescimento profissional dos envolvidos. Não concordamos com as regras que excluem o pesquisador de projetar, coletar e analisar sua prática no campo. E vamos mais longe: ao realizar esse movimento não estamos efetuando uma ciência menor e, muito menos, desqualificada.

Assim, aplicamos a metodologia colaborativa, acerca da qual existem trabalhos de diversos autores que já a empregam, como Alcântara (2015b), Cabral (2012), Ibiapina (2007, 2008, 2011), Liberali (2012), Magalhães (2002, 2004, 2007), Perrotti e Pierrucini (2007). Todos os pesquisadores que empregam a metodologia colaborativa tentam defini-la, mas optamos pela descrição de Ana Maria Marques Cintra:

> A metodologia colaborativa, por trabalhar a participação em obras de construção, funciona como rede, em que cada nó é ponto para expansão e a agregação de novos grupos, de novas ações. Isso faz das pesquisas alguma coisa destinada a não ficar nas estantes de bibliotecas, mas algo para ir a campo e, em colaboração, transformar, realidades em diferentes níveis sociais. O trabalho de colaboração, marcado pela pesquisa, pelo diálogo permite enxergar melhor a problemática e propicia a intervenção. (Cintra, 2012, p. 24)

Como a autora define, há a necessidade de uma intervenção acontecer e, em nosso caso, que acumulamos o papel de pesquisador e de profissional responsável pela condução da formação continuada do grupo por sermos o coordenador pedagógico (CP) da Unidade pesquisada, há uma preocupação maior de que a pesquisa se efetive em uma prática.

Um grande diferencial contemplado na metodologia colaborativa é o de aceitar o fato de irmos a campo – nesse caso específico, de iniciarmos a intervenção de coordenação para o grupo do Centro Educacional Infantil (CEI) – sem termos a definição de todos os objetivos e ações a serem empreendidos nessa intervenção. Longe de se configurar um "faça o que se quiser", é essencial entrar em campo ciente da necessidade de haver uma percepção conjunta (pesquisador e pesquisados) para se construir os objetivos a serem alcançados e os parâmetros da colaboração.

Em outras palavras, admitimos não saber o que faremos com antecedência, mas temos princípios a serem seguidos e aplicados, não estando limitados em si. Há o reconhecimento de que muitas coisas serão propostas e desenvolvidas por todos os envolvidos sem a plena consciência dos seus desdobramentos no momento da aplicação da atividade. Na verdade, é possível existir plena consciência em algum momento? Lidar com a impossibilidade da previsibilidade é essencial para a colaboração.

Poderíamos nos contentar em ficar dentro dos muros escolares e efetivamente modificar as práticas cotidianas das nossas Unidades, como coordenador ou consultor, o que não seria pouca coisa. Contudo, visando ampliar a interlocução para conhecer o que se pesquisa nas universidades, bem como para divulgar o que realizamos, vemos como oportuno participarmos de três grupos de pesquisa e de estudo: Grupo de Pesquisa de Educação Infantil e Formação de Professores (Grupeiforp, da Universidade Nove de Julho – Uninove); Grupo de Estudo e Pesquisa sobre Sociologia da Infância e Educação Infantil (Gepsi, da Universidade de São Paulo USP); e Grupo de Estudos Formação Profissional e Práticas de Supervisão em Contexto (Contexto, também da USP). Além disso, lideramos o GCOL.

No texto *A construção de colóquios narrativos das práticas docentes de duas escolas de Educação Infantil: avanços e desafios para formação docente e gestora* (Alcântara, 2015a), apresentamos a estratégia de promover colóquios semestrais entre professores escritores de diários de bordo.

Nesses encontros, os docentes assumem o protagonismo e partilham suas experiências, encontrando novos interlocutores para os seus fazeres.

Inicialmente, o colóquio contemplava uma única exposição ao grupo. A partir de 2016, estabeleceu-se o critério de dividirmos o evento em quatro diferentes salas, tanto por questões de logística como para ampliar os temas passíveis de diálogo. Em ambos os formatos, sempre contamos com a mediação de um professor universitário, pois a presença de um membro da academia é, a nosso ver, uma forma significativa de apresentar à universidade o que fazemos e, ao mesmo tempo, de receber auxílio para o que realizamos.

Em 2015, éramos duas escolas partilhando suas práticas; em 2016, éramos três; em 2017, fomos sete Unidades; em 2018 e 2019, como saímos da escola e fomos para Secretaria Municipal de Educação de São Paulo (SME-SP), o GCOL ficou responsável pela organização dos colóquios, dando-nos a dimensão do tamanho que eles estão assumindo. Como estamos encontrando novos interlocutores, existem Unidades Escolares de diversas cidades solicitando participação como ouvintes, tentamos acolher e incentivar a participação dessas escolas.

Acreditamos que essa contextualização se faz necessária para não pairar dúvida de que acreditamos no trabalho em parceria. Há uma trajetória prática e acadêmica que nos possibilita assumir determinadas posturas e procedimentos. Se reconhecemos, por vezes, ser necessário falar o não, ou ser mais assertivo, para, depois, conseguir problematizar adequadamente a situação, nunca foi/será com vistas a simplificar processos que são por demais complexos nem a menosprezar a capacidade reflexiva e participativa dos docentes.

Desejamos partilhar nossa estratégia que vem se mostrando exitosa para a consolidação de práticas reflexivas docentes e da formação continuada de professores, ajudando-nos na construção de uma escola pública de qualidade para a primeiríssima infância. Como já explicamos, o uso da primeira pessoa do plural durante o texto, para nós, justifica-se nesse reconhecimento: a estratégia descrita e vivenciada foi o tempo todo uma construção colaborativa, logo, assumir o fato de ser mais do que uma pessoa é essencial para justificar a escrita deste livro.

6.2 Um lugar, um contexto...

Em 2015, o CEI 13 de Maio passa para o quadro da SME-SP; antes, estava sob responsabilidade da Secretaria de Finanças e Negócios Jurídicos. Com essa mudança administrativa, abre-se a oportunidade para os quadros da SME-SP, como Auxiliares Técnicos de Educação (ATEs), professores e gestores educacionais, indicarem o CEI 13 de Maio como sua sede funcional para 2016. Todos éramos novos funcionários na Unidade nesse ano, com exceção das funcionárias do apoio (limpeza e cozinha) e da assistente de direção, pois desempenhou a função de diretora em 2015 (seu cargo de origem é de professora em outra Unidade Educacional) e foi convidada a permanecer na escola como assistente pela nova diretora.

Apesar de ser complexa, é fundamental narrarmos a questão da remoção para se compreender o quanto foi difícil intervirmos na Unidade. As questões de permanência e de alternância do quadro docente e gestor não podem ser encaradas como um mero detalhe, ou, pior, como algo restrito à vida funcional das pessoas, uma vez que impactam na qualidade das proposições desenvolvidas no espaço, porém, abordar tal temática exigiria outra produção.

O CEI 13 de Maio localiza-se na região central da cidade de São Paulo, no bairro da Bela Vista, a três quarteirões da Avenida Paulista, importante e emblemático cartão postal paulistano. No seu entorno, existem teatros, museus, salas de cinemas e centros culturais. Na região, há diversas formas de locomoção, como ponto de ônibus, táxi e metrô. Há, também, agências bancárias, *shoppings*, lojas de rua, supermercados e restaurantes. As famílias das 88 crianças que frequentam esse CEI, em sua maioria, são moradoras do entorno ou seus pais trabalham nas redondezas.

Na época dessa intervenção, as crianças estavam agrupadas em oito turmas, acompanhadas por professoras, respeitando a seguinte relação professora/criança: uma turma de Berçário I com 7 crianças; uma turma de Berçário II com 9 crianças; duas turmas de Minigrupo I com 12 crianças; e quatro turmas de Minigrupo II com 12 crianças. A legislação paulistana permite, se o espaço comportar, que os Minigrupos II tenham 25 crianças por turma, mas o CEI está em uma casa que foi adaptada para ser uma Unidade Educacional, logo, as salas são pequenas, e os Minigrupos II ficaram com 12 crianças.

Ajudando a formar um panorama muito favorável à aprendizagem tanto das crianças como dos adultos que trabalham no CEI, o quadro de funcionários do apoio (limpeza, cozinha e inspetoria) estava completo, bem como o da gestão (coordenação, assistência de direção e direção) e dos professores (um titular para cada turma, e dois em substituição para cada período), perfazendo uma relação de 2,45 crianças para cada adulto, dado que impacta e sustenta muitas das proposições lançadas ao grupo.

6.3 Delimitando uma estratégia, apresentando parâmetros

Iniciamos nossa primeira reunião com o grupo de professores e de ATEs apresentando uma devolutiva geral aos profissionais (que pode ser lida na íntegra no Capítulo 7, no qual será analisada em detalhes).

Acreditamos que, em grande medida, receber a devolutiva tenha sido um choque para muitos dos profissionais, afinal, é um documento que assume parâmetros e delimita estratégias a serem desenvolvidas. Infelizmente, muitas pessoas confundem posturas democráticas com ausência de um plano de formação. E, às vezes, em nome de uma escola dita "democrática", permite-se que reine uma ausência de objetivos e procedimentos, alegando-se o direito à liberdade de cátedra docente.

Para os grupos docentes coordenados por nós, desenvolvemos a estratégia formativa de lhes apresentar as devolutivas semanais. A quem interessar, é possível se aprofundar nesse procedimento no capítulo "A estratégia formativa de oferecer devolutivas escritas semanais ao grupo de professores: alinhando concepções, partilhando orientações".

A forma utilizada na primeira devolutiva não foi aleatória. Ao partilharmos como nossa escrita foi refletida, esperávamos ver as professoras refletindo em seus escritos futuros; e, ao apresentar o nosso percurso profissional e teórico, tencionávamos demonstrar uma trajetória consolidada em estudos e aportes teóricos e, quiçá, também o fizessem.

Acreditamos ter sinalizado ao grupo o que faríamos, porém, as proposições não foram assimiladas de forma acrítica pelo grupo, tanto, que houve muitos ruídos ao longo do ano a cada novo item resgatado dessa devolutiva.

Sinalizamos ao grupo que participariam de uma formação continuada na qual as práticas desenvolvidas com as crianças deveriam estar sustentadas nas proposições da Pedagogia da Infância. Não iremos nos alongar em explicar a Pedagogia da Infância; os escritos de Gobbi e Pinazza (2014), Mello (2009, 2010), Faria e Finco (2011) e outras pesquisadoras são mais precisos. Resumindo, *grosso modo*, ao usar o termo Pedagogia da Infância, advogamos: uma prática pedagógica realizada *com* as crianças, e não *para* as crianças; a escuta das crianças é a base de qualquer proposição; que o brincar seja assumido como a atividade primordial a ser desenvolvida; e atividades que primem pela antecipação à escolarização são inadequadas.

Outro parâmetro defendido ao grupo foi o da formação precisar ser realizada em colaboração com a coordenação. Mas essa colaboração não abre mão de haver um norte, assim, apresentamos ao grupo o desejo de trabalhar com as proposições de Lóczy. Víamos como uma meta factível, afinal, as condições estruturais da nossa escola e o privilégio de termos poucos alunos por sala (mais por uma questão física – salas pequenas – do que por uma questão intencional da prefeitura paulistana de melhor qualificar a intervenção docente) eram condições propícias para se realizar uma educação infantil pública de qualidade.

Deixamos claro ao grupo que estávamos estudando muito das intervenções propostas nos documentos oficiais da SME-SP: *Orientação normativa nº 01/2013 – Avaliação na Educação Infantil: aprimorando olhares*, *Padrões básicos de qualidade na Educação Infantil paulistana*, *O uso da tecnologia e da linguagem midiática na Educação Infantil*, *Currículo integrador da infância paulistana*. Muitos deles contaram, em sua elaboração, com a participação da professora doutora Suely Amaral Mello, e o fato de termos a possibilidade de nos encontrar com ela em nossos horários de formação continuada era a chance de avançar nas proposições pedagógicas.

Em conjunto com as ideias de Lóczy desenvolvidas nos textos das pesquisadoras Ana Tardos e Agnés Szanto (2004), Emmi Pikler (1969), entre outros, fomos nos aprofundando nas proposições da Teoria Histórico-Cultural e do papel docente. Os textos utilizados nesse percurso foram escritos pela professora Suely Amaral Mello sozinha ou em colaboração: *Formação de professores: aplicações pedagógicas da teoria histórico-cultural* (Mello e Lugle, 2014); *A escola como lugar da cultura mais elaborada* (Mello e Farias, 2010); *A especificidade do aprender na pequena infância e o papel do/a professor/a* (Mello, 2009); e *Relações entre adultos e crianças na contemporaneidade: o que estamos fazendo com nossas crianças?* (Mello, 2010).

6.4 O espaço da formação continuada e seu desenvolvimento

Os CEIs na cidade de São Paulo contam com três horas semanais de formação coletiva, nas quais os professores de cada período e a coordenação pedagógica se reúnem. Em 2016, nossa Unidade realizou os encontros às segundas, terças e quartas-feiras, em dois horários: das 7 h às 8 h, para as professoras da manhã, e das 12 h às 13 h, para as professoras[1] da tarde.

---

[1] Nesse grupo, havia três professores, porém, a maioria era composta por mulheres, e, se as mulheres, mesmo em maioria, tiveram, por anos, de se sentirem contempladas ao lerem professores, esperamos que os professores se sintam contemplados ao lerem professoras.

É importante demarcar que não houve uma única estratégia empregada. Como já apresentamos, usávamos as devolutivas gerais ao grupo, entregues todas as semanas, e, concomitantemente, o grupo iniciou a escrita dos diários de bordo. Como não é o objetivo deste texto, não iremos nos aprofundar; para quem desejar conhecer melhor esse registro, recomendamos a leitura de *Diário de bordo: uma construção colaborativa rumo à Pedagogia Cultural* (Alcântara, 2015b).

Importa salientar: os diários de bordo nos permitem propor intervenções mais individualizadas às profissionais que coordenamos, apresentando-lhes textos, situações problemas, momentos de escuta e outras estratégias. O diário de bordo permite a quem escreve avançar significativamente em suas hipóteses de intervenção às crianças, conscientizando-se dos seus fazeres.

Assim, além das devolutivas gerais ao grupo, das escritas dos diários de bordo, das devolutivas individuais, também fomos discutindo e consolidando com o grupo a compreensão do que seja uma escola *com* as crianças, e não *para* as crianças, conceito muito caro à Pedagogia da Infância. Nesse caminhar, foram aparecendo as primeiras proposições de projetos a serem construídos com as crianças. Obviamente, não foi a simples escrita diária e a leitura de textos acadêmicos e legais que fizeram as profissionais reverem e modificarem suas práticas junto às crianças. Afinal, se assim o fosse, teríamos como apresentar um receituário.

Vale destacar uma preocupação que sempre nos acompanhou por todos os grupos: não desejávamos uma mudança do fazer docente apenas para contemplar uma solicitação da coordenação, pois, se o professor sair da escola, ou se a coordenação se remover, é provável que retomem seus antigos fazeres ou assumam outros, sem a compreensão do que esteve/está/estará em jogo.

Por tudo até agora apresentado e contextualizado, não parece muito diferente do que vemos defendido e desenvolvido em outras Unidades Educacionais. Onde se encontra o diferencial? Para nós, quando o formador se propõe a responder às seguintes questões:

- Qual limite de tempo podemos esperar para os professores se apropriarem das proposições apresentadas?
- Em outros termos: é justo deixar as crianças passarem por procedimentos contrários às proposições expressas em documentos oficiais?
- Há o direito de ignorar o que é estudado de forma remunerada[2] nos horários de formação coletiva?
- É possível compactuar com/permitir atos didáticos pedagógicos que ignoram as exemplificações individualizadas e contextualizadas que são realizadas nos diários de bordo?

Entramos no cerne deste capítulo. Ao respondermos às questões anteriores, assumimos e defendemos a necessidade de uma intervenção mais assertiva da coordenação pedagógica para determinadas práticas docentes acontecerem. Não vemos possibilidade de se avançar na construção de uma escola pública de qualidade sem a consolidação da figura de gestores que realizam as delimitações dos parâmetros mínimos preconizados em diversas legislações (federais e municipais) e nas pesquisas acerca do desenvolvimento infantil.

A tão desejada profissionalização das pessoas que lidam com a faixa etária de 0-3 anos passa, obrigatoriamente, por esta aquisição: precisamos compreender a intencionalidade dos nossos atos com as crianças e ter uma figura (ou várias, quando consideramos o trio gestor) assumindo o papel de ser o delimitador de parâmetros a não serem ultrapassados. E isso não implica ser antidemocrático ou autoritário, mas, sim, saber e assumir as implicações que os atos gestores (ou a ausência deles) adquirem na consolidação de uma escola pública de qualidade que crê na Pedagogia da Infância.

---

[2] Participar do Projeto Especial Ampliado (PEA) ajuda na promoção salarial docente, já que a pontuação recebida pela participação impacta na evolução funcional do professor. Ter presença igual ou superior a 85% dá direito a receber um certificado, denominado Modelo 3, equivalente a dois pontos para a evolução funcional. É, literalmente, receber de forma duplicada para se aperfeiçoar em horário de trabalho.

A Pedagogia da Infância não acredita em forma única de se ouvir/propor situações e vivências significativas às crianças, tampouco poderíamos esperar existir uma proposição uniforme capaz de atingir a problematização dos fazeres docentes. Como acreditamos que nada deva ser proposto à criança sem ela saber o que fará, também advogamos proceder dessa forma quando se pensa na formação continuada docente.

Cada vez mais, aproximamos a formação docente ao que se espera ver os professores desenvolverem com as crianças. Essa aproximação não deseja infantilizar ou diminuir a formação docente, muito pelo contrário, uma vez que não esperamos uma postura simplificadora com as crianças, mas, sim, reconhecemos as lacunas da nossa formação inicial, por não contemplar o princípio do protagonismo (tanto infantil quanto docente). Logo, precisamos vivenciar uma formação continuada que dê conta dos princípios da Pedagogia da Infância para poder mitigar/exemplificar as dificuldades docentes.

Reconhecemos de antemão ser muito complexo dizer a qualquer profissional, principalmente se for da Educação: *"Não pode fazer isso!"*. E tal frase não pode ser usada de forma indiscriminada, precisa vir com uma detalhada explicação do que a embasa. Proibir algo por proibir contraria frontalmente os princípios da Pedagogia da Infância. Cabe a quem exercer o papel de gestão nas Unidades ter a clareza da necessidade do uso da conduta de dar negativas às pessoas ou ao grupo de forma equilibrada, mas não se pode furtar de fazê-lo.

Não vamos nos alongar na questão da democracia de se proibir algumas condutas docentes; admitimos haver diversas visões para a questão. A nós, importa delimitar a perspectiva de não podermos compactuar com posturas contrárias às proposições da Pedagogia da Infância em nome de um respeito ao tempo docente para se adequar, pois quem zela pelos tempos das crianças?

Denunciamos que, muitas vezes, em nome de uma postura de convencimento do grupo docente, alguns gestores compactuam com procedimentos que negligenciam o mais adequado para a criança e assumem uma postura de tolerarem uma mediocridade profissional, justificando-se: *"o grupo não está pronto para rever suas posturas didático-pedagógicas"*.

Ao oferecer a negativa a um profissional ou grupo, é necessário pontuar que a vemos como capazes e potentes de realizar uma reflexão. A seguir, apresentaremos duas negativas fornecidas pela coordenação em 2016, uma geral e outra muito específica. Descreveremos o percurso do tratamento que tais negativas assumiram e como as profissionais foram trabalhando elas.

6.5 "Não pode fazer isso!" como estratégia formativa?

A primeira negativa, ainda no período de planejamento do ano letivo, ocorreu nos primeiros dias de fevereiro de 2016: "*Não pode haver a colagem de alfabetos e de números nas paredes das salas!*". Vale recordar, nosso CEI se destina a crianças de 0 a 4 anos e 11 meses.

Houve uma certa comoção no grupo: como? E como ficaria o letramento? Seria uma escola na qual reinaria a bagunça? Não haveria preocupação com a dimensão do educar? Só cuidaríamos e brincaríamos?

Algumas professoras narravam experiências desenvolvidas em outros CEIs, onde se validava a colagem, e o trabalho com as letras do alfabeto era muito bem aceito por pais e crianças. Para além do reconhecimento da comunidade, argumentavam que o alfabeto e o numerário colaboravam muito com o trabalho das Emeis. Refutamos tais argumentações, explicitando não compreender nossa função como a de antecipar práticas de escolarização, e nem de funcionar como uma pré-Emei.

Justificamos que apresentaríamos os embasamentos teóricos de nossa recomendação nos momentos formativos futuros, porém, como víamos ser mais complicado retirar o que fosse colado, considerávamos prudente evitar a colagem de tais materiais nas paredes.

Em verdade, o grupo pressionou muito. Reservamos o último dia da formação para prepararem as suas salas referência para receberem crianças. A SME-SP previu, em 2016, três dias de encontros para o planejamento do ano letivo. Argumentamos não ver a necessidade de se fazer uma decoração para as crianças, mas, sim, a de pensar em algo com elas.

Quase em um movimento do tipo "vamos ver se vão mesmo bancar isso", algumas salas foram decoradas pelas professoras. Na segunda devolutiva geral, explicitamos nossa descoberta ao grupo: "*[...] vi, também, coisas com as quais fiquei intrigado! Desde salas que foram decoradas para as crianças (e não pelas crianças, o que, para mim, não é um mero detalhe, mas podemos construir uma melhor percepção com o tempo)*" (trecho da segunda devolutiva ao grupo em 15/02/2016).

Além do desafio da ocupação das paredes, tínhamos outro mais complexo: todas as salas de convivência contavam com mesas e cadeiras no formato escolar individual. Não retiramos mesas nem cadeiras, por acreditar que, se o fizéssemos sem a compreensão do grupo, elas deixariam de existir fisicamente, mas se materializariam em delimitações espaciais e corporais às crianças.

Carteiras e cadeiras foram retiradas das salas de convívio, infelizmente, mais por uma questão espacial, afinal, como já relatamos, nossas salas são pequenas. Gostaríamos que a decisão de retirada estivesse embasada na compreensão da inadequação de tais mobiliários para uma escola que advogue e pratique a Pedagogia da Infância.

Neste ínterim, fomos lendo, nos momentos de formação continuada, diversos textos com aporte na Teoria Histórico-Cultural. Com base nesses textos, esperávamos que as professoras fossem percebendo que é mais importante mediar às crianças, por exemplo, o que fazemos com a escrita. Saber o que se faz com a escrita é mais significativo do que "ensinar" os nomes das letras. Algumas profissionais compreenderam mais rapidamente o que a proposição implicava, outras ainda estão construindo essa percepção.

Nesse ponto, reside outro grande desafio: qual o ritmo e o tempo para a construção desses pressupostos? Se não é factível desejar e cobrar que haja imediata compreensão do que se apresenta, temos que refletir que também não é viável que essa modificação possa demorar o tempo da aposentadoria docente.

6.6 Fazendo uma limonada com o limão

Houve, no início de 2016, a necessidade de contextualizar melhor a festa do aniversariante do mês, que acontece ao final de cada mês. Estávamos em uma região da cidade de São Paulo onde a empresa terceirizada responsável pela merenda escolar fornece mensalmente um bolo de aniversário para que a Unidade Escolar realize uma festa comemorativa a todas as crianças que aniversariam naquele mês.[3]

Em 2015, estávamos em uma região da cidade na qual isso não acontecia. Logo, quando o bolo de fevereiro chegou, foi uma surpresa para nós e para alguns membros do grupo; já outros demonstraram seus anos de prática, recorrendo à procura de um *kit* festa com o qual tinham certeza de a Unidade contar!

Passada a festa, o grupo que foi surpreendido argumentou que não havia sentido uma festa de aniversário cair na cabeça das crianças do nada. Acolhemos a argumentação e, depois de algumas considerações e de ouvir a contribuição de alguns membros, apresentamos a proposta de que os temas das próximas festas partissem de obras literárias que as crianças gostavam e escolhessem. A maioria do grupo acolheu a ideia e, o melhor, engajou-se na realização da proposta!

Iniciou-se um movimento de compreensão do uso da escrita da forma como circula na sociedade. Com o passar do tempo, foi surgindo a necessidade de se criar cartões de aniversários, listas de itens a serem usados na decoração (que ficou a cargo das crianças), acompanhamento via calendário de quantos dias faltavam para a comemoração e outras tantas demandas que foram significando as letras e os números de forma real às crianças.

As paredes foram recebendo textos reais, além de produções plásticas das crianças e de diversos artistas. Em suma, foi-se percebendo que a proibição inicial não significava, em hipótese nenhuma, que não se usaria a parede, mas, sim, que esse uso deveria estar contextualizado.

---

[3] No último capítulo deste livro, descrevemos de forma mais apurada esta experiência.

Em novembro, nós, da coordenação, chamamos as duas professoras que, em fevereiro, foram mais resistentes à recomendação de não se colocar o alfabeto e o numerário na parede. Contextualizamos a ambas que estávamos escrevendo um texto que defenderia a importância de se dizer "*não*" aos professores. Pedimos a autorização das duas para filmar a nossa conversa, pois teríamos que retomar o diálogo algumas vezes, e que só publicaríamos o que elas nos autorizassem.

Na sequência, descreveremos trechos das filmagens. Após a descrição, teceremos comentários para o conteúdo descrito e como nós, da coordenação pedagógica, percebemos os avanços das professoras. A primeira filmagem registrou o diálogo entre a coordenação e a professora Ana Maria e durou 27min27s.

Iniciamos retomando se a professora Ana Maria[4] se lembrava de que, no início do ano, houve algumas proibições. Ela disse que se lembrava de que houve e de que foi centrada na questão de se colocar o alfabeto e os números na parede. Validamos sua recordação e reafirmamos que, naquela época, ela e sua colega Eunice haviam se manifestado de forma mais contundente a respeito da recomendação de não se colar nada na parede. A professora comentou:

Ana: *Estava tudo pronto! Saber que vou trabalhar com o nome da criança, você já tem um contexto daquilo. E tomar um não!*

Coordenação: *E como foi para você ouvir esse não?*

Ana: *Esse "não" dá um bloqueio de trabalho... Na hora, bloqueou, pois eu pensei: "O que vou fazer agora? É isso o que sei fazer, e, agora, ele me dá um 'não!'. O que vou fazer? Como que eu vou trabalhar?".*

Coordenação: *Isso...*

Ana: *Depois de um tempo? Como vi esse "não"? No início, me tirou um pouco o chão; hoje, eu acho que foi bom, me desprendi daquilo, procurei outro caminho...*

---

[4] No capítulo anterior, fazemos menção a essa professora e sua avaliação do meio do ano.

Coordenação: *Hoje você tem clareza do porquê era "não"?*

Ana: *Sim, porque é outra maneira de trabalhar... de ver a criança... não é aquilo de "soldadinho"* (enfaticamente bate a mão na mesa perfilando uma fila imaginária). *Acho que é por isso.*

Coordenação: *Ok, fico feliz de você perceber, afinal, você tem a consciência de que levou um "não", diz que foi bom, porém, se não souber pontuar ficaria meio estranho, não é?*

Ana: *Agir diferente com a criança, um trabalho diferente com a criança, a criança mudou, o mundo mudou. Seria isso?*

O coordenador recontextualizou o percurso para perguntar:

Coordenação: *Enquanto vocês estavam se preocupando com os nomes das letras e dos números, existia uma coisa mais importante...*

Ana: *Vivências?*

Coordenação: *O que se faz com as letras e o que se faz com os números...*

Ana: *Você falou isto... A criança tem que entender que o número serve para um monte de coisa, e, depois, aprender o número...*

Coordenação: *E aí, você entende isso hoje?*

Ana: (Balança a cabeça afirmativamente) *Sim, hoje, isso está claro! Primeiro, eu tenho que trabalhar o telefone, onde mora, o número da casa, e, aí, vamos ver a sequência de número, por que existe...*

Novas considerações da coordenação com a professora.

Ana: *Eu vim para fazer um trabalho que eu fazia com os pés nas costas. Eu sei como eu trabalhava o mini dois (crianças de 2 anos e meio a 3 anos e meio), de repente, para tudo, não é isso. Aí, você desorganiza tudo... Você toma um susto, né? Você tem as crianças ao vivo... que não param. Se você não tem as cartas nas* mangas... Nossa, hoje, eu vejo mais tranquilo, muito mais tranquilo... Eles vão falando o que tem que fazer...

Coordenação: *Quando você compara, e não é uma questão só de melhor ou pior, mas entre os dois, o que você fazia e o que você faz agora?*

Ana: *Ainda estou bagunçada...*

Coordenação: *Sim, sim...Vou reformular a pergunta, das duas formas, qual você se sente mais profissional? Em qual você pensa mais? Em qual você mais reflete?*

Ana: *A que eu mais reflito é nesta maneira agora; a outra já era pronta, eu estava segura porque eu vinha pronta...*

Coordenação: *Sim...*

Ana: *Hoje, eu não sei o que vai acontecer, eu estou aqui, mas não sei o que vai rolar no nosso dia hoje. Hoje, eu vim pronta para fazer os cartazes do nosso supermercado, mas vai que acontece uma outra coisa, que o João chega com um vagalume, como ele chegou noutro dia, em que eu pedi para pesquisar pirilampos, ele chegou com uma figura de vagalume, e bagunçou toda a nossa programação!*

Muitas considerações de ambos, e a professora continuou:

Ana: *Não, eu não estou nem um pouco arrependida, de falar: "Ah, eu queria voltar a pôr o meu alfabeto". Sabe, eu não queria voltar ao que eu fazia, não queria mesmo! Acho que isso foi, já ficou... Mas eu queria acertar assim no novo, mas ainda não consigo.*

Coordenação: *Ou será, e aqui ficará para reflexão, porque, de verdade, eu não tenho a resposta, mas acho que você pode começar a pensar nisso, ou será que a dificuldade é aprender a lidar de não conseguir ter a segurança do 100% que a outra forma lhe dava? Porque a outra permitia você ter a certeza da semana toda, do mês...*

Ana: *Do ano! Do ano todo!*

Mais considerações de ambos.

Ana: *A criança, da outra forma, não abria boca! Eu chegava, e é isso, e pronto!*

E chegamos ao ponto máximo, a nosso ver, do diálogo:

Coordenação: *Aproveitando isso, que você diz que a criança ficava quieta, lembra que uma das alegações que vocês mais me faziam era de que as crianças gostavam?*

Ana: *A gente falava, gostavam, gostavam! Eu podia mudar a forma do desenho, da pintura, usar outras técnicas, mudar a forma das atividades, mas era aquele esqueleto, e ponto! E a criança se adaptava, naquele conceito de entrar na sala, sentar na mesinha e fazer a atividade...*

Coordenação: *Então, olha que legal, você, em vez de usar "elas gostavam", você agora, você usa "elas se adaptavam"...*

Ana: *Éééééééé...* (e olha fixamente para o horizonte, em um claro sinal de reflexão)

Coordenação: *Será que elas gostavam, ou aprendiam a dançar conforme a música?*

Ana: *É, pode ser...*

Coordenação: *Você, olhando suas crianças hoje e lembrando-se de suas crianças antes, qual delas são mais felizes?*

Ana: (Um breve silêncio) *Estas são mais soltas, criativas, pensam mais, as de agora... pois, antes, elas tinham* (gesticula com as mãos um sinal de cabresto), *era aquilo, não sei dizer...*

Acreditamos que a transcrição do diálogo fale por si, porém, vale reafirmar o quanto compreendemos a professora Ana Maria como uma profissional emblemática do percurso formativo que desenvolvemos no

CEI. Por ser uma profissional com mais de três décadas de prática na Educação, desses, mais de 10 anos com crianças da faixa etária do CEI, sempre foi reconhecida por seu envolvimento profissional nos locais em que trabalhou. Quando nós resolvemos questioná-la, causamos nela um grande mal-estar, que não a imobilizou, ao contrário, motivou-a a saber mais e compreender melhor o porquê das "proibições". Recomendamos a leitura do capítulo "A assertividade como estratégia de postura para a formação continuada". Nele, a professora Ana Maria desnuda com clareza e franqueza como foi o processo de entrar em contato com as proposições da Pedagogia da Infância.

O desafio que ela nos apresenta, e que vemos como digno de nota para quem deseja auxiliar grupos de professores que trabalham com a perspectiva da Pedagogia da Infância, é a questão: como lidar com o fato de não ter um roteiro predeterminado? Como o imprevisto pode compor a estratégia de mediação de situações significativas? E, acima de tudo, que ouvir as crianças (que nem sempre será pela fala) é a base da proposição do que se fará de mais significativo.

As professoras lidarem com a sensação de não controlarem o processo de o que e como será proposto no cotidiano é um grande desafio. Muitos profissionais se sentem diminuídos ou despidos de sua profissionalização ao agirem desta forma: como eu não vou decidir o que será aplicado às crianças? Ou pior: como vou delegar a uma criança de 3 anos o que será aprofundado ou não? Preciso "prepará-las" para o futuro. Deixar de pensar na criança que um dia virá a ser e dar conta da criança que já o é, concreta e que diariamente está sob nossa responsabilidade, é um grande desafio.

A filmagem com a professora Eunice durou 17min41s.

Iniciamos a conversa contextualizando a professora sobre a questão do início do ano, de terem sido "proibidas" de colocarem os alfabetos e números nas suas salas. A professora já vai ao ponto:

Eunice: *...é que quando você está naquela prática, fazendo algo há anos e anos, e chega alguém e fala "não", você leva um choque! A primeira reação é você se defender, dizer "olha, eu coloco", se explicar...*

Coordenação: *Sim...*

A coordenação fez ponderações acerca da escrita do artigo.

Coordenação: *E minha pergunta é: hoje, você entende o porquê da proibição?*

Eunice: *Eu entendo, entendo, assim... Eu vejo que eu colocava, mas para as crianças não fazia muito sentido. A gente queria que a criança soubesse escrever o nome dela, parecia que aquilo, para a gente, era algo assim! Era ganhar o ano, vamos dizer assim! Não só escrever, mas a criança escrever o nome dela com 4 anos! Aquilo era muito interessante. Agora, eu vejo que há coisas mais interessantes, pois vejo se elas souberem o porquê estão fazendo as coisas, o nome dela vem como consequência do que elas estão fazendo! Eu comecei a entender, mas sabe o que é isso, Cristiano? É nós conversarmos mais...*

A professora fez considerações acerca de outros aspectos da escola, a coordenação acolheu, porém, sugeriu que terminassem o que estavam falando e retomou:

Coordenação: *Você disse que agora conseguiu compreender...*

Eunice: *É, mas ainda eu vejo muito, quando eu estava fazendo os relatórios, que o negócio ainda está muito quebrado! "Ah, ele começou a fazer isso, ele falou daquilo", e vejo tudo isso, mas fico me perguntando: "o que eu posso fazer o ano que vem para tentar dar uma sequência?".*

A professora fez diversas considerações sobre o seu fazer e como as proposições do ano seguinte deveriam seguir uma delimitação mais clara. Assumiu que o momento de escrita dos relatórios individuais das crianças se configurou para ela como uma forma de avaliar o processo que aconteceu ao longo do ano.

Coordenação: *Você está caindo na mesma coisa, muito parecida com a Ana, que é uma coisa que quase todo mundo que começa a trabalhar com essa metodologia vai cair... Você acha que é mais para sua segurança, de parecer, assim, eu sei claramente para onde a coisa caminha, como que ela foi... É mais para que você se sinta segura do caminho que percorreu e de como ele ficou ou de você achar que a coisa ficou truncada para a criança?*

Eunice: *Eu acho que é porque acredito que deveria ter um prosseguimento para a criança. Eu sinto que dei um corte, por exemplo: vi o cacto, pá! "Abaporu", pá! Parece que acabou, mas acabou? O que mais eu poderia explorar, por exemplo, nas bandeirinhas do Volpi? Eu vi na internet que alguém fez uma casa, com janela. Não sei se seria interessante com as crianças, mais sinto que poderia haver um projeto maior. Eu fiz isso, mas... O que mais eu poderia ter feito?*

Coordenação: *O que você leva em conta como motivo da ruptura? Por que teve a ruptura?*

Eunice: *Acho que eu não parei para pensar, eu fui fazendo...*

Coordenação: *Você acha que foi mais uma dificuldade de ouvir, de dar tempo e esperar o que poderia vir da criança, da coisa "madurar"?*

Eunice: *Ah, não sei. Eu acho que as crianças, talvez. Se eu fosse buscar mais, se eu trouxesse mais coisas, é, eu acho que dei uma cortada!*

Novas considerações e a professora voltou à questão dos relatórios e das rupturas:

Coordenação: *Imagino que antes os relatórios não tinham tantas rupturas?*

Eunice: (Silêncio) *Não sei se teria, pois a gente pegava o planejamento, falávamos com os pais: "Vejam!". Mostrávamos os referenciais, olha, não estou dizendo que era bom o que eu fazia...*

Coordenação: *Sim, sim, o que eu quero é que você avalie as duas coisas e me diga. É por isso que estou perguntando...*

Eunice: *Eu pensava em que se esperava das crianças na faixa etária. E eu simplesmente fazia... Eu não tinha o trabalho de ficar pesquisando! Sabe, não era proibido levar uma artista, tinha uma professora lá na outra escola que fazia... Mas, no geral, era isso. Os pais viam o que a gente fazia, e estava dentro do que se espera da Educação Infantil.*

Coordenação: *Entendi.*

Eunice: *Agora, eu estou vendo as coisas de outra forma. Eu percebo, mas é difícil mudar...*

Coordenação: *Claro!*

Eunice: *Não é que eu não queira, mas fico pensando que eu deveria pedir desculpas para as crianças. E eu fico pensando: "O que vou fazer no ano que vem? Não posso ficar patinando no diário de bordo no ano que vem".*

A coordenação fez muitas considerações com a Eunice e focalizou na diferença de sua postura profissional ao cumprir um planejamento predeterminado ou dentro das proposições da Pedagogia da Infância.

Coordenação: *Qual postura profissional te dá mais prazer?*

Eunice: *Ah, dá prazer quando você vê que uma criança aprende, que ela entendeu, ficou o que você conversou, que a criança entendeu o que estávamos falando. A criança não ficou só respondendo em coro!*

Depois de várias considerações de ambas as partes, a professora centrou a conversa no diário de bordo e abordou um tema que sempre a aflige: o que registrar no diário? O que o coordenador gostaria de ler? E recebeu a seguinte recomendação:

Coordenação: *Se preocupar menos com o que eu gostaria de ler, de ver escrito, e começar a deixar as coisas aparecerem...*

Eunice: *E, a partir dessa, começam a vir outras...*

Coordenação: *Exatamente!*

Eunice: *Às vezes, eu fico pensando: "Nossa, eles só têm três anos", mas, ao mesmo tempo, penso: "Dos três aos quatro anos, é muito importante! Não posso sonegar isso para eles!".*

Novas considerações e voltamos ao seu fazer:

Eunice: *Eu acordo e me pergunto: "O que vou fazer hoje?".*

Coordenação: *E, hoje, isso é menos sofrido para você?*

Eunice: *Agora, sim. Agora, estou mais tranquila! Hoje, me sinto mais à vontade para falar algumas coisas, de falar, de fazer...*

Terminamos a conversa abordando a festa de aniversariantes do mês, e a professora citou:

Eunice: *As crianças entendem o que estão fazendo, coisas que nunca fizeram comigo, neste ano, estão fazendo... escrever o convite, foram nas salas, conversaram...*

Impossível não iniciarmos as nossas considerações sobre as falas da professora Eunice sem fazer menção ao nível de interlocução que conseguimos alcançar. Chegamos ao diálogo intersubjetivo que Habermas preconiza em sua obra *Ética da discussão e a questão da verdade* (2007), e seria importante e honesto com os nossos leitores demarcar que, por vezes, nossa relação profissional foi tensa.

No início do ano, em uma conversa mais acalorada, a professora chegou a alegar que não desejava ser uma pesquisadora, então, não via sentido em escrever tanto, e, muito menos, em ficar pesquisando e lendo tanto. No meio do ano, no momento em que oferecemos ao grupo a devolutiva individual para cada professor acerca de seus comprometimentos e de sua participação, ela se desculpou por sua fala.

Eunice está na parcela do grupo de professores que, a nosso ver, alcançou um grande avanço em seu fazer com as crianças. E seu avanço não aconteceu por simplesmente concordar com o que a coordenação sugeria, pelo contrário, inicialmente, foi uma das profissionais com mais resistência. Porém, conforme foi se aventurando a ser menos prescritiva com as crianças e desenvolvendo seu trabalho conforme algumas das proposições da Pedagogia da Infância, viu resultados interessantes no que as crianças realizavam.

Apresentar essas "fragilidades formativas" é, antes de qualquer coisa, a assunção de uma responsabilidade profissional e ética que é muito difícil de se alcançar, o que torna o desnudar de Eunice mais especial ainda. Da professora que nos disse que não desejava ser pesquisadora, pouco restou. Em um encontro formativo, Eunice partilhou com o grupo que, ao pesquisar na internet coisas que poderiam auxiliá-la em sala, era "obrigada" a ler artigos, dissertações e teses, que os *sites* voltados à Educação Infantil, como "*as tias sei lá o quê*", não chegavam perto do que estávamos propondo em nossa escola!

Para nossa surpresa e coroando um ano que não foi fácil, mas se apresentou como exitoso, Eunice sugeriu que pensássemos em realizar um documentário, pois o que acontecia em nossa escola merecia ser divulgado a mais pessoas, que os caminhos que percorremos e as dificuldades que superamos precisavam ser partilhadas para auxiliar mais pessoas.

Sinalizamos ao grupo de professoras, bem como ao grupo de estudo e pesquisa que coordenamos, que, a cada dia mais, acreditamos que a formação dos professores se aproxima da maneira como acreditamos que o processo com as crianças deveria se constituir. Nesse desejo de Eunice, vemos uma imensa aproximação, já que a criança, uma vez apropriada do que aprendeu, tem a necessidade de partilhar sua descoberta. O desejo genuíno de Eunice, uma vez que compreendeu muitos pontos da Pedagogia da Infância, é partilhar suas descobertas!

Desejávamos partilhar um exemplo de intervenção que não foi exitoso, buscando evitar a impressão de que estamos simplificando movimentos que são complexos e, o mais importante, para reconhecer que há percalços no caminho. Mas uma questão ética se interpôs: não teríamos como efetuar a descrição do malogro sem identificar a(o) profissional: mesmo se não fizéssemos uso do seu nome para os nossos leitores, os profissionais da nossa Unidade saberiam de quem estaríamos falando.

O que podemos descrever é que há profissionais que continuaram não acreditando nas proposições que efetivamos, continuaram se apegando a um saber fazer do senso comum. Quando foram questionados com mais ênfase, recorreram às suas práticas de anos anteriores, a suas experiências maternais, filiais ou, até mesmo, uma mistura de tudo isso. Infelizmente, não conseguimos alcançar essa parcela de profissionais, que continuam acreditando que a teoria é algo descolado da prática.

6.7 Como seguir?

Procuramos, dentro do que o espaço de um capítulo permite, partilhar a importância de quem assume o papel de conduzir o processo formativo dos professores assumir a necessidade de se dizer "*não*" a um grupo ou a alguns membros desse grupo. Em nosso caso, essa negativa se aparou quando houve desrespeito às proposições da Pedagogia da Infância.

Tentamos, por meio de um diálogo que foi gravado, resgatar com duas professoras as suas recordações em relação às negativas que receberam no início do ano letivo de 2016 e como as percebiam ao término do ano. Acreditando que a metodologia colaborativa não se preocupa em criar materiais apenas para estarem em bibliotecas, o presente texto foi apresentado e partilhado com o grupo do CEI 13 de Maio.

Não acreditamos e procuramos, no texto, exemplificar que não será um simples "*isto aqui não pode!*" que dará conta de problematizar e ajudar na reflexão docente. Será vital haver uma preocupação constante de fornecer devolutivas gerais e individuais aos profissionais,[5] um acompanhamento sistemático e de auxílio ao seu fazer cotidiano, uma oportunidade de partilharem suas descobertas e dificuldades, e a constituição de uma salutar preocupação com os registros diários, para que sejam fonte de reflexão e mudanças das suas práticas.

O que esperamos ter ficado claro é que o responsável pela formação continuada, por vezes, terá a incumbência de tomar as rédeas do processo formativo, e que proferir uma negativa para determinados comportamentos, em hipótese nenhuma, significa ser autoritário ou arbitrário, mas, sim, cioso do seu papel de parceiro que tem como atribuição auxiliar, como par mais avançado, no processo reflexivo docente.

---

[5] Ver mais nos Capítulos 4 e 5.

• • • 7 • • •

A estratégia formativa de oferecer devolutivas escritas semanais ao grupo de professores: alinhando concepções, partilhando orientações

Tentei mexer o mínimo possível nos textos que compõem este livro. Este capítulo, em específico, trouxe a mim muitas dúvidas, iniciando pela sua extensão: é o maior de todos, recomendo que não seja lido em um fôlego só. Afinal, são muitas minúcias, considerações e ponderações que se apresentam. Estou vencendo a relutância em apresentar um livro a respeito dos diários de bordo, no entanto, não faria sentido lançar um material que falasse deles, com exemplificação das escritas, sem mostrar as devolutivas gerais. Todavia, nesta publicação, não haveria espaço para dar conta desse tratamento que realizei.

Fiquei muito tentado a mudar coisas no texto deste capítulo, mas desejava mostrar o percurso. São textos de 2016; passei pela experiência de sair da Unidade Educacional (aqui, como em outros textos deste livro, ainda nomeada "Unidade Escolar") em 2017 e de coordenar, em 2018, a escrita do documento curricular da educação infantil do município de São Paulo. Claro que poderia "atualizar" muitas coisas, mas como ficaria a descrição do processo?

Deixarei que leiam o texto e tirem suas conclusões. Se chegaram até este ponto do livro, já devem ter se apropriado da minha defesa da assertividade; será possível vê-la materializada em toda a sua potencialidade neste capítulo. Boa leitura! Que ocorram reflexões, problematizações e indagações.

***

Conforme mencionei há pouco, foi-me desafiador ler este texto e não mexer nele, ao mesmo tempo que me trouxe muito orgulho perceber que tudo o que desenvolvi nesses últimos anos já estava apresentado e defendido. Ao ter a oportunidade de estar onde estou, não reneguei o que acreditava, pelo contrário, fiz de tudo para materializar minha prática e das professoras em documentos oficiais, subvertendo, assim, a lógica, que normalmente tenta fazer a prática se dobrar ao discurso dos documentos.

Um dos maiores desafios, senão o maior, que encontramos no exercício da coordenação pedagógica é o de que, ao partilharmos com o grupo que coordenamos os princípios, os conceitos e, até mesmo, as instruções básicas, ocorrem divergências. As escolas são formadas por pessoas que têm diversas concepções e diferentes níveis de compreensão, o que potencializa ruídos com/para as informações que circulam.

Compreendemos o ruído tanto como uma modificação do que foi dito inicialmente, muito próximo à tradicional brincadeira do "telefone sem fio", na qual a mensagem, ao passar de pessoa a pessoa, modifica-se, quanto como uma possibilidade de cada pessoa presente no momento da comunicação entender o que é comunicado com base em suas crenças e em seus valores.

A primeira situação é mais fácil de se resolver, afinal, é só retomar a frase ou proposição inicial. A segunda envolve um movimento mais complexo, pois a compreensão não foi prejudicada por questões de não se ouvir a proposição, mas, sim, por vários motivos que vão desde não concordar com ela ao fato de não compreender o que é apresentado, passando, inclusive, pela discordância teórica.

Quando advogamos por uma escola colaborativa e reflexiva, trazer à tona a problemática do ruído da informação é essencial, afinal, compreender o que é proposto é fundamental. Não defendemos que todos devam concordar de maneira automática e seguir acriticamente o que é ponderado pela coordenação, porém, é crucial compreender as proposições, para divergir com propriedade.

Estamos estudando os diários de bordo há mais de sete anos, e há uma peculiaridade muito específica que precisa ser tratada: somente a coordenação pedagógica tem acesso a todos os diários. Como criar uma comunidade de aprendizagem dos escritos que são individuais? E mais: como propor que os professores efetivem práticas e se vejam desafiados a avançarem colaborativamente se não houver a circulação das informações?

Este texto nasce da necessidade que tínhamos de sistematizar aos participantes do Grupo Colaborativo de Estudo e Pesquisa da Formação Continuada Docente (GCOL) uma das estratégias que empregávamos nas Unidades coordenadas. É inegável o peso de rever estes escritos após quatro anos. Ao longo do capítulo, haverá menção de retorno a eles após oito meses, afinal, o GCOL se constituiu em setembro de 2016. Ao voltar a estes escritos quatro anos após a sua escrita, e mudando seu foco de interlocução, pois, agora, não estamos apresentando a pessoas que nos são próximas, não teremos a possibilidade de tirar dúvidas no momento em que elas acontecerem. Novamente, fazemos votos para que a leitura da obra como um todo sustente as intervenções e as contextualizem.

Assim, procurando apresentar uma estratégia que desenvolvemos. Separamos as dez primeiras devolutivas ofertadas aos professores do Centro de Educação Infantil (CEI) 13 de Maio no ano de 2016, com a intenção de exemplificarmos como elas podem contemplar o exposto. Procuraremos, ao término de cada devolutiva, contextualizar o porquê das escritas.

Será possível perceber que algumas devolutivas contêm um nível elevado de assertividade, acerca da qual já deve ter ficado claro ao leitor do que estamos falando. Os capítulos anteriores explicam e contextualizam a importância dessa característica aos profissionais responsáveis pela formação continuada de grupos de professores. Voltamos a explicitar que não advogamos por uma escola conflituosa nem uma pequena tirania, porém, defendemos que uma escola pública de qualidade não pode ficar refém de se encontrar, ou não, profissionais desejosos de aprender e refletir a respeito dos seus fazeres.

Muitos pesquisadores e documentos legais esclarecem a importância do comportamento reflexivo por parte do docente. Não há possibilidade de efetuar uma prática docente consistente e intencional que abra mão do ato reflexivo. Vemos como papel do formador apresentar esse princípio aos professores e, muitas vezes, ser incisivo na construção dessa compreensão.

Acreditamos e apresentamos aos grupos que coordenamos o conceito da "curvatura da vara", desenvolvido por Saviani (2013, p. 227):

> É este sentido de negação frontal das teses correntes que se traduz metaforicamente na expressão "teoria da curvatura da vara". Com efeito, assim como para se endireitar uma vara que se encontra torta não basta colocá-la na posição correta mas, é necessário curvá-la do lado oposto, assim também, no embate ideológico não basta enunciar a concepção correta para que os desvios sejam corrigidos; é necessário abalar as certezas, desautorizar o senso comum.

Muitas de nossas devolutivas seguiram a recomendação de que "é necessário abalar as certezas, desautorizar o senso comum" (Saviani, 2013, p. 227), sendo claro que esse movimento não é tranquilo para nenhuma das partes. Os professores "sofrem" por serem constantemente colocados à prova, e a coordenação, por ser constantemente testada; haverá uma devolutiva que trata disso em particular.

Contudo, se não houver o desejo de se confrontar o senso comum que, muitas vezes, rege o fazer docente, acabamos compactuando com a mediocridade, pacto que não acrescenta nada aos profissionais que estão na Unidade Escolar e que prejudica enormemente as crianças.

Cansamos de ouvir a recomendação de alguns diretores e supervisores de que deveríamos esperar menos dos grupos que coordenamos, que a maioria dos profissionais na escola não está a fim de rever seus fazeres, e outras tantas recomendações que têm como pano de fundo a conformidade para com o que se encontra na escola, como se o quadro (reconhecidamente caótico) fosse imutável e tentar modificá-lo fosse um trabalho de Sísifo.[1]

Antes de iniciarmos a apresentação das devolutivas, vale mais uma explicação: os grupos que coordenamos são convidados a escrever diários de bordo, acerca dos quais, para mais informações, sugerimos a leitura de *Diário de bordo: uma construção colaborativa rumo à Pedagogia Cultural* (Alcântara, 2015b).

Nos diários de bordo, os professores registram diariamente o que realizam com as crianças, e nós, da coordenação, recolhemos o diário toda semana, efetuamos a leitura dos relatos e oferecemos uma devolutiva que é individual para cada profissional. A interlocução que se dá entre a coordenação e o professor, por vezes, pode oferecer conteúdo para a devolutiva geral, e algo que foi abordado na devolutiva geral, servir de parâmetro para a devolutiva individual.

Esclarecemos essa interlocução, para que fique claro que não temos uma única estratégia formativa no uso da escrita. Se desejamos colaborar com a formação de profissionais reflexivos, precisamos

---

[1] N. do E.: trabalho interminável e inútil.

oferecer e promover o uso de registros sistematizados. Escolhemos os diários de bordo por acreditarmos que sua escrita possibilita a sistematização e a problematização de diversos aspectos que outros instrumentos, por si, não dão conta, entretanto, não excluímos outras possibilidades, como a fotografia e, recentemente, a filmagem.

A leitura semanal de todos os diários de bordo permite à coordenação pedagógica ter um panorama aprofundado de tudo o que se passa na Unidade Escolar, propor situações de parceria e, acima de tudo, oferecer apoio especializado aos professores.

Muitas vezes, os momentos de Projeto Especial Ampliado (PEA)[2] foram modificados ou iniciados pelas discussões que as devolutivas gerais suscitaram. As devolutivas nunca estiveram a serviço do PEA e nem de uma estratégia pontual de formação coletiva, mas, sim, era uma maneira de alinhavarmos procedimentos e de consolidarmos princípios. Será inevitável acionar todos os instrumentos e momentos formativos, pois há uma clara interlocução entre si.

Não temos a pretensão de fornecer um receituário, afinal, deixamos claro que cada devolutiva é resultado de um processo de interlocução com diversos diários, momentos e leituras. Nosso objetivo, neste capítulo, é o de partilhar uma estratégia que se apresenta como exitosa em nossa prática de coordenação e poder detalhar os procedimentos que adotamos, ora para embasar práticas que desejem se alinhar ao que defendemos, ora para provocar outras situações formativas coletivas. É isso o que justifica a extensão deste capítulo.

Empreendemos, até o momento, alguns atos de metacognição do nosso fazer como coordenador pedagógico (CP), contudo, nada consegue mostrar a extensão e a magnitude do que é voltar a estas dez devolutivas e ver como estão articuladas entre si. Este trabalho não se adéqua ao tamanho de um artigo científico, e reduzir a apresentação a trechos das

---

[2] São nossos encontros de formação presencial na Unidade Escolar, nos quais todos os professores se reúnem, estudam textos e debatem situações com a coordenação pedagógica. No caso do CEI, são três horas semanais, divididas em uma hora por dia de encontro.

devolutivas seria artificiar o que é complexo. O presente texto esperou quatro anos até ter a possibilidade de uma obra como esta.

Até agora, fizemos uso da primeira pessoa do plural por acreditarmos que, ao analisarmos as situações e apresentarmos o nosso percurso formativo, usar a terceira pessoa do singular seria demarcar um isolamento acima do necessário, e a primeira pessoa do singular, uma grande presunção, afinal, nossa formação aconteceu por estarmos com diversos atores.

No entanto, como chegou o momento de explicitar as motivações das escritas das devolutivas gerais, reconheço que seria incorreto imputar às leituras e às pessoas que foram tão generosas comigo no meu processo formativo os equívocos que podem se seguir. Assim, não posso prosseguir usando o plural e espero, com o uso do singular, demarcar claramente que assumo as lacunas que se apresentam nestas análises.

Primeira devolutiva geral ao grupo de professores do CEI 13 de Maio

Escrevi esta devolutiva diversas vezes. Alternei entre apontamentos incisivos (prefiro, na verdade, a expressão "apontamentos assertivos") a uma simples mensagem de boas-vindas... Depois de muitas idas e vindas, creio que o verdadeiro tom será dado quanto mais explícito eu for dos meus pressupostos pedagógicos.

Inicialmente, devem ter estranhado o tanto que já registraram (acredito muito no poder transformador do registro), e esse será um dos eixos orientadores de minhas intervenções ao grupo. Esclareço de antemão que esse comportamento não está alicerçado em "achismos" ou decisões que "brotam" do nada: é resultado de leituras e pesquisas de anos (precisamente, de 6 anos), que não são verdades absolutas, que podem ser revistas, porém, dentro de um quadro de argumentação profissional.

Creio ser oportuno compartilhar um pouco com vocês do meu percurso profissional, para compreenderem o que me faz estar aqui hoje, como espero ouvir o percurso de vocês. Leciono desde 1998. Iniciei com uma sala de Educação de Jovens e Adultos (EJA) multisseriada na zona rural de Suzano (cidade da grande São Paulo). Em 1999, assumi um cargo de professor Fundamental I na Prefeitura Municipal de São Bernardo do Campo (PMSBC). Entrei na Prefeitura Municipal de São Paulo (PMSP) em 2000, como professor do Ensino Fundamental I.

Permaneço com esse acúmulo de cargo há 6 anos. Na PMSP, exerço a função de Professor Orientador da Sala de Leitura, o que me motivou a sair da PMSBC e realizar um mestrado na Escola de Comunicações e Artes da Universidade de São Paulo (ECA-USP) acerca do papel do mediador de leitura (para além do texto escrito, colocando os alunos num circuito cultural).

Nesse período, acumulei o cargo da PMSP com um de professor no Estado de São Paulo, saí do Governo do Estado de São Paulo e voltei à PMSBC, para exercer o cargo de Coordenador Pedagógico (CP) de uma escola de Iniciação Profissionalizante na área da Imagem Pessoal (escola de cabeleireiro, manicure e depiladora). Nesse espaço, aprendi que um coordenador pode fazer a diferença, independentemente de dominar o que os professores realizam, desde que saiba como fazer as intervenções...

O desafio de coordenar um grupo tão diferente de tudo o que já vivido me levou a desejar entender minhas intervenções diante do grupo, o que me mobilizou a ir ao doutorado, realizado no programa de Língua Portuguesa da Pontifícia Universidade Católica de São Paulo (PUC-SP). Nessa pesquisa, advogo pelo papel do diário de bordo e da coordenação pedagógica no auxílio do fazer docente.

No meu último ano na PMSBC (sabia que seria chamado na PMSP para o cargo de CP), trabalhei numa escola de Educação Infantil que atende a crianças de 2 a 5 anos, apaixonando-me pelas questões da Infância (sem nunca ter lecionado e tendo o desafio de auxiliar professoras com mais de 20 anos de experiência).

Ao assumir meu cargo de coordenação na PMSP, fiquei lotado na Diretoria Regional de Educação – Ipiranga (DRE-Ipiranga), e, entre minhas atribuições, está a de auxiliar na formação das questões da Educação Infantil. Entre 2014 e 2015, coordenei a Escola Municipal de Educação Infantil (Emei) Cidade Ademar III, em que havia mais de 500 alunos e 40 professores. O que me faz sair dessa Unidade Escolar?

Não pesou o tamanho da Unidade, nem a quantidade de professores (ao contrário, sempre relutei em ter poucos professores para coordenar, tenho medo de errar na dose; juro que estou procurando evitar esse equívoco; caso pareça que estou exagerando, podem ser claros nesse item): minha maior frustação era não ter o grupo todo num horário formativo (como eu tinha na PMSBC, por meio do Horário de Trabalho Pedagógico Coletivo – HTPC).

A estratégia formativa de oferecer devolutivas escritas semanais ao grupo de professores: alinhando concepções, partilhando orientações

Espero, sinceramente, que consigamos compreender o ponto de vista um do outro, evitar o que nomeio de "telefone sem fio" (dizer que eu falei, dizerem que falaram de mim). Ter um foco unificado e defendido por todos!

Nesse percurso desenvolvi algumas estratégias, que faço votos de que nós adotemos nesta Unidade, como: redigir o diário de bordo, participar dos colóquios de práticas, escrever textos para publicação e participação em congressos científicos, entre outras tantas (que serão cuidadosamente trabalhadas e argumentadas com vocês ao longo destes três dias).

Minha experiência de três anos na Emei sempre me deixou uma lacuna: será que, se a criança tivesse vivenciado isto antes, ela seria mais feliz? No Fundamental II, eu ouvia: "É culpa do Fundamental I!"; no Fundamental I: "É culpa da Emei"; na Emei: "É culpa do CEI!"... Como aqui só poderíamos culpar o útero materno, acho que podemos avançar...

Desde que comecei a cogitar a hipótese de me remover para um CEI, comecei a estudar um pouco acerca da Educação Infantil de 0-3 anos e fiz questão de lecionar para o curso preparatório de professores em que ministro muitas disciplinas no curso de Professor de Desenvolvimento Infantil.

Entre tudo o que li (em inglês, francês, espanhol e italiano), é unânime o reconhecimento da abordagem de Lóczy, que verdadeiramente acalento desenvolvermos aqui! O motivo de pedir o auxílio da professora Suely Amaral é esse. Sei que não será uma empreitada que só dependerá do meu desejo (ou do trio gestor). A realização deste desafio perpassa cada profissional aqui presente!

Um dos teóricos que mais admiro e uso nos meus estudos é Jerome Bruner, e me causa alento saber que deixou seus estudos a respeito de como os universitários aprendem e, no momento, estuda a Educação Infantil de Reggio Emilia. Acredito que podemos fornecer uma escola pública de excelência, como a italiana! Para tanto, precisamos de envolvimento, de condições materiais e humanas. Vejo a possibilidade desses três itens estarem aqui contemplados.

Perceberão que algumas decisões já foram tomadas, que outras serão partilhadas e decididas coletivamente. Espero que sempre tenhamos consciência de que o melhor e mais adequado às crianças sempre deva estar em primeiro lugar.

Cristiano
03/02/2016

Foi muito interessante ter voltado à devolutiva após a sua escrita, pois viso contribuir para as discussões do GCOL (vejo que minhas pesquisas e descobertas acerca da formação docente podem servir como contribuições a outros profissionais que exercem a coordenação pedagógica, bem como participam do trio gestor). Perguntei a um grupo de profissionais da Prefeitura Municipal de São Bernardo do Campo (PMSBC) se desejavam entrar em contato com o que fui desenvolvendo ao longo desses anos de estudo e se partilhariam suas experiências comigo. Contei com a participação da pesquisadora, mestre e diretora escolar Ana Lúcia Borges na coorientação desse grupo.[3]

Para fins didáticos e práticos, acredito ser melhor iniciar a análise do conteúdo dessa devolutiva por ordem de parágrafos, esclarecendo que nem tudo que será explicitado aqui foi conscientemente pensado por mim quando aconteceu a escrita da devolutiva. Posso afirmar que os princípios sempre estiveram presentes, mas só o distanciamento do tempo e o olhar redobrado (afinal, estou apresentando ao grupo de pesquisa a possibilidade das devolutivas gerais serem empregadas como uma estratégia formativa) permitiram que eu chegasse ao detalhamento que se seguirá.

No primeiro parágrafo, procuro explicitar o processo de escrita do material. Com esse movimento, desejo esclarecer que nada é imutável e que a escrita requer reflexão, uma vez que os profissionais receberiam o desafio de escrever diários de bordo.

Na sequência, antecipei que aconteceria um incômodo: no início da reunião, responderiam a diversos questionários, nos quais explicitariam suas concepções de criança, infância e educação, como viam o papel da coordenação pedagógica e como compreendiam o seu próprio papel. Isso buscava demarcar que a escola teria um olhar cuidadoso para os registros.

---

[3] Infelizmente, não podemos registrar o grupo em um diretório do Conselho Nacional de Desenvolvimento Científico e Tecnológico (CNPq), pois não somos vinculados a uma instituição de ensino superior, o que parece sugerir que só se faz Ciência em uma universidade.

Nos seis parágrafos subsequentes, faço uma demonstração do meu percurso profissional. Creio ser justo e adequado que os profissionais percebam quais caminhos trilhei e, o mais importante, que o fato de eu não ter sido professor do CEI não me impossibilita de contribuir para a reflexão do grupo. Acrescento o motivo da minha remoção da Escola Municipal de Educação Infantil (Emei) e o desejo de ter todo o grupo docente em horário efetivo de formação comigo.

Na sequência, apresentei o que seria a base da minha estratégia formativa com o grupo: os diários de bordo e o movimento reflexivo coletivo pelos colóquios e pela escrita de artigos. Em agosto de 2016, todos entregavam seus diários de bordo semanalmente (com exceção de três professores); efetivamos um colóquio com outras duas escolas de Educação Infantil e um grupo de pesquisa da Universidade Nove de Julho (Uninove); e a coordenação escreveu dois artigos com duas professoras do CEI 13 de Maio, que foram partilhados com o grupo.

A devolutiva termina narrando que comecei a estudar acerca da educação de crianças de 0-3 anos quando soube que iria coordenar um grupo que trabalhava com esta faixa etária. Sinalizei, com clareza, que eu provavelmente exigiria muito das pessoas que ali trabalhariam, afinal, tratava-se de uma escola pequena, do tipo em que sempre relutei em estar, por acreditar que eu seria capaz de acompanhar minúcias e poderia estressar algumas pessoas com isso.

Partilhar meus defeitos e abrir claramente a possibilidade de alertarem que estou passando do limite é uma forma de se humanizar ao grupo e, com certeza, ajudar a perceberem que não arvorávamos uma perfeição. É mais fácil ouvir apontamentos acerca da sua prática de alguém que admite ter problemas do que ouvir de alguém que parece ou se julga infalível.

Segunda devolutiva geral ao grupo de professores do CEI 13 de Maio

Adaptação e acolhimento...

São duas palavras que marcam e caracterizam a Educação Infantil, com forte predominância na faixa etária que atendemos de 0-3 anos. Sei que todos aqui já devem ter vivido/lido acerca desse momento e, mais importante (ou triste, em alguns casos), estão aptos a dissertarem sobre como deve ser realizada, como precisa ocorrer e tudo mais o que diz respeito a esse momento... e?

Há um pesquisador português, chamado Pedro Reis, que desenvolveu um método de observação da sala de aula no qual me fundamento para as observações que realizo. Quem tiver interesse de compreender os pressupostos que utilizarei a seguir, leia a obra do pesquisador (Reis, Pedro. *Observação de aulas e avaliação do desempenho docente*. Lisboa: Ministério da Educação, Conselho Científico para a Avaliação de Professores, 2011).

Vou enumerar coisas que me chamaram a atenção nesses dois dias iniciais da adaptação, contudo, antes de qualquer apontamento, creio ser necessário esclarecer um ponto que, a meu ver, é central: o fato de eu estar de fora da situação observada me permite ver coisas que não estão explícitas a quem é observado; e o mais importante: o fato de eu não ter lidado com essa faixa etária me permite olhar muitas coisas com olhos de quem a vê pela primeira vez... o que não é ruim, afinal, o olhar cotidiano, por vezes, impede-nos de ver as coisas de outra perspectiva. Precisamos evitar a música do Chico Buarque: "*Todo dia ela faz tudo sempre igual...*".

Penso que o momento de adaptação é o momento no qual nos apresentaremos à criança e apresentaremos à escola a criança! Logo, esse momento deveria usar de situações lúdicas (por ser a forma de expressão primeira da criança) e, ao mesmo tempo, preocupar-se em acolher a criança.

O acolhimento para crianças que, em muitas situações, estão em sofrimento é o colo, o olhar nos olhos, modular o tom de voz e outras demandas que também acreditei ser do conhecimento de todos que aqui estão. Vi e presenciei diversas professoras e professores sentados ao chão, dando colo a duas ou três crianças ao mesmo tempo. Abaixando-se para falar com as crianças na altura delas, modulando suas vozes de forma acolhedora e conscientes da importância deste momento para evitar dificuldades futuras.

Vi, também, coisas que me deixaram intrigado! Desde salas que foram decoradas para as crianças (e não pelas crianças, o que, para mim, não é um mero detalhe, mas que poderemos construir uma melhor percepção com o tempo); passando por profissionais que ficaram cuidando de seus documentos, fichas e outras coisas enquanto seus colegas tinham alunos e precisavam de ajuda (acredito que todos os alunos são nossos alunos); e profissionais que acham que o colo é um último recurso e, quando for usado, deve ser com a maior parcimônia possível (afeto em doses homeopáticas, senão, causa dependência).

São constructos que não se modificarão porque foram explicitados nestas linhas! (Infelizmente, para alguns, pode ser um motivo maior ainda para continuar agindo assim, afinal, "quem é ele para problematizar isso?".) Acredito que ponderar a respeito envolverá muito autoconhecimento (o que me leva a enfeitar uma sala para minha crianças sem a participação ativa delas? O que embasa minha percepção do que é bonito/feio?). Ao crer que há tempos de colo, embaso isso em quê? (Minhas relações afetivas são limitadas a tempos e espaços precisos? O envolvimento próximo é algo que me desestrutura? Creio que as crianças devam ser autônomas em seus sentimentos o mais rápido possível?) Quando tenho uma pessoa apresentando-me uma possibilidade de agir de forma diferente a que estou acostumada eu... (imobilizo-me, uma vez que o diferente me causa paralisia? Fico arredia? Acreditando que ser ríspida me traz proteção? Sou indiferente? Pois sempre fui assim, morrerei assim. Arrisco e depois comprovo se estava certo?)

Lidar com a complexidade de coordenar o ser humano envolve todos esses quesitos. Para algumas dessas perguntas e colocações, tenho respostas (provisórias, nada é definitivo neste mundo científico, e nada é simplesmente reproduzível de grupo a grupo); para outros itens, debato-me há anos numa busca de possibilidades (constantemente me questionando a respeito); para outras... só o tempo...

Não tenho dúvida de que este mês de fevereiro será essencial para as crianças estabelecerem um vínculo de afeto e acolhimento em relação a vocês (e a nós também).

Vejo como essencial terminar esta devolutiva com dois apontamentos de ordem técnica.

O primeiro: a melhor forma de contra-argumentar comigo é utilizar-se de proposições que não sejam embasadas no tempo em que realiza tal procedimento e ao fato de sempre terem feito assim! Se assim agíssemos, meus bisavós não teriam sido libertos da escravidão, e, até hoje, eu seria escravo... Sem contar que nos trataríamos com sanguessugas quando estivéssemos doentes etc.

O segundo: depois de conversar com os dois grupos de Projeto Especial Ampliado (PEA) e de ponderar os prós e contras, creio que as melhores datas para os nossos encontros serão às segundas, terças e quartas-feiras. Assim, evitamos os feriados (que diminuiriam os dias de ausências e dificultaria a quem deseja e precisa do modelo 3 de ser obtido, afinal, abonar com menos dias para faltar é um problema) e, principalmente, é algo que assegura que eu esteja presente em todos os encontros (parto da concepção de que há um motivo claro para a Prefeitura Municipal de São Paulo – PMSP – acreditar na importância da existência do cargo de coordenador pedagógico – CP – na rede e um objetivo de estar presente nos momentos do PEA).

Cristiano
15/02/2016

P.S.: temos alguns materiais pedagógicos na escola. Caso necessite deles, procure a coordenação para solicitá-los.

Para agilizar o comentário das devolutivas, vou evitar numerar os parágrafos, afinal, a análise sempre se dará na ordem da escrita, e, quando for necessário, numeraremos o parágrafo ou recorreremos à citação.

Há uma arriscada escolha de tom efetivada nessa devolutiva, que foi demasiadamente debatida com os outros membros do trio gestor. Poderia optar por "fingir" que não vi equívocos ou assumir a postura, desde muito cedo, de que não me furtaria em fazer os apontamentos adequados (todas as vezes que se fizesse necessário). Aqui está, a meu ver, o maior desafio que o cargo de coordenação traz, pois é necessário se indispor com outros profissionais, e essa indisposição jamais pode ser de cunho pessoal e deve se ater a aspectos profissionais.

Procurando marcar um território científico para as discussões, esclareço que embaso meu procedimento de observação na leitura do texto de Pedro Reis (2011), *Observação de aulas e avaliação do desempenho docente*, o qual recomendo para os professores que coordeno.

Reconheço que a *adaptação* (na verdade, o melhor termo é *acolhimento*, mas, nesse momento, mal estavam dando conta de uma *adaptação*) apresenta inúmeros desafios, contudo, não posso me furtar a fazer apontamentos, e lembro que estar do lado de fora me possibilita vê-los e realizá-los, se eu estivesse envolvido na ação não conseguiria fazê-los. Esse pormenor não é um mero detalhe e precisa ser constantemente lembrado por quem desempenha o papel de coordenador, tanto para si como para o grupo. Ao se esquecer disso, os conflitos serão intransponíveis, haverá, de um lado, professores que se sentirão desvalorizados e manifestarão que só realizam coisas equivocadas aos olhos de quem observa; e, do outro lado, um profissional que só vê equívocos e pessoas que parecem só se comprometer com o erro.

Evitando generalizações, pontuei os equívocos claramente, o que permitiu aos seus autores reconhecerem-se; na sequência, optei por apresentar diversas questões, cujas respostas exigem uma atitude reflexiva. Afinal, a devolutiva geral deve primar pela preocupação de gerar uma reflexão coletiva!

Uma estratégia que me habituei a usar é terminar a devolutiva com "*P.S.*" (*postscriptum*), para indicar combinados e avisos gerais. Antes colocava essas informações no meio do texto, porém, outros grupos que coordenei apontaram que era difícil retomá-las, e, mesmo quando trato do tema no meio da devolutiva, costumo, no "*P.S.*", realçar a data, por exemplo.

Parece um detalhe, mas, com o tempo e a dinâmica que a Unidade vai assumindo, as chances de se esquecerem dos combinados, das datas e das orientações são maiores. Logo, se há como sistematizar essas informações de forma clara e objetiva, o melhor é que isso seja feito.

Terceira devolutiva geral ao grupo de professores do CEI 13 de Maio

Possibilidades...

Acredito que seja necessário manter o mínimo de coerência entre o que pregamos (falamos, advogamos) e o que aplicamos! Se desejo construir com vocês uma escola que prime pela autonomia das crianças, seria impossível não desejar professores autônomos! Vou até mais longe... Quem não vive a autonomia, não tem como ensiná-la! Todo esse preâmbulo para esclarecer que a linha do tempo não foi determinada (e nem pretendo fazê-la), acreditando que vocês são capazes de prepará-la dentro do que seja o melhor para as crianças e suas intencionalidades pedagógicas.

Quais são os espaços que temos disponíveis na escola? O Parque (nesta área, temos uma quadra que pode ser compreendida como um espaço extra; um banco de areia que se encaixaria ou não como um espaço extra?).

Há, no jardim da frente, um espaço que foi utilizado como horta no ano passado. Iremos continuar a usá-lo? Se formos, como faremos esse uso? Há desejo de permanecer? Não acho oportuno esse local estar na grade horária de alguém que não o deseja usar...

O ateliê que construiremos estará na grade horária de todos! Mas, quantas vezes por semana? Não sei quem pretende fazer desse espaço o centro de suas intervenções, assim sendo, pode desejar ir mais de uma vez por semana, ao passo que outros profissionais podem se contentar com uma única visita semanal.

E isso, se aplica ao Espaço de Leitura, à Varanda em frente à escola, ao Solário que está na casa da frente (que uma vez combinado com os professores que estarão nesse espaço, eles podem ser ocupados por outras crianças, com ou sem os alunos desses professores).

Percebam que há uma multiplicidade de possibilidades. Verdadeiramente, não vejo a necessidade de rigidez desses usos, só creio ser necessário organizarmos os usos... Por isso, deixei bem a critério de vocês; em caso de os horários coincidirem, vamos sentar e encontrar um bom termo. Já antecipo que esse processo demandará tempo, idas e vindas, encontros e desencontros... etapas que TODA *construção coletiva e autônoma traz.*

Essa explicação não é à toa. Detalhei essa questão para demonstrar que antecipo como será o caminho a ser trilhado por todos nós neste ano. Não tenho respostas definitivas para nada! Tenho muitas hipóteses, que poderão ou não ser comprovadas! Procuro construir minhas hipóteses com base em leituras e em experiências de outras pessoas, outros Centros de Educação Infantil (CEI) e me cercando de profissionais que construíram suas práticas partindo de estudos e de novas possibilidades.

Não pretendo (sempre relutei e fui explícito na outra Unidade Escolar quanto a isso) que ninguém paute ou mude seu fazer só porque o Cristiano não quis assim! E por que isso? Porque quando o Cristiano for embora (como eu anunciava ao outro grupo que aconteceria, já que a escola era distante) ou algum profissional se remover, as "atitudes mudadas" voltarão! As atitudes devem mudar não porque existe um coordenador (vice-diretor, diretor, supervisor, ou o que seja) exigindo e acompanhando, mas, sim, porque compreendo o que está em jogo na mudança!

Outra construção difícil e elaborada (eu já anunciei que a desconstrução é complexa): procuro apresentar artigos, capítulos de livros, livros, matérias de revistas, vídeos, palestras e conversas com pesquisadores para que vocês tenham a chance de perceber que há outras pessoas que lançam proposições parecidas com as quais eu advogo e – mais importante ainda – tenham condições de estudar e contrapor com base no material utilizado por mim.

Fazer esse movimento, em nenhum momento, significa compreender que tudo está dado e determinado, mas, sim, que apresento de onde saíram as fundamentações que embasam o meu fazer. Agir assim é vê-los como iguais, capazes de significar e, muitas vezes, ressignificar o que foi estudado por outros profissionais e pesquisadores.

Nessas duas primeiras semanas, creio que seus registros nos diários de bordo estarão centrados na adaptação. Procurem ter descrições de como foi esse momento, quais atividades foram mais adequadas para algumas crianças, quais vínculos foram mais significativos. Não vamos banalizar esse momento no primeiro relatório semestral com um simples: "a adaptação do Roberval foi tranquila" ou "Maricleide teve dificuldade em se adaptar". Para mim, construções bem diversas são: "Roberlândia, inicialmente, chorava muito para ficar na escola. Precisamos acolhê-la com colo. Quando se acalmava, interessava-se em pegar peças de montar e ficava entretida brincando..." ou "Josevaldo despedia-se tranquilamente do responsável que o trazia, em geral, seu pai, ia direto para a estante e pegava os carinhos para iniciar uma corrida...".

Os dados que aparecem nos dois últimos exemplos só são possíveis de acontecerem se houver registros detalhados da adaptação... Vou procurar, dentro do possível, exemplificar problematizações da escrita dos relatórios.

Cristiano
22/02/2016

P.S. 1: gosto de me programar com antecedência. Para aqueles que assim também preferem agir, lá vão algumas datas, já que estamos falando de relatórios: no dia 06/06/2016, os relatórios do primeiro semestre deverão ser entregues. Haverá o pedido de um exemplar antes da entrega final. Discutiremos mais à frente.

P.S. 2: recolherei os diários de bordo a partir do dia 29/02/2016 na seguinte ordem: às segundas, BI e BII; às terças, MIA e MIB; às quartas, MIIA e MIIB; às sextas, MIIC e MIID.[4] *Lembrando que, no mês de fevereiro, acredito que o foco estará na adaptação e que, na primeira semana de março surja um planejamento mais elaborado.*

P.S. 3: as primeiras versões de projetos (individuais e coletivos) podem ser entregues a partir de março. Assim posso colaborar com a escrita deles, e, então, adicionarmos ao nosso Projeto Político-Pedagógico (PPP).

P.S. 4: como a professora Suely gentilmente nos acompanhou na sexta-feira e precisávamos ler o texto, acabamos realizando quatro encontros coletivos com o grupo II. Logo, para sermos justos, na semana que se segue, o grupo da tarde só fará o horário coletivo comigo na segunda e na terça.

P.S. 5: aproveitando que estamos falando de horários coletivos e individuais, deve ser de conhecimento de todos que, na sua carga horária, realizam semanalmente 3 horários coletivos (dedicado ao estudo coletivo e que, por boa parte do tempo, fica exclusivo ao Projeto Especial Ampliado (PEA), porém, não só para esse fim), e as horas individuais (registradas em livro à parte e que podem ser usadas para confecção de planejamento e materiais). Vou me policiar ao máximo para tentar garantir que esses horários sejam respeitados. Se acontecer em uma semana como esta de precisar trocarmos, isso será exceção, e não regra!

P.S. 6: deixo a dica a quem puder ir ao cinema: assista ao filme "Garota dinamarquesa", uma delicada película que aborda questões muito complexas com grande leveza.

A devolutiva trata de algo que é muito complexo na Educação Infanti: a linha do tempo, também reconhecida como grade horária. Infelizmente, são anos de práticas construídas e assentadas nesta premissa: "preciso saber onde estarei, para, então, saber o que eu farei". Isso perverte completamente a concepção atual que se tem da construção do conhecimento.

Faço uma provocação calculada com o grupo: desafio-os a pensarem na questão da linha do tempo, recordo quais são os locais da escola e como podem decidir se querem, ou não, utilizá-los.

---

[4] N. do E.: essas denominações se referem às classes de Berçário e de Minigrupo.

Antes de prosseguirmos, vale importante ressalva: se o tema já é complexo e envolve uma desconstrução difícil de se realizar, não contar com a compreensão da direção só dificulta o processo. Ainda temos que conviver com pessoas no cargo de direção que acreditam que seu papel se resume a cuidar de "aspectos burocráticos" do fazer docente.

E, dessa perspectiva, é um sonho contar com uma linha do tempo rígida; assim, o controle de onde, com quem e como as pessoas estão se faz de forma bem eficaz. E o melhor? Com o tempo, outros funcionários e professores vão funcionando como agentes de controle. Chega uma hora em que a linha do tempo merece ser nomeada por seu sinônimo "grade horária", pois se torna uma verdadeira prisão.

Reconheço parecer uma contradição deixar o grupo realizar uma linha do tempo, mas retirar essa estratégia organizacional de vez não ajudaria o grupo e ampliaria meu conflito com a direção. Dessa maneira, optei por dar o caráter mais flexível possível a essa proposta de linha temporal (opção de não colocar lugares que não desejasse estar, indicar um lugar duas vezes, negociar coincidência de horários, entre outras tantas considerações que impossibilitam que a linha do tempo se construísse rápida e acriticamente).

Faço um alerta que tenho como princípio: as mudanças que se efetivam na escola não podem estar centradas na minha pessoa. Mesmo com essa clareza, muitas das transformações que se efetivaram ao longo do ano foram imputadas à minha pessoa, afinal, se não fosse a minha presença, não teriam se incomodado com elas.

Na devolutiva, anunciei que o diário de bordo seria recolhido e sinalizei que vejo o grupo de professores centrado no período de adaptação. Dessa forma, perceberam que a coordenação está circulando pela Unidade, e ainda compartilhei o desejo de ver registrado esses momentos. É a minha primeira exemplificação de como deve ser um relato. Evito fornecer modelos, tanto para não interditar quem escreve de outra forma como para não dar munição a quem deseja ser do contra, afinal, é mais fácil negar-se, dizendo não ser capaz de fazer algo que parece predeterminado.

Nessa devolutiva, abusamos dos "*P.S.*", quase fazendo uma nova devolutiva. Cabe explicarmos três pontos: o primeiro, para as datas com destaque aos relatórios individuais, que costumam ser um calcanhar de Aquiles das escolas de Educação Infantil nas quais trabalhei até agora. É fundamental ajudar o grupo docente a perceber que a "preocupação" com os relatórios não pode acontecer apenas um mês antes de sua entrega.

O segundo, quanto à valorosa contribuição da professora Suely Amaral ao meu plano formativo, pois ela cedeu seu tempo gratuitamente à nossa escola em algumas situações, ora falando com as professoras, ora me fazendo indicações de textos para apresentar ao grupo.

E, por fim, o terceiro ponto cabe à tentativa de usar esse material como uma forma de indicar ao grupo possibilidades de fruição estética. Acredito que ninguém oferece o que não tem; quanto mais os professores tiverem vivências estéticas, mesmo que não diretamente relacionadas a práticas que pudessem ser mediadas às crianças, mais chances de ocorrer uma sensibilidade em relação a esse aspecto nos fazeres docentes com as suas crianças.

Quarta devolutiva geral ao grupo de professores do CEI 13 de Maio

Estamos iniciando um novo ciclo...

Lendo o material acerca da avaliação e pensando que, de certa forma, essas devolutivas funcionam como uma avaliação ao grupo, acho importante partilhar como elas são realizadas e quais são os parâmetros que uso ao escrevê-las.

Normalmente, uma devolutiva está pronta às sextas-feiras. Partilho com a Celina e a Marta o seu teor; algumas vezes, elas opinam e, ao acolher as sugestões, imprimo. Outras vezes, acontecem fatos ou efetuo leitura de algum diário de bordo ou texto formativo, e isso pode alterar uma devolutiva que já estava pronta. Esta devolutiva passou por esse processo de alteração.

O período de adaptação está acabando para a maioria das crianças! Os momentos de choro são menores a cada dia, e quase todas as crianças já tiveram contato com as suas professoras ou professores! São constatações que qualquer

A estratégia formativa de oferecer devolutivas escritas semanais ao grupo de professores: alinhando concepções, partilhando orientações

pessoa que circule pelas salas (ou que esteja nas salas onde aconteciam as maiores sessões de choro pode atestar). Isso nos demandará novas questões!

Como vocês tinham uma experiência anterior de adaptação, acreditei que não seria prudente mexer nessa construção em tão pouco tempo... E ainda estávamos nos conhecendo, logo, além de conhecerem e acolherem as crianças, teriam que se preocupar em fazer uma adaptação diferente? Seria muita coisa...

Contudo, desejo que, em nosso Projeto Político-Pedagógico (PPP), conste o que compreendemos como uma adaptação adequada! Vejo que não seja possível determinar que TODAS as crianças sejam tratadas da mesma forma, porém, os princípios norteadores podem ser iguais: para mim, o principal é o acolhimento e o sentimento de segurança da criança.

Precisamos usar o tempo da adaptação (principalmente aqueles dias em que as crianças ficam poucas horas, para estabelecer um contato com os pais, as crianças e nós). Houve crianças que precisaram que os responsáveis ficassem mais tempo na escola; a maioria conseguiu se acalmar em poucos minutos, mas, em relação a outras, tivemos que entrar em contato com a família para que fossem retiradas... São procedimentos que podemos explicitar em nosso PPP e, no ano que vem, entregar aos pais.

Em vez de receber todas as crianças juntas às 8 h ou às 13 h, não teria sido mais prudente tê-las recebido em duplas ou trios? Quando um trio saísse, outro chegaria... Se especificarmos bem esse procedimento, podemos avisar aos pais que permanecerão conosco no final do ano como se dará esse momento em 2017. Será que quatro dias de horário diferenciado é o suficiente para acolher todas as crianças? E, em certa medida, os pais?

A presença do responsável parece uma coisa simples, mas é bem complexa, afinal, o responsável que fica na escola, pois seu filho demanda esse procedimento, o acompanha na sala de aula o tempo todo? Vai ao refeitório? Ao parque? Fica num lugar fixo e quando a criança necessita levamos a criança a ele? As escolas italianas fazem um mix destes procedimentos... O que desejamos para a nossa?

Gostaria – vou ver legalmente como fazê-lo – que os pais viessem ao menos uma vez ao ano almoçar ou jantar com a turma dos seus filhos. Sei de *escolas da Prefeitura Municipal de São Paulo (PMSP) que fazem esse procedimento, bem como de outras escolas de Educação Infantil em outros municípios, estados e países. Gostaríamos de ter esse procedimento? Se o aplicarmos, como será a execução?*

Há detalhes que implicam as rotinas de vocês, porém, que, a meu ver, demonstra claramente nossa concepção de comunidade escolar. Acredito que, quanto mais os pais circularem e vivenciarem a escola de seus filhos, os desencontros acontecerão menos, e as possibilidades de integração, mais.

Quando as crianças precisarem ser retiradas antecipadamente pelos responsáveis, alguém da direção ou do quadro de apoio avisará e verificará com o professor o tempo necessário para que a criança seja preparada para a entrega aos pais (esse tempo será comunicado ao responsável, que se dirigirá à sala e retirará a criança). Por que esse procedimento? A meu ver, demonstra aos pais que eles podem ver o que se passa na escola, permite que a professora passe algo que sinta necessário ser comentado a eles, entre outras possibilidades (vejam como essa palavra se repete o tempo todo; dependerá de vocês aplicarem ou não as possibilidades).

Claro que pode haver exceções; se as crianças estiverem numa atividade que impossibilite que a professora pare o que está fazendo, a pessoa que foi avisar trará a criança, porém, ao trazê-la, apresentará uma justificativa do porquê procedeu assim para os responsáveis...

Pelo que li nos diários que me foram entregues (houve professoras que preferiram entregar seus diários antecipadamente), bem como pelo que conversei com alguns professores, posso afirmar que temos desde profissionais que não desejam a presença dos pais, vendo-os como um elemento que atrapalha a adaptação das crianças, a profissionais que acham um absurdo os pais não desejarem ou não se disponibilizarem a ficar mais tempo na escola...

Parece um simples detalhe, contudo, é partindo desse "simples detalhe" que organizarei (como professor) situações de acolhimento e de participação da família ou não. Ou, problematizando, passo a impressão para a família de que só a desejo quando a criança faz algo que preciso deles... e eles não devem pensar em querer algo de nós quando não solicitamos... Não são apenas as crianças que leem e apreendem com sinais e gestos...

A estratégia formativa de oferecer devolutivas escritas semanais ao grupo de professores: alinhando concepções, partilhando orientações

Por tudo o que li e conheço de formação de professores, há uma peculiaridade na construção do contrato didático que a coordenação pedagógica constrói com o grupo que coordena que precisa ser esclarecida por atos (só o tempo possibilitará que sintam) e pelos critérios que a coordenação utiliza para demarcar sua atuação!

Evitei ao máximo ter uma presença mais assertiva para questões que acredito possam, e devam, ser problematizadas no grupo, pois, como estamos nos conhecendo, fiquei receoso de falar mais especificamente com algum profissional e parecer que estava "pegando no pé" de um ou de outro.

Vi algumas atitudes que não desejaria ver aplicadas a nenhum dos meus sobrinhos, bem como a nenhuma criança que merece ser respeitada em sua integralidade e individualidade. Socializarei algumas situações, para que o grupo as problematize, evite-as e, acima de tudo, não compactue com elas!

A primeira: ao oferecermos a comida às crianças, estamos realizando um ato de cuidado, que envolve atenção, disposição e comunicação! Transformar esse momento num enfado (o de alimentar quem não o faz sozinho, ou que está "fazendo charme", é mais do que meio caminho percorrido para o insucesso do ato). Recordamos que a base do fundamento da escola de Lóczy é o cuidado! E os momentos privilegiados de interação entre a criança e o adulto que é responsável por ela ocorrem nesses momentos!

A segunda: as crianças estão explorando todos os locais da escola, como muitos de nós, logo, planejar o uso do espaço que você e as crianças usarão é imprescindível para evitar acidentes e estresse desnecessário, para você e para a criança. Sem contar que sua intencionalidade (ou ausência dela) se anuncia claramente nesses usos. Creio e espero que as crianças sejam autônomas nos usos dos espaços e ambientes da escola, advogo por isso, só não sei (e, aqui, estou sendo muito verdadeiro ao anunciar que não sei) se deixar as crianças descerem as escadas sozinhas e ficarem em locais da escola "escondidas" sem a supervisão de um adulto em tão pouco tempo é tratá-las com autonomia. Não sei se todas as crianças estavam habituadas a descer e subir escadas, ou eram incentivadas a ficar sozinhas por algum tempo em espaços abertos... Não estou pregando um controle excessivo! E nem que as crianças não sejam incentivadas a serem autônomas, minhas indagações é o tempo que se faz necessário para percebermos o quanto são capazes sem colocá-las em risco.

A terceira: não gostaria de ser nomeado como: "problema", "desconectado", "sem linguagem", "com dificuldades ainda não esclarecidas", "cagão", entre outros adjetivos que li ou ouvi (na verdade, na maioria das vezes, ouvi). Fiz um exercício hercúleo, em primeiro lugar, para não ver se a criança agraciada com tais adjetivos estava ou não presente; em segundo lugar, para não ir falar pessoalmente com quem proferiu tais adjetivações (e aqui se explica o porquê dessa socialização: os adultos que falaram tais coisas o fizeram para outros adultos, que não demonstraram choque nem contrariedade, por vezes, riram…) e, como estamos iniciando um reconhecimento, uma intervenção mais pontual minha poderia ter efeito contrário (em vez de ajudar na problematização da conduta do professor, transferiria à coordenação a "culpa" de ter um excesso de zelo no uso das palavras, o que poderia inibir o uso delas ao menor sinal da presença da coordenação).

Aqui está uma faceta do meu papel que não é agradável de desempenhar, mas me cabe alertar que devemos zelar pela forma como falamos com as crianças e como falamos das crianças. Iniciei este texto falando que parâmetros precisam ser explicitados, e este é um que me é muito caro: não podemos usar de adjetivações, seja nos relatórios individuais, seja ao nos referirmos a respeito das crianças em termos que não publicaríamos em rede nacional.

E percebam que não estou usando de um discurso de falsa moral, ou que parece desejar se apegar ao politicamente correto de forma gratuita, mas, sim, por acreditar que tais adjetivos quando são proferidos com naturalidade tem o poder de se tornarem verdadeiros! As crianças percebem o que acreditamos que elas são capazes e, normalmente, dão a nós o que esperamos e aquilo em que acreditamos.

Comentei com vocês da minha surpresa com as afirmativas do grupo de que os apontamentos realizados pela professora Suely Amaral eram de conhecimento de todos e já aplicados por quase todos… Eu verdadeiramente acredito que a professora tem a capacidade de falar coisas complexas e densas de maneira simples e clara. Porém, os pontos elencados por ela não podem ser simplificados.

Vou utilizar o término desta e das próximas devolutivas para comentar alguns dos apontamentos que ela realizou (é óbvio que esses recortes são significativos para mim; acredito que outras pessoas anotaram outros pontos…).

"Por muito tempo, na Educação Infantil de 0-3 anos, nós aplicávamos o que entendíamos por 'bom senso.'" — É muito recente a construção de que as crianças dessa faixa etária são capazes de construções que impliquem uma INTENCIONALIDADE pedagógica. E há muitas reflexões de como alcançar essa intencionalidade.

"Há 100 anos de pesquisas acerca do cuidado com as crianças e podemos afirmar que, do ponto de partida, somos todos iguais." — Acreditar nessa afirmação nos permite ter intervenções e procedimentos que permitirão às crianças alcançarem envolvimento e desenvolvimento para além do: *"ele só dá para isso!"*.

Cristiano
29/02/2016

P.S. 1: em anexo a esta devolutiva, segue um trecho da dissertação de Renata Singulani, que embasou o artigo que lemos para visita da Suely, intitulada "As crianças gostam de 'tudo-o-que-não-pode': crianças em novas relações com a monitora e a cultura no espaço da creche", que diz respeito à faixa etária atendida neste ano; a quem queira, disponibilizo os trechos referentes às outras turmas.

P.S. 2: chegou um bolo na sexta-feira e realizamos "uma festa" surpresa para todos! Creio que precisamos conversar a respeito e colocar no PPP nossas conclusões.

Acredito, por mais frustrante que às vezes seja, que os professores são capazes de efetuarem uma reflexão e uma mudança de seu fazer docente com as crianças quando são apresentados a bons argumentos. Não há necessidade de manipulações emocionais ou de amizades; primo por atitudes que podem ser comprovadas e, preferencialmente, defendidas por outros pesquisadores.

Como um dos meus maiores desejos é conhecer os princípios e os critérios dos professores nos seus fazeres, advogo que é minha obrigação, sempre que possível, partilhar os meus. E, aqui, deparo-me com um grande desafio! Por não buscar um caminho que simplifique coisas que são complexas a um fazer embasado na sedução do outro (por laços de amizade, troca de favores, entregas de mimos, vistas grossas ou qualquer atitude que tenha como estratégia não se ater ao princípio), arco com o direcionamento incial de sentimentos e de questionamentos que poderia adjetivar como "pesados" pelo grupo à minha pessoa.

Sempre tive clareza em perceber que tal movimento não é direcionado à minha pessoa, mas, sim, que as professoras e os professores estão direcionando esses sentimentos negativos às suas lacunas formativas; uma vez que estas vão se explicitando, as nossas intervenções vão sendo mais pontuais. E, quanto mais explicamos o que nos move, menor se torna a margem de me culpabilizar.

Fiz uma escolha ousada ao deixar que o grupo decidisse como seria efetuada a adaptação em 2016. Escolheram que as crianças ficariam duas horas pela manhã (das 8 h às 10 h) por dois dias; duas horas pela tarde (das 13 h às 15 h) também por dois dias; assim, conheceriam os professores da manhã e da tarde, e, no quinto dia, ficariam o dia inteiro (das 8 h às 18 h).

Não acreditava que esse curto e uniforme período seria o suficiente, contudo, alegavam anos de experiência, e poucas pessoas do grupo demonstraram contrariedade à proposta. Como eu já tinha iniciado algumas frentes de discussão, não valeria a pena abrir mais uma, e com as crianças envolvidas no meio. Pontuei que, ao término do que eles propunham, nós conversaríamos, por isso, a devolutiva.

O pano de fundo do processo de adaptação não é se as crianças choram ou não choram; para mim, dá-se na forma como fazemos a transição do ambiente familiar para o coletivo da creche. Acredito e defendo que a família deva ter uma participação ativa e participativa nesse processo.

É vital explicitar que membros do grupo têm visões diferentes desse encaminhamento e que, para 2017, defendi uma conduta mais uniforme no que concerne à presença dos responsáveis nesse processo, sinalizando que gostaria de tê-los presentes no momento do almoço.

Apresentei ao grupo que uma atitude assertiva individual não aconteceu não por receio de tê-la que realizar, mas, sim, por acreditar que estávamos nos conhecendo. Logo, minha atitude poderia ser mal compreendida, parecendo que estava escolhendo pessoas por preferências pessoais, e não por seus atos profissionais.

Assim, enumerei alertas que poderiam ter sido realizados individualmente, porém, como estávamos no início do processo de reconhecimento, gerariam mais problemas para mim do que uma reflexão ao profissional que apresentou os comportamentos descritos. No primeiro item, acerca da alimentação, foi mais de um profissional que agiu (e ainda agem) como se essa hora fosse mais um enfado. Vejo escancarado, nesse momento, a não compreensão do binômio *cuidar e educar*, e longe de entenderem que são indissociáveis.

No segundo item, há desarticulação de diversos membros ao permitirem a exploração dos ambientes da escola sem o acompanhamento de um adulto. Acredito que possamos pensar em uma escola que não precise fazer tudo de forma tão vigiada e controlada, mas estamos em um processo de reconhecer as crianças, e elas, de nos conhecer; é necessário sabermos minimamente como agem e como podemos ajudá-las nessa exploração.

O terceiro e mais grave item, a meu ver, foi o de ter ouvido, da minha sala ou quando andava pela escola ou ao ler os primeiros diários de bordo, termos se referindo inadequadamente às crianças. Entre esses professores em questão, havia quem já estava articulando um "motim" para diversas das proposições que lancei ao grupo, com destaque à escrita do diário de bordo. Logo, não achei prudente ter uma conversa particular com eles, porém, também não podia deixar tal procedimento passar sem um apontamento claro e assertivo de sua inadequação!

Terminei a devolutiva abordando o fato que mais me chocou em termos de despreparo para um debate mais científico com o grupo. A professora Suely Amaral conversou com o grupo, e, quando fui efetivar uma avaliação do que ela nos apresentou, ouvi uma quase unanimidade de que os aspectos abordados pela pesquisadora são de conhecimento de todos, já aplicados por eles, e o mais espantoso: tudo o que ela falou é de fácil e simples execução. Fiquei atônito! Tanto, que resolvi voltar a alguns apontamentos e fornecer mais textos para que o grupo leia, tema do primeiro "*P.S.*". O segundo *postscriptum* refere-se a um bolo que a empresa responsável pela merenda da escola envia mensalmente à creche, para que se comemore os aniversários das crianças. Acredito que realizar uma problematização desse bolo pode ser um facilitador para termos um projeto coletivo na escola (o que fizemos será tema do último capítulo deste livro).

Quinta devolutiva geral ao grupo de professores do CEI 13 de Maio

Indo não sei aonde, buscar não sei o quê.

Ângela Lago tem um interessante livro com esse título. Resumidamente, a história narra as peripécias de um personagem que sai em busca de não sei o que e não sabe aonde...

Nessas semanas, por diversas vezes, ouvi pessoas afirmando: "todos estão falando..."; "várias pessoas estão incomodadas..."; e outras tantas que foi impossível não recordar do livro da Lago... e me questionar: quem é "todo mundo"? Quem são as "várias pessoas"? Nas oportunidades (poucas) em que afirmação foi realizada na frente de mais pessoas, procurei na hora perguntar se as outras que ouviam concordavam... Raras vezes houve concordância, pelo menos na minha frente...

Isso demanda uma nova reflexão. Eu não sou onipresente, logo, se a pessoa, quando pôde falar, não falou, deduzo que não o fará depois... Ingenuidades à parte, sei que é do humano fazer o contrário do que afirmei, porém, como coordenação, só posso intervir no que é claramente dito ou por mim observado!

E chegamos ao que desejo problematizar: se observei um equívoco e o compartilhei nessa devolutiva é porque acredito que o alerta possa servir a todos! Se você não vir algo que lhe diga respeito, é simplesmente ler e seguir a vida! Se houver algo que possa lhe servir de reflexão, acolha e pondere... Agora, não consegui entender: em que auxilia na construção de uma relação profissional séria e embasada no profissionalismo uma pessoa ir a sala de um colega e dizer que percebeu que a menção realizada pela coordenação era para o colega?

Pensando na figura ingênua de novo: o colega quis ser "solidário" com a pessoa que foi "injustamente" apontada pela coordenação! O colega deseja que seu companheiro(a) perceba o quanto as colocações são despropositadas, e lhe apresenta um rol de sugestões e argumentações bem-estruturadas que ajudarão seu colega a ser um profissional melhor, e, na próxima vez, receber uma enxurrada de elogios! O que move a pessoa que vai à procura da outra, que promove "rodas de conversas" a respeito de assuntos que não são bem-digeridos? É o desejo de alcançar uma melhor escola?

Sendo um pouco mais realista: não conheço grupo que tenha se constituído dessa forma! A premissa que carrego de "grupo" se sustenta na possibilidade de TODOS *os envolvidos serem maduros para promover apontamentos uns aos outros. Ao promover a situação de ir à porta da colega ou "rodas de conversas", ocorre a situação do "quem falou não sei o que para não sei quem", que me remete ao título do livro infantil.*

Essa enorme introdução para dizer que me sinto autorizado, quando ouvir "todos", "vários", "meus colegas" e derivações múltiplas que indiquem que há pessoas que concordam com seus apontamentos, que sejam adequadamente nomeados... Tenho milhões de defeitos (e outras centenas que desconheço), mas não tenho problemas em assumir posições (e, se for necessário, em admitir meus equívocos, afinal, não sou perfeito nem infalível).

Tenho dificuldade em lidar com pessoas que, além de não estarem disponíveis a tentar rever seus posicionamentos, ainda criam situações desnecessárias de conflito. Coloque-se no lugar de quem passou por um apontamento reflexivo da sua conduta (que pessoas menos esclarecidas podem resumir a uma advertência despropositada): em que você ir se solidarizar, ridicularizar ou, até mesmo, desmerecer o apontamento auxiliará seu colega?

Não tenho problema algum em que o profissional, se dúvida restar, procure-me, use seu diário de bordo para contra-argumentar ou, até mesmo, os espaços de estudo coletivo para retirar dúvidas! Com o que não posso compactuar é que se faça tempestade em copo d'água para as proposições.

Não sei o quanto estavam acostumados a ter uma coordenação pedagógica ciente do seu papel de auxiliar e problematizar o seus fazeres; sei que faz parte do processo alguns desentendidos iniciais, haverá choque de concepções acerca do que seja Educação Infantil e Criança, porém, sempre o farei em parâmetros profissionais, afinal, creio estar lidando com profissionais...

A coisa mais complexa na gestão de pessoas é com certeza as relações interpessoais, muitas vezes compreendidas com relações afetuosas e de amizade. Posso e preso por relações profissionais, em que a urbanidade e o compromisso para com a minha tarefa, que devem estar acima do fato de eu desejar efetuar uma relação de amizade com quem convivo.

Esse é o parâmetro que me guia. Já tive contato com profissionais que pareciam ser ótimas pessoas no trato pessoal e que, provavelmente, eu teria como amigas, mas que eram profissionais que cometiam equívocos que cabiam a mim auxiliá-los. E com profissionais com uma prática excelente, elogiada e, quando possível, estimulada a compartilhar com os outros, que eu não trocaria duas palavras no âmbito pessoal.

São reparos que sinto necessário de serem realizados, para que não paire dúvida de que minhas colocações estão no plano profissional; aceito colocações e embates de concepções, e, acima de tudo, gostaria de estabelecer relações pautadas no profissionalismo, no comprometimento e na perspectiva de que estamos em prol de uma educação pública de qualidade para as crianças que estão sob nossa responsabilidade.

Prometi que evitaria devolutivas longas, mas se esse aspecto não fosse abordado agora, creio que a coisa poderia assumir um aspecto mais grave, assim, evitamos um mal maior. Na sequência, vou socializar alguns pontos que vi como muito interessantes dos diários de bordo dos professores que me entregaram.

Para quem não o efetuou, retomo o que estava ao término da terceira devolutiva: "P.S. 2: recolherei os diários de bordo a partir do dia 29/02/2016 na seguinte ordem: às segundas, BI e BII; às terças, MIA e MIB; às quartas, MIIA e MIIB; às sextas, MIIC e MIID. Lembrando que espero um início de planejamento mais sistematizado por meio do semanário para a primeira semana de março".

Apenas dois diários de bordo apresentaram o que seria desenvolvido ao longo da semana. Reforço a importância de entregarem seus diários de bordo no dia correto, pois me programo para ler quatro diários de bordo por dia, e, na maioria das vezes, devolvê-los no mesmo dia. Logo, um diário de bordo a mais pode impossibilitar esse movimento, e, também, quando há atrasos, o tamanho do material anotado demandará maior tempo de leitura..

SEGUNDA	TERÇA	QUARTA	QUINTA	SEXTA

A proposta mencionada é a de que apresentem o que vão desenvolver ao longo da semana. Não vejo necessidade (se quiser, sinta-se à vontade) de descrever minuciosamente objetivos, conteúdos, procedimentos para cada item, afinal, na sua descrição, isso aparecerá... Só duas professoras me entregaram a proposição de linha do tempo; vou confirmar se é para registrar o que me foi entregue (pelo que entendi, as professoras estão reconsiderando lugares) para, então, imprimir a sugestão de semanário.

Recomendo que se leia todos os dias para as crianças em todas as faixas etárias. E isso será uma excelente oportunidade para uma reflexão coletiva. Há pessoas que podem estranhar que se leia aos bebês de 4 meses. Não creio que seria algo que as professoras que estão responsáveis por essa faixa etária no momento na escola estranhariam, mas pode causar estranhamento para alguns.

Compreendo, como muitos dos estudiosos que estudam essa faixa etária, que as crianças bem pequenas (termo que até preferem usar) são potentes e capazes! Logo, parece inicialmente desproposital pensar em como envolver essas crianças em tudo que, para nós, exige minimamente uma linguagem clara e compreensiva. Contudo, é possível, desde que efetuemos uma leitura apurada do que a criança apresenta!

Não estou falando em perguntar a uma criança de 4 meses qual é o livro que deseja ler, ou, pior ainda, quais foram as suas impressões após a leitura! Como todas as vezes em que eu sugerir as participações das crianças que ainda não verbalizam, estou me referindo a um delicado e possível processo de comunicação que vai além das palavras ditas...

Crer nessa comunicação é premissa para um trabalho que parta de outro referencial. Argumentei, nos momentos de estudo coletivos, bem como em algumas devolutivas, que as premissas que apresento nunca darão certo se partimos do mesmo modo de enxergar e compreender as crianças! É necessário construir uma nova (na verdade, nem tão nova assim) forma de ver a atuação infantil.

Isso se dá na questão do cuidado. Se entendo que o cuidado é parte do processo, mas que há coisas tão ou mais importantes do que ele, faço uma escolha procedimental do meu agir, que, por sua vez, terá implicações nas minhas conduções ante as crianças... Preciso ter clareza dessas opções, compreender o que as embasa, para, então, poder dialogar com o que estou apresentando a vocês.

Vou tentar – faremos este exercício diversas vezes – exemplificar. Estou preparando uma brincadeira com a sala, que possibilitará que trabalhemos os nomes das cores de forma lúdica e prazerosa. Perto da hora de iniciar o jogo, uma criança demanda ser trocada. Há diversas formas de agir, no entanto, duas são bem claras. Posso pedir para alguém me ajudar a trocar a criança (quando conto com esse profissional) e continuar com a atividade. Essa escolha pode se justificar por diversas entradas: "não é justo, por causa de uma criança, deixar as outras esperando ou privá-las da atividade!" ou, "é importante cuidar da criança, porém, para seus estudos futuros, ela deverá saber os nomes das cores, das letras, dos números, entre outras demandas que as escolas depois do Centro de Educação Infantil (CEI) exigirão...".

Demorei muito para compreender que a Escola Municipal de Educação Infantil (Emei) não deveria ser um pré-vestibular do Ensino Fundamental, o que não significou, em hipótese nenhuma, negar a cultura mais elaborada aos alunos, mas, sim, deixar de me preocupar com um rol de conteúdos e trazê-los de forma mais significativa para a prática dos alunos... Só para uma rápida reflexão: é mais importante saber os nomes das letras e dos números ou saber para que eles servem? E percebam que saber o nome das letras e dos números está a ANOS-LUZ *de saber para que eles servem! Isso se aplica para os nomes das cores, e outros tantos conteúdos e procedimentos que, por vezes, são compreendidos como essenciais.*

Voltando à situação inicial, quando a criança demandava o cuidado, posso escolher partilhar com a sala que o colega demanda ser trocado, que, para podermos efetuar a tarefa, é importante todos estarem bem, e isso só será possível se ele também estiver!

Ao proceder assim, tratou-se com as crianças tolerância, respeito às diferenças; acolheu-se a criança que estava em dificuldade (demonstrando-lhe como se está atento a ela); e outras tantas coisas que, acredito, são mais importantes do que o nome das cores (e, que fique muito claro, não estou apregoando uma escola em que reine o laissez-faire: creio que o conceito de cor deva ser vivenciado por nossas crianças, tanto como serem cuidadas).

Espero ter explicitado, com esse simples detalhe, que as escolhas estão embasadas em pressupostos que determinarão suas conduções, e que cada condução implicará uma ação pedagógica que, por sua vez, trará determinados resultados...

Cristiano
07/03/2016

P.S.: optar por separar duas semanas do tempo de estudo coletivo para análise do Projeto Político-Pedagógico (PPP) e para a confecção dos projetos por turmas e coletivo é, a meu ver, uma oportunidade de explicitarmos nossas conduções e melhor compreendermos de quais espaços e parâmetros estamos falando. Ao dedicarmos a primeira reunião pedagógica a isso, estaremos definindo um processo no qual todos puderam opinar e colaborar.

Aqui está uma exemplificação clara do que apresento como assertividade. Reconheço de antemão que não é uma postura fácil de se adotar e que pode (na verdade, deve) variar de pessoa a pessoa. Porém, deve estar presente em quem desempenha o cargo de CP. É necessário chamar ao grupo a responsabilidade de arcar com suas condutas e construir um relacionamento ético e profissional.

Há explicações, quase que no nível do senso comum, que imputam ao ambiente escolar um grau de maledicência entre seus membros, indo desde uma explicação sexista (por se tratar de um ambiente que reúne diversas mulheres) ao fato de que os profissionais que se encontram na escola resumem suas vidas a esses ambientes. Não compactuamos com nenhuma dessas visões, apesar de termos ouvido, quando nos removemos para o CEI, que lidaríamos com profissionais que tinham a idade mental das crianças que atendiam, com o que veementemente nos negamos a concordar e a acreditar.

Os conflitos são inerentes aos agrupamentos de pessoas, seja em que profissão estiverem, afinal, ao reunirmos diferentes personalidades, colocaremos princípios e comportamentos diferentes em contato. O discurso da harmonia, que foi muito empregado no primeiro encontro desse grupo, pois a escola é nova na rede, não resistiu a um mês de contato.

Acreditei que explicitar o problema era a melhor solução a se adotar; uma vez reconhecido o que gera o conflito, fica mais fácil encontrar a solução. Não fui ingênuo de esperar que as conversas paralelas simplesmente parassem, contudo, efetuá-las a partir de então implicaria assumir um risco de ouvir "*você não leu a quinta devolutiva?*".

Minha condução de deixar por escrito algo que já havia falado mais de uma vez, que minha intervenção com o grupo não se dá com o objetivo de reunir amigos, também foi sinalizador de limites. Acredito que relações de amizade até possam se desenvolver, entretanto, não são o motivo da existência da minha figura na escola, nem da dos professores. Assumir e explicitar esse ponto de vista causa um choque aos membros dos grupos que coordenei, em sua maioria.

Após esse longo preâmbulo, tentei fazer uma das coisas que mais justifica o diário de bordo, que é partilhar com o grupo experiências e diversos trechos de outros diários. Porém, fiquei mais nos aspectos técnicos, como o da data de entrega para a minha leitura e o início de planejamento semanal (não acredito em um planejamento rígido e predeterminado, nem advogo por isso), mas reconheço a necessidade de uma mínima organização, sobretudo para os profissionais que não estão acostumados a trabalhar com uma proposta de ouvir as crianças.

Forneci uma singela exemplificação, na tentativa de corporificar condutas que vemos advogadas de forma muito geral; reconheço a ousadia desse ato e até a possibilidade de ser apontada sua inadequação.

Porém, prefiro correr o risco de errar por oportunizar um exemplo para concretizar algo que está muito abstrato ao professor do que continuar no plano do discurso sem vê-lo efetivado.

Creio e, nos diversos fóruns de estudo, pesquisa e divulgação de dos quais participo, que os pesquisadores, eu incluso, precisam ter menos medo de assumir posturas e proposições, e advogo por essa causa. Por vezes, o plano do discurso já é incorporado nas falas dos profissionais, mas suas práticas estão muito distantes do que fazem efetivamente com as crianças.

No momento, vivemos algo que vejo como pior ainda. Muitos profissionais acreditam que os nomes dos fenômenos educacionais só mudam por uma questão de modismo, logo, Campo de Experiência é igual a Áreas Disciplinares, que é igual a sei lá o quê. Se não houver uma explicitação a essas pessoas das diferenças conceituais do que está em jogo, corremos o risco de continuar reproduzindo, por anos a fio, uma prática que só muda as palavras empregadas, mas que não chega nem perto do que está em jogo.

No "P.S.", apresentei que dedicaria o tempo do PEA para o grupo debater princípios. O que mais me chocou, ao longo do tempo em que estive coordenador nessa Unidade, foi ouvir que fui intransigente, que não abri espaço para o diálogo e que tudo foi imposto. Esse alerta serve para perceberem a importância desse material escrito. Mesmo havendo esses registros, a "acusação" não deixou de ocorrer, precisei lançar mão deles diversas vezes.

Sexta devolutiva ao grupo de professores do CEI 13 de maio

Critérios...

Toda observação e sugestão segue um critério. Diversas profissionais argumentaram comigo que veem este instrumento como uma fonte de grande desconforto! A ideia nunca foi gerar desconforto, mas, sim, parâmetros em que pudéssemos compreender no que nossas práticas são embasadas. Logo, estas devolutivas continuarão a existir; tentarei ser menos incisivo...

Um dos pressupostos que gostaria que seguíssemos seria a uniformidade na escrita dos projetos didáticos de cada turma. Acredito que o projeto possa ser desenvolvido individualmente ou em parceria (mesmas faixas etárias ou, de preferência, diferentes faixas etárias). Independentemente de ser em parceria ou individual, creio que o interesse dos alunos deva ser a base estruturante do projeto.

O tempo de duração, o tema e as parcerias (ou não) estão a critério de vocês. Neste momento, peço apenas para tentar seguirem as etapas que apresento a seguir.

1) *Título:* nome do projeto.
2) *Justificativa:* o porquê de se desenvolver tal projeto.
3) *Tempo de duração:* por quanto tempo desenvolverá o projeto.
4) *Campo de experiência:* segue material anexo apontando-os.
5) *Conteúdo específico em:* cada campo de experiência deverá apresentar conteúdos (ou objetivos específicos, o que ficar mais claro).
6) *Objetivo compartilhado com os alunos:* aqui será apresentado como se darão as conversas com as crianças a respeito do projeto.
7) *Objetivo didático do projeto:* explicitar quais são suas intenções ao desenvolver o projeto.
8) *Orientações didáticas:* os itens que serão desenvolvidos demandam determinadas condições que precisam ser apresentadas e refletidas, e é nesse ponto que isso deve ser feito.
9) *Cronograma:* diário, semanal, quinzenal ou mensal – o profissional deve optar pelo período de tempo que melhor favoreça seu fazer.
10) *Referências bibliográficas:* quais são os autores utilizados para embasar suas proposições no projeto.

Ao término dessa devolutiva, anexo o material que versa acerca dos *Campos de Experiência*. Acredito que poderá ser o material que estará em nosso Projeto Político-Pedagógico (PPP). É importante ter clareza de como eles serão apresentados. Creio que um trabalho interdisciplinar peça que a modalidade organizativa empregada seja o projeto didático ou a sequência didática. Os Campos de Experiência (presentes na Base Comum) ou o conceito de vivência apresentado pela professora Suely Amaral (embasado em Vygotsky, 2014) pedem esse tratamento.

Seria adequado, também, pensarem em listar todos os materiais que necessitarão para execução do projeto. Será muito difícil efetuarmos compras em cima da hora.

Cristiano
16/03/2016

Após a quinta devolutiva, houve uma parcela do grupo que se manifestou apontando como desnecessárias as minhas colocações, preferiam que eu tivesse chamado os envolvidos e resolvesse as questões descritas no texto em particular. Por que não procedemos assim?

Primeiramente, por poder passar a impressão de que uma conversa individual mais assertiva poderia configurar assédio moral e, mais sério ainda, já que sabemos que não seria assédio: a chance de os autores dos atos anteriormente descritos na devolutiva se apresentarem como perseguidos e injustiçados. Transformar em vítima quem gerou tais comportamentos seria um enorme desserviço ao que pretendíamos abordar.

Depois, implicar o grupo, nem que seja pelo fato de terem que reconhecer que admitimos a questão e socializamos os comportamentos, exigimos que ajam de outra forma. Sempre tive o princípio de acreditar na potência e autonomia individual de cada membro, mesmo que isso significasse ter que explicitar dados e fatos que, em um primeiro momento, pareceriam mais vantajosos ficar escondidos ou de lado. Não advogo por uma postura de manipulação do grupo em hipótese nenhuma.

Na sequência, apresentei um esquema de como poderiam proceder na escrita dos projetos didáticos, fiquei muito impactado pelo despreparo do grupo para lidar com esta modalidade organizativa. Na verdade, acredito que nem metade do grupo saiba como aplicar e desenvolver um projeto, o que já anuncia um grande problema para com as questões de como ouvir as crianças e atender às suas demandas.

Trouxe o material preliminar da primeira versão da Base Nacional Curricular Comum (Brasil, 1997) para começarem a se apropriar do conceito de Campo de Experiência. Fiz essa aproximação por ver proximidade com o que a professora Suely Amaral estava apresentando ao grupo e pelo fato de os Campos de Experiência se aproximarem do conceito de interdisciplinaridade que os projetos trazem em si (ou deveriam trazer).

Não acredito em um projeto predeterminado e fechado, sem margem para mudança e que não parta do interesse das crianças. Contudo, tenho que lidar com o que o grupo me apresenta e, no momento, havia um grande desconhecimento dessa modalidade, logo, tínhamos que oferecer parâmetros mínimos, para, depois, poder avançar.

E, nesse detalhe, reside um campo muito fértil de pesquisa. Pensamos muito em didáticas de como desenvolver determinados conteúdos ou objetivos com crianças e bebês, porém, quase não vemos algo refletido e construído para elaborar objetivos e conteúdos com os educadores. Parece-me natural que os professores da infância saibam acerca de projetos didáticos. Quando me deparo com o desconhecimento desse grupo, ajo dentro do que acredito e desenvolvi com outros grupos, mas e se eu não tivesse essa bagagem ou não me sentisse autorizado a arriscar?

Sétima devolutiva geral para o grupo do CEI 13 de Maio

Como iguais...

Há várias formas de se tratar um grupo. Na segunda-feira, conversei com uma amiga coordenadora (sim, nós também conversamos e tentamos nos fortalecer). Estávamos ponderando: quais são as melhores estratégias de condução de um grupo de professores?

Quando realizei as duas disciplinas da professora Vera Placco, uma das maiores, senão a maior, especialista no Brasil em coordenação pedagógica, também nos debatíamos constantemente com esta problematização: quais são as melhores formas de se conduzir um grupo?

Existe uma parcela significativa de profissionais que defende que devemos seduzir o grupo a fazer o que esperamos dele (seja com trocas de favores, seja manipulando o grupo para acreditarem que as decisões saíram dele)...

Outros defendem que precisamos esperar o tempo do grupo, devemos perseverar em apresentar situações significativas e deixar que cada membro do grupo, a seu tempo, acredite que as proposições são adequadas! Quando houver o pedido de ajuda, estaremos a postos para fornecê-la...

E há um grupo menor, com o qual me identifico, que prega que somos profissionais, que partilhamos de uma habilidade (aprender e ensinar) e que precisamos ser confrontados com nossos pressupostos teóricos e procedimentais. Não compartilho com a ideia da manipulação, afinal, se acredito que podemos auxiliar na autonomia infantil, como posso ajudar alguém a ser autônomo se sou manipulado? Ou, pior, é justo ficar esperando uma maturação de profissionais que estão em contato com as crianças diariamente e que essas crianças não terão a chance de vivenciar situações significativas de novo?

Vejo como um ato de respeito da minha parte tratar os profissionais que coordeno como iguais, apresentar o que vejo como equivocado, ouvir e ler o que produzem, e, principalmente, acolher o que está acontecendo de bom. Eu também vivo esse movimento! Posso e vou continuar sendo incisivo de vez em quando, é da minha personalidade, e não tenho problema em lidar com pessoas incisivas... O meu problema é: não sei lidar com um movimento que parece buscar o erro no outro gratuitamente! Ou com pessoas que parecem sofrer crises de amnésia naquilo que não lhe interessa saber...

Todas as vezes que percebo algo que pode ser um equívoco, busco apresentar outras possibilidades, compartilhar o meu ponto de vista e quem o embasa. O momento do Projeto Especial Ampliado (PEA) e as reuniões pedagógicas são oportunidades de entrar em contato com o diferente, de apresentar as dúvidas e, da minha visão, de partilhar pressupostos...

Percebo dois tipos de questionamentos possíveis: o primeiro visa esclarecer pontos que não ficaram claros; retirar dúvidas; apresentar os pontos divergentes e buscar uma convergência! Esse tipo de questionamento é excelente, faz-nos crescer e refletir! E não precisa obrigatoriamente gerar um consenso inicial! Porém, como todos apresentaram suas opiniões de forma franca e respeitosa, vendo o outro como igual, seus pressupostos teóricos e éticos ficam claros!

E há um segundo tipo de questionamento: o do contra! O famoso procurar "pelo em ovo", que, como sabemos, não existe! Esse questionamento é desgastante; quem o realiza não o faz por ter dúvida, mas, sim, para se posicionar diante da "galera". Sinto que é desrespeitoso agir dessa forma! Assim, a pessoa comunica-me: "Não acolho e nem problematizo o que é dito! O importante é mostrar ao Cristiano que eu 'sei' que a coisa não é assim!". E mesmo quando a pessoa sabe, faz questão de perguntar para ver se me contradigo...

Eu poderia ter fingindo que não percebi esse movimento. Poderia deixar que o grupo tirasse suas conclusões, afinal, diversas pessoas viram esse movimento, mas creio que não seria justo para comigo não ser claro neste posicionamento! Vamos imaginar o movimento contrário? Como seria ter um coordenador ou alguém da gestão "procurando" por deslizes o tempo todo? Não seria produtivo para ninguém!

Não acredito que títulos acadêmicos nem diversas publicações são o suficiente para qualificar alguém, ou a ausência deles desqualificar, mas compreendo que uma sólida formação acadêmica permita a quem a conquistou apresentar proposições que minimamente devam ser consideradas... Tendo a enxergar as pessoas que não optaram por esses caminhos como pessoas que têm um saber fazer que deve ser valorizado, e, quando esse saber fazer se conecta com estudos acadêmicos, há a consolidação de práticas educativas de excelência!

O que não é viável, a meu ver, é apegar-se ao seu saber fazer como uma verdade absoluta e imutável, como também não é possível acreditar que todos os estudos acadêmicos não possam estar sujeitos à modificação, o que não ocorre, pois a base do conhecimento científico é sua transitoriedade! Nada na Ciência é definitiva: se isso acontece na pesquisa, por que acreditar que na prática deveria ser diferente?

Tudo isso para dizer que, infelizmente, não posso obrigar a ninguém a querer refletir ou mudar, mas posso ajudar a problematizar uma situação incômoda de se criar um conflito desnecessário. Não quero compactuar com uma situação que não acrescenta nada a ninguém e gera um desconforto desnecessário... Peço, encarecidamente, que reflitamos antes de sairmos questionando: em que o meu questionamento ajudará a modificar a situação? Estou perguntando porque acredito que o que é apresentado possa ser executado? Ou seria pelo prazer de marcar território de que eu sei (ou acho que sei) que não é assim que se procede?

Poderia ir individualmente perguntando pessoa a pessoa o que as motivaram a agir de determinada forma; algumas admitiriam, outras, não! Como já acontece no grupo, o que me faz escrever e partilhar isso com todos? Não é um prazer mórbido de causar mal-estar, mas, sim, o desejo de ser o mais transparente possível! As bases para uma relação profissional franca é a verdade! Habermas, em "A ética da discussão e a questão da verdade" (2007) – recomendo a leitura – diz que há três níveis de diálogo, e o mais aprofundado é o diálogo que se embasa em princípios éticos. Ao abrir para todos que vejo que há dificuldades em algumas pessoas em estabelecer o diálogo com base em princípios que se embasam como serem verdadeiros e éticos para com o outro, espero auxiliar a todos que percebam suas motivações e consigam se auxiliar.

Cristiano
22/03/2016

P.S. 1: creio que consegui problematizar junto a todos a questão da vivência nos momentos de PEA. Com certeza, é uma mudança paradigmática, não fomos educados a pensar nesses critérios. Logo, precisamos refletir mais a respeito de como efetuamos as mediações às crianças…

P.S. 2: há uma discussão que necessita ser realizada de forma mais aprofundada acerca da adaptação. Existe uma crença em alguns profissionais de que o fato das crianças pararem de chorar é sinônimo de "adaptado"; discordo: creio que a ausência do choro permitirá que as crianças se abram as novas possibilidades e, quiçá, adaptem-se ao ambiente, aos amigos e aos profissionais que lidam com elas…Vou tentar aprofundar essas questões!

P.S.3: o tema da próxima festa terá base no livro "Bruxa, Bruxa, venha à minha festa", de Arden Druce (2002).

É possível notar que a questão da assertividade (que nomeio no texto como *incisivo*) volta à baila novamente, na verdade, será um tema que não se esgotará e, em setembro, será pauta de uma tensa reunião pedagógica (ver os Capítulos 5 e 6).

O essencial dessa devolutiva é demarcar que, como coordenador do grupo, percebo movimentos de resistência que não se sustentam teoricamente e apresento alguns dos meus pressupostos, reconhecendo que ter frequentado as disciplinas da professora Vera Placco, na Pontifícia Universidade Católica de São Paulo (PUC-SP), que versavam sobre a aprendizagem do adulto, foi muito importante na minha formação.

Na época da escrita desse texto, frequentava três grupos de estudo, como escrevi anteriormente. A busca desses grupos acontece com vistas a encontrar diferentes interlocutores para que eu possa refletir acerca do meu fazer, sem contar a possibilidade de entrar em contato com diferentes bibliografias e práticas.

Logo, não posso permitir nem consentir que profissionais sob minha responsabilidade se arvorem no direito de permanecerem alheios às proposições reflexivas que são lançadas ao grupo. Sempre reconhecemos e acolhemos que algumas das intervenções são difíceis, contudo, isso não pode ser um álibi para não ousar a mudança!

Novamente, fez-se necessário explicitar as funções do papel que a coordenação deve ter, entre elas, que o grupo seja estimulado a rever práticas, o que gera dois movimentos (nem sempre simultâneos e muito menos lineares): de resistência e de assistência. Há membros do grupo que resistirão e, depois, desejarão assistência; existem os que demandarão assistência desde o início; e há os que resistirão por muito tempo, chegando a se removerem da Unidade ou serem isolados por seus pares.

Ironicamente, o terceiro grupo costuma ser menor, porém, mais estridente, o que gera demasiados conflitos e disputas. Eu (e aqui é importante denotar que cada coordenador encontrará seu tom) prefiro demarcar de forma assertiva o que está acontecendo ao grupo e chamar os profissionais que estão envolvidos nos questionamentos e nos movimentos contrários para explicitarem seus pressupostos a todos os envolvidos, evitando, assim, que se gere um mal-estar difícil de ser superado.

Profissionais podem trilhar diferentes caminhos; o que não pode deixar de acontecer, a meu ver, é que seja esclarecido ao grupo minoritário que seu comportamento prejudica a reflexão coletiva e depõe contra sua profissionalização; acima de tudo, o coletivo deve estar ciente desses movimentos.

Infelizmente, seja por acreditarem que as soluções por meio das confrontações geram celeumas que não cicatrizarão, ou por não se sentirem seguros de serem assertivos, ou, até mesmo, por não terem claro que esse papel cabe a quem exerce a coordenação, muitos CPs se furtam ao seu papel, compactuando, muitas vezes, com um quadro de mediocridade que eu resumiria assim: *"eu finjo que você reflete, e você finge que eu lhe ajudei"*.

Desejo demarcar neste tópico que, indiferentemente da estratégia (assertiva ou apaziguadora), haverá de se deixar claro aos membros que geram disputas desnecessárias para com as proposições formativas que vemos esse comportamento e exigimos que, se desejam permanecer com essa movimentação, que apresentem seus pressupostos teóricos ao coletivo.

Terminei a devolutiva com três "*P.S.*", e o primeiro serve mais como registro de uma intervenção ao grupo do que como um lembrete ou combinado. Na semana anterior, como percebi que a maioria dos professores não estava compreendendo o que poderia ser uma vivência (dentro dos pressupostos da professora Suely Amaral, embasada em Vygotsky), apresentei situações que ilustravam possibilidades, uma vez que jamais poderia reproduzir artificialmente uma vivência, mal poderia descrevê-la, caso houvesse acompanhado uma.

Apesar de não ter sido consciente no momento da escrita, recomendo, a quem desejar escrever devolutivas gerais, o procedimento de registrar intervenções ao grupo, uma vez que é comum alegarem, quando cobrados, que não foram adequadamente orientados ou instruídos. Sem contar a chance, como agora estou tendo, de historicizar todo o percurso formativo que se desenvolveu ao logo de um período (ano, semestre ou mês).

No segundo *postscriptum*, esclareço que parto de um pressuposto diferente da maioria do grupo, que defende: "*uma vez cessado o choro, a criança encontra-se adaptada*". A preocupação com a adaptação das crianças diminui consideravelmente quando cessa o choro. Acredito ser positivo a criança deixar de apresentar um sofrimento extremo (por meio das lágrimas), mas crer que isso já representa uma adaptação é simplificar demais o que compreendo como muito complexo.

Demarcar isso em uma devolutiva deixa claro ao grupo que tenho outro ponto de vista e que, provavelmente, veremos isso (em outras devolutivas ou em nosso momento formativo). O alerta aqui funcionou mais como um sinalizador de intervenções futuras, já que são diversas frentes que se abriram na Unidade Escolar.

Não poderia fazer esse adendo sem voltar à importância que outro instrumento assume e poucas vezes percebemos: os Planos de Ação. É por meio deles que conseguimos dar conta das diversas frentes que se abrem na Unidade Escolar. Sua ausência gera, na maioria dos casos, situações de se "atirar" para todos os lados, e não acertar em nada.

O último "*P.S.*" trata de algo muito caro a mim: a tentativa de apresentar um projeto que traga a chance de proporcionarmos vivências às crianças. Por mais de um mês tentei extrair do grupo um exemplo de iniciativa de um projeto didático que fosse minimamente socializável, contudo, não foi possível e, como a temática da festa dos aniversariantes do mês incomodou uma significativa parcela do grupo (teria apoio no projeto) e exigia a participação de todas as salas (que descem para cantar parabéns aos aniversariantes e comer o bolo), vi uma oportunidade de conseguir envolver a todos.

Com os aprofundamentos nos estudos acerca do projetos didáticos, hoje, diria que essa proposição foi mais a criação de uma atividade permanente, significativa e com ativa participação de crianças, responsáveis e comunidade escolar, porém, à época, era o que compreendíamos e o melhor que conseguimos usar para o avanço do grupo.

Como sempre sinalizo, o problema não está em errar (não podemos achar que o erro só é importante para os bebês e as crianças), mas, sim, em permanecer no erro. Todas as vezes em que me senti instigado e provocado a rever procedimentos, fiz a revisão, algumas vezes, para confirmar meu posicionamento, outras, para revê-los.

No último capítulo desta produção, será possível perceber que o nome da proposta já aparece como atividade permanente, mas acreditei que seria justo deixar aqui registrado a percepção que tivemos dela como grupo, além de seu nome à época.

Oitava devolutiva ao grupo do CEI 13 de Maio

Reflexões partilhadas...

Há uma dimensão destas devolutivas que eu gosto muito e acredito ser a maior razão delas existirem! A possibilidade de poder partilhar descobertas, pontos de vistas e de apresentar bons exemplos. Como vocês estão há quase um mês escrevendo diário de bordo, creio que já possamos exemplificar alguns relatos... Na próxima devolutiva, vou trazer um exemplo de relato para cada tipo de turma que atendemos, assim, todos serão contemplados e terão a chance de ver bons exemplos de relatos.

Já antecipo que a escolha dos textos a serem fornecidos como exemplo se guiam pela pertinência dos itens que apresentam, pela regularidade da escrita e pela uniformidade da quantidade do que é relatado. Não vejo como um movimento que acrescente ao fazer de ninguém sair em busca dos autores dos relatos e, pior ainda, buscar aspectos que desqualifiquem parte ou totalidade dos textos selecionados...

Mas o que desejo partilhar nesta devolutiva está relacionado com o que ouvi na formação de quinta-feira (24/03/2016) o dia inteiro na Universidade de São Paulo (USP). Convidei três pessoas do grupo para me acompanharem em meio período, fora dos seus horários de serviço (o convite irá se estender a mais pessoas do grupo até o final do ano). Vejo com bons olhos diversas pessoas ouvirem outras pessoas ponderando aspectos que compactuo, assim as proposições deixam se serem só minhas...

Pela manhã, participei do grupo da professora Mônica Pinazza intitulado: "Encontro em contexto", cuja pauta versava sobre dois textos constantes no livro "Campos de experiências na escola da infância" (Finco, Barbosa e Faria, 2015). Foi uma boa oportunidade de discutir aspectos a respeito dos Campos de Experiência, e o mais importante, de ouvir proposições de como desenvolvê-los!

A professora Mônica fez um resgate histórico do termo campo versus área (e, para ela, não é aqui o ponto nevrálgico do termo!) e, depois, se deteve no que era essencial: o conceito de EXPERIÊNCIA*. Como já estamos nos desdobrando em compreender o que é vivência, achei muito oportuna a discussão. Convidei a professora Mônica para trocar algumas palavras com a gente, e ela, gentilmente, dispôs-se a vir. Neste ponto, acredito ser importante pontuar algumas coisas: estamos tendo a oportunidade ímpar de termos especialistas na área que estamos nos propondo a estudar/aplicar vindo até nossa escola! Isso não é pouca coisa. Em horário de serviço, profissionais com anos de estudo na formação continuada de professores estão dispostos a tirarem nossas dúvidas in loco.*

O que pede dois movimentos que compreendo como básicos para a vinda da professora Suely só consegui realizar um, ler um texto da pesquisadora. O outro, que, pelo número de cursos e de formações que a maioria diz participar, acreditei nem precisar fazer menção, é anotar o que elas estão apresentando e trazer um rol de dúvidas. O registro do que elas apresentam nos permite, depois, retomarmos o exposto, retirar dúvidas entre nós e ampliarmos a interlocução (o que não ficou claro pode, depois, ser retomado).

A professora Mônica acompanhou um Centro de Educação Infantil (CEI) por anos, o que gerou seu trabalho de pós-doutorado, e esse acompanhamento se deu indo diversas vezes à Unidade Escolar. Não foi um acompanhamento burocrático. Acredito que isso a habilite aos olhos dos mais resistentes entre os práticos (que têm dificuldade de ouvir/acreditar em quem se dispõe a viver uma vida acadêmica).

Experiência está ligada a duas ideias: CONTINUIDADE e INTERAÇÃO. Para que a continuidade e a interação aconteçam, precisamos combater dois inimigos que, infelizmente, a escola ama: as TAREFAS e o TEMPO.

Os princípios da continuidade e da interação são tão explícitos para mim, que tenho dificuldade de explicar para as pessoas... Muitas (MUITAS MESMO) de minhas proposições são mal recebidas, e por vezes, ignoradas pelos profissionais que coordeno por eles não terem esses princípios como fundamento do seu fazer. Vou tentar explicar de forma muito simples o que compreendo por esses três termos grifados.

Continuidade: não consigo ver sentido em ficar realizando diversas proposições com as crianças e abandonando as anteriores sem o mínimo de ligação entre elas... Tentei propor a quase todos os profissionais desta Unidade que pensem em ligar sua leitura diária com algo que realizaram ao longo do dia, ou que a leitura encerre algo que trabalharam... Fico exasperado em ver/ler uma sequência de atividades que não têm ligação entre si. A criança manipula bichos (essa é uma atividade muito desenvolvida na Educação Infantil); se não o fazem diariamente, isso é feito ao menos duas ou três vezes por semana! E? Depois dessas manipulações, o que acontece? Em geral, nada que chegue perto de dar continuidade a essa experiência... A nova proposta também não se liga à outra. No meio disso tudo, muitas interrupções, e o desejo de o almoço de a hora da saída chegar... Difícil interligar tudo? Vamos lá, mas nunca realizar as interligações é muito complicado! Outra atividade que me causa grande indagação: as montagens dos blocos! Sim, os alunos amam, adoram, vibram e curtem! Despendem muito tempo e muita atenção em montar diversos objetos que são produzidos quase que diariamente para serem... DESMONTADOS! Será que não seria possível deixá-los montados de um dia para outro? Ter a proposição de fazer um ou dois brinquedos para outra sala? Será que a energia e a atenção dispensadas para uma produção que será partilhada não seria diferente? Aqui, só citei dois exemplos, mas sabemos (leiam o diário de vocês) que estamos repletos de situações que se parecem com esse quadro.

Interação: esse, para mim, é o maior valor da existência desse espaço! Não tenho dúvida de que o convívio familiar, no que tange ao cuidado, seja mais bem desempenhado (com raras exceções) pela família! Porém, poucas famílias podem oferecer contato com tantas e variadas crianças como o espaço do CEI. Acredito, e espero, com o tempo, convencer mais pessoas disso, que não deveríamos ter diferenciações etárias nas turmas (há escola da prefeitura que já faz isso!). Se acredito no que propõe Vygotsky quando fala da zona de desenvolvimento proximal, e entendo isso, tenho argumentos teóricos e práticos para não propor interações constantes e, preferencialmente, de faixas etárias diversas! Vejo um incômodo constante de parte significativa do grupo para com as interações, sejam elas nas salas, sejam elas nos espaços da escola, e, muitas vezes, ficamos desejosos de mais controle, mais separações, mais delimitações, mais, mais e mais em nome do quê? De uma pretensa homogeneidade que NÃO ACONTECERÁ! As crianças vivem nos surpreendendo! Questões etárias nem sempre são definidoras do que elas farão ou não. Já observei crianças no BII no parque sendo tão ativas ou participativas do que crianças do MII. Utopias de quem não está em sala de aula? Pode até ser, porém, as crianças têm o direito de estar em interações com pares mais avançados e entre si para além de suas turmas de referência! Problematizem isso nos seus planejamentos semanais, e essas interações podem ser para além dos momentos de parque (que ,curiosamente, não são vistos como um empecilho, mas demandam outra abordagem que ainda desenvolverei...).

Seu fazer: a continuidade e as interações só acontecerão se isso for entendido como um valor. Refletir atentamente acerca do preço que se paga quando se privilegia um ativismo (aqui compreendido como o fato de se realizar diversas atividades sejam motoras ou em folhas; claro que as motoras ainda são melhores do que as em folhas!). Ando muito pela escola (todos já devem ter percebido isto); vejo/leio muitas tentativas de observação, mas poucos desdobramentos para o que é observado! Quase todos já receberam uma devolutiva minha perguntando o que fará com o que observou/anotou ou se partilhou o que uma criança diz/realizou com os demais... Apesar de quase nunca receber uma resposta, eu sei que, na maioria dos casos, é o "Senhor Tempo" (ou a falta dele) que impedirá os desdobramentos que a situação pedia... Por que nos comportamos como o Senhor Coelho da história "Alice no País das Maravilhas"? Estamos atrasados para quê?

 Eu poderia exemplificar situações que vi que deixaram de acontecer por causa do tempo ou por causa do ativismo, mas como ainda vejo que o grupo está se acostumando com esse instrumento, tenho receio que as pessoas vejam como uma crítica gratuita e direta à sua pessoa, e não como uma oportunidade de aprendizagem coletiva. Assim, quando acontecer a descontinuidade ou o ativismo, vou procurar ponderar nas devolutivas individuais. Só serão abordados coletivamente casos unânimes...

 Para finalizar, creio ser honesto partilhar com vocês o porquê dessa mobilização em explicitar esses termos. Na parte da tarde, tive a oportunidade, ao lado da professora Clara, de assistir uma mesa discutindo a Base Nacional Comum Curricular, com a presença das professoras Zilma de Moraes (uma das idealizadoras do texto), Maria Letícia e Mônica Pinazza. Além dos esclarecimentos dos parâmetros que a professora Zilma e suas colegas utilizaram para realizarem a escrita do material, fiquei impactado com o apontamento da mesa para que o documento explicite os conceitos dos termos-chave do documento. Compreendi que também era necessário realizar esse movimento aqui na nossa Unidade. Afinal, precisamos compreender adequadamente o que os termos significam!

Cristiano
25/03/2016

P.S. 1: esta semana, não recolherei os diários de bordo, pois estou terminando a escrita do projeto dos aniversariantes do mês e desejo concluir a redação do projeto de leitura ou avançar bem nesse quesito.

P.S. 2: fechamos algumas datas, que, de verdade, espero serem seguidas: 30/03/2016: entrega da linha do tempo de cada sala; 04/04/2016: entrega dos projetos didáticos no meu e-mail (cralcantara@uol.com.br).

P.S. 3: os materiais que serão necessários para o desenvolvimento dos projetos, além de outros itens, devem ser entregues o mais rápido possível para a Marta.

P.S. 4: nosso prestador garantiu que até sexta-feira nosso ateliê estará pronto. Assim, remanejarei o armário que lá se encontra para a sala que, hoje, é dos professores e que será a sala da coordenação/almoxarifado, e a sala que hoje é minha será a dos professores/Projeto Especial Ampliado (PEA).

Tenho como hábito anunciar, com antecedência e por meio das devolutivas, as estratégias que vou empregar, com vistas a diminuir resistências e, às vezes, a antecipar possíveis mal-entendidos. Por tudo o que vi e ouvi do grupo até aquele momento, acreditei (e o tempo, infelizmente, mostrou que eu estava certo) que sairiam à procura dos escritores dos trechos escolhidos para compor as devolutivas.

Além de pontuar que eu pretendia usar trechos dos diários de bordo, vi que era essencial demarcar a questão de estar pesquisando e estudando os conceitos que procuramos desenvolver na escola. Contar com a colaboração da professora Mônica Pinazza em nosso processo de formação continuada foi um privilégio, e os profissionais precisavam entender isso claramente.

Precisava abordar, e a vinda da professora Mônica possibilitou isso, que o mínimo do comportamento que se espera de quem ouve uma especialista falar é abrir um caderno (de preferência, os seus diários de bordo) e vê-las anotando. Curiosamente, as pessoas com mais facilidade e maior compreensão dos conceitos eram as que mais efetuavam anotações.

Nesse período, ainda ouvia, em especial nos momentos de formação coletiva, que há coisas que são bonitas no papel, mas impraticáveis na realidade de uma sala de aula, que há teóricos que nunca estiveram em uma sala de aula e outras tantas coisas que visavam desqualificar a produção teórica apresentada ao grupo. Por isso, fizemos questão de frisar a produção da professora Mônica como algo que nenhuma pessoa apegada à prática de sala de aula poderia se furtar de se reconhecer.

Por tudo o que venho estudando e vivenciando nos congressos e fóruns que discutem a Educação Infantil, a questão do tempo, do espaço e do material são fundamentais à revisão do currículo para/com a infância. Quando me dispus a ir ao grupo da professora Mônica e ver as questões do Campo de Experiência serem tratadas de forma tão clara e focada na continuidade e na interação, acreditei que era hora de firmar determinados termos, no caso: continuidade, interação e saber fazer.

Infelizmente, não cheguei a me fazer compreender, por meio dessa devolutiva, nem para metade do grupo, no entanto, o exercício de apresentação e de consolidação dos princípios foi fundamental. O importante foi iniciar o movimento e demarcar claramente que não se trata de meras questões terminológicas; as palavras, nesse caso, carregam um significado que não pode passar despercebido ou ser tratado como mais um modismo que passará. Por isso, optei por terminar o texto esclarecendo que a cobrança que vi no debate da Base Nacional Comum Curricular me motivou a fazer o esclarecimento dos termos para a nossa escola.

Nos quatro "*P.S.*" que se seguem, são tratados prazos de aspectos que acredito valerem a explicação pormenorizada. No primeiro, abordo que não recolherei os diários de bordo, entregues semanalmente, para me dedicar a terminar a escrita de dois projetos coletivos da escola, para os quais os professores contribuíram com aspectos que desejam ver desenvolvidos, e eu fiquei responsável por finalizar os textos. É interessante que, em setembro de 2016, fui acusado de escrever e "obrigar" o grupo a fazer dois projetos nos quais não se reconheciam. E o melhor? Mesmo com minha saída da Unidade, em 2017 até a presente data, eles continuam a ser efetivados.

O "*P.S. 2*" poderia ser visto como um contrassenso. Se há na escola uma preocupação com as questões do tempo das propostas às crianças, o espaço onde elas acontecem e os materiais que são empregados, e o grupo começa a pensar nos Campos de Experiência, como pode a coordenação estar se preocupando com a questão da linha do tempo? Nesse quesito, precisava aplacar as cobranças da diretora, que, infelizmente, não partilhava dos nossos princípios e se apegou a aspectos de uma gestão que acreditava no controle como forma de exercer a liderança. Tanto que o "*P.S. 3*" dialoga claramente com essa perspectiva.

Por fim, o último *postscriptum* significa que teríamos, finalmente, um ateliê e que, por critérios burocráticos, haveria uma mudança de salas: a que é da coordenação passará ser dos professores, e a dos professores será a da coordenação. Com absoluta convicção, a maior dificuldade que pode haver no trabalho do coordenador não é formar ou debater conceitos com os professores, mas, sim, ter que se desgastar com a direção. E, aqui, não estou falando de debater conceitos, mas de ter que realizar um malabarismo conceitual entre o que você percebe ser o adequado e a mediação da visão "equivocada" da direção. É um exercício hercúleo.

Orientação aos professores do CEI 13 de Maio

Linha do tempo...

  O Laerte e eu terminamos de organizar as linhas do tempo que vocês apresentaram. Mexi em alguns itens que me pareciam claros e lógicos de serem alterados; quanto a outros, creio que vocês precisem se posicionar:

- *A hora da história deve aparecer diariamente e nos dois períodos; diversos professores não fizeram esse apontamento;*
- *Algumas pessoas apresentaram o termo "ATIVIDADE". Fiquei em dúvida de deixar, preferi o espaço em branco de alguns;*
- *Precisam de um espaço para escrever o que se realizará nos espaços como o ateliê, a varanda, a quadra etc.?*

  Peço que olhem cuidadosamente para os itens apontados por vocês, precisamos fechar definitivamente essas linhas individuais, para que eu possa fazer uma linha geral. Vocês estão recebendo os exemplares "definitivos" e os rascunhos que enviaram...

Cristiano
01/04/2016

  Esse material, denominado *Orientação aos professores*, só é empregado por mim quando há necessidade de se fazer uma orientação mais incisiva e pormenorizada ao grupo ou quando já houve a entrega de uma devolutiva e surge um tema importante que não pode esperar a escrita da próxima. É um recurso para ser empregado com parcimônia, caso contrário, pode desvirtuar a devolutiva.

  Aqui, expliquei ao grupo que eu e o secretário da escola tentamos mexer na linha temporal deles, e, o mais importante, tentei garantir momentos de leitura diários para a turma. Retirei também o termo *atividade*, acreditando que, depois, poderia problematizar melhor o que essa palavra representa.

Vivi, para a escrita desta orientação, a confrontação com todos os meus princípios norteadores, contudo, a pressão da direção para que esses tempos estivessem no Projeto Político-Pedagógico (PPP) e a necessidade da direção de ter o controle das pessoas que usariam os espaços da escola impediam qualquer movimento muito contrário a isso.

Nona devolutiva ao grupo do CEI 13 de maio

Contradições...

Um chavão que nós, que estamos trabalhando em educação, ouvimos muito é o de que os períodos das escolas são totalmente diferentes: a escola de manhã não parece igual à escola da tarde... Sem cair no mérito de qual período é melhor ou pior, é inquestionável que isso se passa nesta Unidade.

Sei que algumas colocações e devolutivas geram celeumas em um período, e passam tranquilamente por outro. Não quero reduzir a questão a uma colocação maniqueísta de que um grupo fala (por isso, é sincero), e o outro se cala (e, por isso, é falso) ou derivativos dessas posições...

Vou tentar fazer uma limonada desse limão. Procurarei ter parâmetros de que nem tudo agrada a todos, por isso, as pessoas se colocam. Entretanto, também tenho o discernimento de que tudo não pode sempre desagradar, assim, há pessoas que gostam de reclamar...

Há construções complexas de reflexão do fazer docente que mexem com as fundações da percepção do que lhes constituem como profissionais da educação. Sei que alguns(umas) precisam de um tempo maior para lidar com essa percepção; outros(as) não se deixarão tocar pelas proposições; e há uma parcela significativa que conseguirá ressignificar-se (basta voltarem às minhas devolutivas iniciais, que se recordarão que descrevi esse percurso).

Não sei se há dúvida ainda para alguém de que estou absolutamente seguro do que estou falando e apontando! Posso até trabalhar com a ideia de que algumas pessoas não gostam de se deparar com suas dificuldades formativas (sempre anuncio que todos têm, iniciando-se por mim). Mas, conforme vamos avançando nas proposições, parece-me que ora caminhamos uma casa para a frente, ora voltamos duas casas para trás, fazendo um paralelo com um jogo de tabuleiro.

Há uma insistente reclamação para com o tempo demandado, para realização do registro do diário de bordo. Já pensaram no tempo que gasto para ler os 18 diários? Além do tempo gasto na leitura, há a escrita de uma devolutiva individual, que, a essa hora, já devem ter percebido que não se trata de uma escrita de qualquer forma! E há a escrita de uma devolutiva geral... Sim, muitas escritas... muitas leituras... E por que essa opção?

Quando escolhi a profissão de professor (poderia ter sido engenheiro elétrico), escolhi por acreditar que, nessa profissão, eu seria um intelectual, que seria respeitado como um ser pensante e atuante. Tendo isso em vista, vejo cada um que partilha da minha escolha profissional como um indivíduo dotado do desejo de pensar, de refletir, e indo para além do desejo: sendo capaz de fazê-lo!

Todos os documentos oficiais da Prefeitura Municipal de São Paulo (PMSP), bem como a maioria das produções acadêmicas contemporâneas partilham da percepção de que nós somos intelectuais, que refletimos acerca de nossas decisões em sala de aula, que registramos nossas práticas e estamos aptos a partilharmos nossas dúvidas e nossas descobertas.

Esse movimento não tem nada a ver com a decisão de se ter uma vida acadêmica ou não! É simplesmente assentada na decisão de sermos reflexivos!

***

Estarão sem mim nos três dias de PEAs da semana que se iniciará, o que será um bom momento para fecharmos alguns procedimentos. As linhas do tempo de cada turma deverão estar prontas, com sua versão final entregue ao Laerte até terça-feira (12/04). Algumas professoras já efetuaram a revisão dessas linhas; estou dando essa data como limite para que, na segunda e na terça, vocês organizem a linha geral de cada período (pode ser numa cartolina), que deve ser entregue à Celina ou à Marta.

Na quarta-feira, gostaria que olhassem o projeto do aniversariante do mês e comparassem com os projetos didáticos das turmas, que vocês me entregaram. Além de perceberem se os seus projetos estão estruturados de forma parecida com

A estratégia formativa de oferecer devolutivas escritas semanais ao grupo de professores: alinhando concepções, partilhando orientações

o projeto citado, gostaria que conversassem e buscassem dialogar entre vocês como poderiam envolver outras salas nos seus projetos. Ao término desse diálogo, deve ser produzido um texto por cada professor(a) apresentando as possibilidades ou impossibilidades de diálogo. Há uma recomendação da PMSP para que escrevamos sobre o ato de elaborarmos os projetos (possibilita que retomemos os critérios e os princípios...).

Eu gostaria de ter realizado as sugestões que inicialmente falei que realizaria nas escritas dos projetos (ainda farei), mas acredito que todos perceberam que, esta semana, os prestadores de serviço trabalharam permanentemente na escola, e foi necessário ajudá-los, tanto fisicamente quanto no monitoramento do que faziam. Fiz a mudança da minha sala, li diários de bordo (sei que não poderia atrasar mais a leitura) e outras tantas demandas... Acho importante justificar, para que percebam que há critérios e princípios também nas minhas ações.

Um grande equívoco que cometemos nas Unidades Educacionais é este: perdemos os CRITÉRIOS e os PRINCÍPIOS! Nada pode ser efetuado com qualidade e intencionalidade sem a contemplação desses dois aspectos. Como posso ajustar ou avançar em proposições que auxiliem minhas crianças se os critérios e os princípios das minhas intervenções não estiverem claros?

Sou obrigado a demonstrar isso de forma muito clara, para ver se me faço entender: todos(as), em maior ou menor grau, produzem relatos que descrevem observações (por vezes, superapuradas e detalhadas), mas o que fazem com esse material? Na melhor das hipóteses, alimentará o relatório semestral de desenvolvimento da criança... E a intervenção que deveria ser realizada com base na observação? Ficou perdida...

Não há sentido em fazer NADA para as crianças! O sentido de tudo o que realizamos é fazermos JUNTO com as crianças! Será tão difícil entender esse processo? Há pesquisas (sim, sei de pessoas que não aguentam mais ler isso, uma pena, pois, ao procurarmos o ensino superior, estava explícito que valorizávamos o que a academia produzia) que procuraram o porquê de os professores da Educação Infantil no Brasil alegarem tanto cansaço em suas tarefas diárias... E qual a conclusão das pesquisas? As professoras brasileiras se cansam porque fazem muitas coisas para os seus alunos: recortam, pintam, colam, guardam, escolhem, decidem, controlam, e uma gama infindável de atitudes que poderiam ser realizadas pelas crianças, que, assim, vivenciariam, EFETIVAMENTE a autonomia... Porém, como perdemos esse critério e esse princípio na hora do planejamento, a autonomia não se concretiza nas atividades que elaboramos...

Vejam como a questão é complexa! As proposições da escola de Lóczy são claras nesse quesito da autonomia ser um critério e um princípio INEGOCIÁVEL. Há uma parcela considerável do grupo que deve ter compreendido assim: "É legal o que o coordenador apresenta. Vou fazer algumas alterações na forma como procedo e tudo estará bem!". Outra parcela pode ter pensado: "Legal isso na Hungria, na USP, na PUC ou em qualquer planeta que não seja nos meus anos de prática!".

Vou partilhar uma questão pessoal que deve servir de contextualização ao grupo, sobretudo para a segunda parcela anteriormente mencionada: eu não quis ser mestre nem doutor em Educação! Por quê? Por receio de fazer um trabalho que parecesse desconectado da realidade! Minhas pesquisas acadêmicas sempre estiveram embasadas em situações da minha prática! Estou indo a Águas de Lindoia com dispensa de ponto entre os dias 11/04 e 13/04 para apresentar a prática dos colóquios formativos de professores que escrevem diariamente acerca de suas práticas (que vivenciaremos aqui em junho).

Acabo de ter um texto aprovado para publicação que escrevi com uma professora a respeito da escrita dos diários de bordo. Faço esse movimento para estar alinhado com outras publicações que se preocupam, antes de qualquer coisa, em serem uma possibilidade de nortear a melhora e a compreensão de um saber fazer melhor, tanto meu, como coordenador, quanto dos profissionais que tenho a responsabilidade de coordenar.

Cristiano
08/04/2016

P.S. 1: a professora doutora Roberta Stangherlim gentilmente aceitou a participação da única professora que se dispôs a ir amanhã ao encontro na Universidade Nove de Julho (Uninove). Se alguém ainda tiver interesse de participar do grupo de pesquisa, procure-me, e será um prazer apresentá-lo(a) ao grupo.

P.S. 2: as linhas do tempo de cada sala, bem como a de cada período (que serão construídas em conjunto por vocês nos dias 11 e 12) devem ser entregues à Celina ou à Marta. Elas terão em mãos uma lista para confirmação (as professoras que já fizeram a entrega de suas linhas de tempo individuais terão seus nomes já sinalizados com essa entrega).

P.S. 3: os textos individuais da experiência de escrita dos projetos e a sua partilha deverão ser entregues à Celina ou à Marta na quarta-feira (13/04).

P.S. 4: para que os professores responsáveis pela organização da festa dos aniversariantes deste mês possam se organizar, informamos que ela será no dia 29/04/2016 (sexta-feira).

Mais uma vez, os ânimos se aqueceram e resolvi voltar a ser assertivo com o grupo. Reconheço, como fiz anteriormente, que esse movimento não é simples, não me é agradável e, muito menos, feito à revelia de uma reflexão acerca de perdas e ganhos. Contudo, ao coordenarmos um grupo, se recuarmos todas as vezes em que os integrantes se juntarem, dificilmente avançaremos ao que é importante.

Havia um movimento muito questionador e de confrontação do grupo da manhã, atitudes que não eram protagonizadas pelo grupo da tarde. E, como quis deixar bem demarcado, não estava valorando nem um nem outro como melhor ou pior, mas, sim, que agiam de forma distinta.

A reclamação para a realização do diário de bordo, com predominância para a questão do tempo que se leva para efetuar a sua escrita, é sempre recorrente aos grupos que o escrevem, mas esse é um item inegociável da minha estratégia formativa. Tento deixar isso muito nítido para o grupo.

Demarquei isso na analogia a um jogo de tabuleiro, quando escutei e presenciei situações que, para mim, estavam mais do que superadas, porém, que insistiam em se apresentar quase em uma perspectiva de um teste de limites e de convicções. A alteridade não será uma característica muito presente nesse grupo, mas não me impediu todas as vezes em que eu consegui me colocar como exemplo ao tentar empregá-la. É esse desejo que me permite escrever e tentar que percebam o quanto de mim está envolvido na leitura do diário, na escrita das devolutivas individuais e, depois, na escrita da devolutiva geral.

Retomei a questão do professor reflexivo, fui contundente nisso e não abri mão desse movimento! Impacto-me até hoje com o fato de os profissionais se sentirem autorizados a desrespeitarem as orientações oficiais e legais nesse quesito e efetivarem uma postura reflexiva apenas quando lhes convêm (se é que podemos chamar de "movimentos" em grupos com o objetivo de boicotar ou de tumultuar um processo de verdadeiramente reflexivo).

Fiz algumas considerações de aspectos cotidianos da escola, com destaque à "bendita" linha do tempo. Nem preciso explicitar o quanto ouvi da direção que estava atrasado nesse item, e como eu esperava conseguir fazer algo de efetivo na escola sem esse item básico.

Voltei a uma discussão mais geral e profícua (ao menos no meu ponto de vista) a respeito do que compreendo por critérios e princípios e de como a não explicitação destes itens gera um grande estresse na escola.

Acredito que foi fundamental demarcar ao grupo que iria a um congresso de formação docente e que estava publicando um texto escrito em parceria com uma professora da escola que coordenava no ano anterior. É necessário que o grupo tenha a clareza de que minhas proposições nascem e se ancoram em um cabedal teórico sólido. Na verdade, não creio ser possível assumir uma postura assertiva e tentar auxiliar na mudança de práticas se a pessoa que for responsável pelo processo formativo não tiver segurança e respaldo teórico sólido.

Os "P.S." desta devolutiva são emblemáticos. Inicio apontando que apenas uma professora aceitou ir ao grupo de estudo liderado pelas professoras Roberta Stangherlim e Lígia Bulhões, que, muito educadamente e de forma prestativa, acolheram a mim e a todas as professoras que coordenei e demonstraram interesse em participar desse grupo de pesquisa vinculado à Uninove.

Os dois "P.S." na sequência lidam com as questões da linha do tempo e da reflexão acerca dos projetos que seriam desenvolvidos pelo grupo.

E finalizei fornecendo a data da festa dos aniversariantes do mês. O projeto foi entregue aos professores para poderem opinar, e, nele, há um cronograma de salas que serão responsáveis a cada mês pela festa, só não fechei a questão sobre quais seriam os livros que embasariam cada evento.

Segunda orientação ao grupo do CEI 13 de maio

Quando escolhi indicar na linha do tempo de cada turma a escrita do diário de bordo no momento de descanso das crianças não o fiz de forma aleatória. Há indicativos em alguns documentos oficiais de que esse momento deve ser usado para tal, mais precisamente ao mencionar que os registros diários das crianças podem ser efetuados nos momentos de descanso das crianças.

Como o nosso instrumento de registro é o diário de bordo, acreditei ser pertinente deixá-lo sinalizado na linha do tempo. Algumas professoras pontuaram que não usariam esse momento só para escrever diários de bordo! Concordo: a observação ao sono da criança e o atendimento de alguma necessidade da criança deve estar em primeiro lugar, isso é inegociável.

Após o atendimento dessas especificidades, podemos realizar outras atividades. Pelo que entendi, vocês até já o faziam, como: responder agendas, preencher o caderno de passagem, efetuar a chamada, entre outras demandas mais burocráticas! E creio que sempre o fizeram, atentando-se e procurando atender às necessidades das crianças! O que eu compreendi que há de diferente é a escrita do diário de bordo... Será que é preciso criar uma situação que não se sustenta por isso?

Sugiro que as pessoas efetuem registros pontuais ao longo do dia, e que no momento do descanso das crianças efetivem um relato mais sistematizado. É uma estratégia que lanço mão, bem como a maioria das pessoas que efetuam relatos diários o fazem. Não tem cabimento deixar de atender às crianças, seja no descanso, seja na rotina diária, em nome de uma preocupação com o registro. Espero que isso esteja claro ao grupo!

Como estamos vendo no texto do Projeto Especial Ampliado (PEA), as resistências à escrita do diário de bordo são normais. Eu já coordenei três outros grupos, e não tive a felicidade de encontrar nenhum que delirasse de felicidade em escrever diários!

Acredito, sinceramente, que todo mundo nesta escola já tenha recebido uma devolutiva individual que tenha auxiliado a pontuar algum aspecto da sua prática! Não? Alguns começam a receber materiais que podem ajudar no seu dia a dia: já entreguei panfletos, livros, DVDs e outros materiais aos professores e às professoras que descreveram o que estão fazendo com as crianças.

Essa dimensão do diário é a mais gratificante para mim, é a que dará mais certeza a vocês da importância do registro, porém, para ela se efetivar, é essencial que eu tenha elementos nos seus relatos para conseguir perceber o que ocorre em suas salas.

Começarei a chamar professoras e professores para conversarmos de forma mais individualizada, pois desejo ser mais pontual em alguns tópicos que ainda percebo que, em grupo, são difíceis de serem alcançados. Todavia, o êxito dessa intervenção só será possível se houver uma abertura para tal.

Minha índole não acredita que alguém se move na má-fé, que não deseja refletir e que não o seja capaz de fazê-lo. Logo, espero que vejam esses momentos como uma forma privilegiada de apresentar-me seus pontos de vista e quem sabe, compreender os meus!

O tempo é um bem muito precioso, não gosto de perdê-lo (se é que isso é possível) e nem fazer outras pessoas o perderem! Voltando à figura do Coelho de "Alice no País das Maravilhas", não podemos, contudo, simplesmente sair correndo porque estamos atrasados... Defendo veementemente que a escrita auxilia na reflexão e diminui essa lógica da corrida em busca do não sei o quê...

Seguindo os critérios e os princípios pelos quais advogo, não poderia me furtar de dar essa orientação por escrito. Assim, espero que fiquem claras as bases das quais estou falando, e, se desejarem construir um discurso contrário, ao menos procurem explicitar seus critérios e seus princípios...

Cristiano
11/04/2016

Essa orientação surgiu com vistas a diminuir resistências à escrita do diário de bordo e, ao mesmo tempo, voltar a contemplar uma questão procedimental da direção. Quando escrevemos na tão desejada e cobrada linha do tempo das professoras, que, no momento do descanso das crianças, elas deveriam escrever seus diários de bordo, fomos alertados de que isso não estava correto e de que, se alguma criança viesse a ter um problema durante o sono, a professora poderia alegar que estava escrevendo por ordem da coordenação.

Novamente, respirei fundo e, aproveitando o ensejo, apresentei ao grupo e à direção parâmetros mínimos do que estou empregando e como vou fazer uso dos escritos docentes. É um exercício muito desgastante! É difícil não contar com a compreensão da direção para temas complexos e que, por si só, já geram conflitos no grupo.

Dessa forma, esclareci ao grupo que não adianta relutarem em escrever os diários, que já havia enfrentado tal resistência em outros grupos e consegui "vencê-las", logo, não seria esse grupo que me faria mudar de ideia. Mais uma vez, usei a assertividade como uma forma de consolidar um princípio. Acredito ser essencial reafirmar que não emprego a assertividade para ganhar dessa forma o que não pode ser debatido no plano das ideias, mas, sim, que ela serve para deixar claro o que é inegociável ao grupo. A escrita dos diários de bordo foi apresentada como inegociável desde a primeira reunião pedagógica.

Décima devolutiva geral ao grupo do CEI 13 de maio

Águas de Lindoia…

Há um dado burocrático que deve ser cumprido quando temos a dispensa do ponto na Prefeitura Municipal de São Paulo (PMSP), que é a entrega de um relatório das atividades que desenvolvemos ao longo do evento. Aproveito essa obrigação para apresentar ao grupo que coordeno o que realizei nos dias em que fiquei distante da escola. Tenho como hábito, desde quando era professor, sair de uma a duas vezes por ano para dialogar com pesquisadores acerca das temáticas que me interessam e podem me ajudar no que realizo.

Nesses três dias nos quais participei do "III Congresso Nacional de Formação Docente" e do "XIII Congresso Estadual Paulista sobre Formação de Educadores", ouvi e vi muitas práticas que corroboram o que acredito e tento desenvolver com os grupos que coordeno.

No primeiro dia do encontro, 11/04/2016, participei do minicurso: "Educação Infantil: incursões pedagógicas na garantia do direito ao desenvolvimento integral nas creches", das professoras doutoras Maristela Angotti e Tatiana Noronha de Souza, ambas com anos de práticas na Educação Infantil e na pesquisa sobre esse tema.

Causou-me grande alento ouvir dessas profissionais coisas nas quais eu acredito e, apesar de eu estar há apenas 4 meses no Centro de Educação Infantil (CEI), saber que estou em consonância com o que elas defendem: infelizmente, não sabemos como trabalhar com as crianças da faixa etária do CEI; precisamos criar uma metodologia que dê conta da especificidade de SER criança (na verdade, que humanize o potencial humano das crianças); crianças de 0 a 6 anos podem ter edificações de SI diferentes de nós; precisamos pensar em situações de vivências que privilegiem os órgãos dos sentidos que vão além do ver/ouvir/cheirar.

O professor deve se ver e trabalhar como um profissional, precisamos ter BOAS pessoas trabalhando com as crianças! Precisamos ter pessoas que estejam melhorando como pessoas! Precisamos questionar constantemente as profissionais acerca de suas concepções de crianças. E de como essas concepções interferem nos seus fazeres.

As professoras apontam que conseguimos mudanças efetivas no plano legal no que diz respeito às creches, porém, isso não se transformou em práticas efetivas na Educação Infantil; indo mais longe: será que as profissionais têm noção plena dessas transformações?

Aqui, não resisti e perguntei: como conseguir que as pessoas percebam que precisam melhorar? Algumas pessoas deste grupo que coordeno atualmente, bem como de outros grupos que coordenei, são categóricas em dizer que não precisam mudar, são excelentes no que realizam (e, na sequência, vem um número de anos); e outras tantas afirmações que parece impossível ajudar a perceber a transformação que vocês apontam!

Para meu alívio, as professoras disseram que esse é o grande nó do trabalho de formação continuada, e que só viam uma forma de tentar superar esse quadro: problematizações constantes do fazer docente! Se não existir uma problematização sistemática e contextualizada das "verdades" sentidas pelas profissionais, dificilmente haverá abertura para uma efetiva mudança!

Apresentaram a estratégia de filmagem como uma estratégia que auxilia no autoconhecimento. Em São Bernardo do Campo, conheci um CEI que realizava essa estratégia de filmagem e, depois, a reflexão em parceria.

Por fim, porém não menos importante, as professoras mais resistentes devem ser lembradas de que a legislação mudou, e ela não pode ser ignorada! Como superar esse dilema?

A professora Maristela aproveita o rumo da conversa para apresentar alguns artigos das Diretrizes Curriculares Nacionais da Educação Infantil (DCNEI – Brasil, 2010); antes faz uma defesa apaixonada desse documento, reconhecendo-o como uma bela construção, que há muitos conceitos bem articulados. Exemplifica apontando que o Artigo 3, que versa sobre currículo, conversa com o Artigo 9, que apresenta como o currículo se efetivará.

Essa professora defende (e eu acredito MUITO nisso) que não importa o que veremos, mas, sim, COMO veremos... Nessa construção, os pais devem EFETIVAMENTE estar envolvidos no processo. Tudo pode se iniciar com a resposta à pergunta: qual escola você desejaria para seu filho?

A palestrante diz: "Há uma frase de António Nóvoa que muito me impacta. A professora diz que tem 20 anos de experiência. Mentira! É um ano de experiência, e 19 de reprodução!". Questionei-me quantas vezes não fiz e ouvi isso.

Na sequência, a professora partilha três construções que vejo como primorosas:

- Princípio não se aprende com conceitos, mas, sim, com a EXPERIÊNCIA.
- Autonomia passa pelo AUTOCONHECIMENTO e permite que se aproprie do próprio corpo.
- A instituição precisa se organizar para a vivência da criança: os horários da escola não devem estar a favor do ADULTO.

As professoras nos provocaram com a seguinte questão: por que as crianças "precisam" ir ao banheiro ao mesmo tempo? Indicou que ler acerca dos quadros de vida prática de Maria Montessori, em que o intuito é a criança bastar-se pode ser um bom início de conversa.

Os professores que lidam com crianças de 0 a 6 anos tem que ter clareza de como são modelos para as suas crianças, pois elas precisam de excelentes exemplos, afinal, é assim que elas aprendem nessa faixa etária.

Tomar cuidado quando uma criança vem feliz apresentar o seu trabalho e o professor interveem assim: "está faltando...", "ainda há tempo para...", "deveria fazer mais...", entre outras tantas colocações que chamem a atenção para a falta, e não para o realizado.

O minicurso seguiu nos provocando: qual a presença das DCNEI nos Projetos Políticos-Pedagógicos (PPPs) das escolas e, mais fundo ainda, nos planejamentos dos professores em relação às crianças? Quanto mais distantes ficamos das DCNEI, mais corremos o risco de importarmos práticas escolarizantes...

A professora apresenta o Artigo 8 das DCNEI, esclarecendo que, para se efetivar um trabalho com diferentes linguagens, será inevitável uma efetiva interdisciplinaridade.

Muitas vezes, a escola, ao trabalhar com as manifestações culturais, limita-se a reforçar estereótipos... Isso nos pede uma constante vigilância do que fazemos e de como fazemos.

A questão do respeito às crianças foi muito oportunamente abordada. Quando nós, adultos, empurramos as crianças para irem mais rápido, nós as cutucamos para não saírem da fila, nós as seguramos em seus braços, entre outras tantas manipulações que fazemos de seus corpos, sem ao menos pedirmos autorização! Sentimo-nos autorizados (por sermos adultos) a tocá-las de uma maneira que jamais permitiríamos que um adulto fizesse conosco. Para esse tópico, deixou-nos a referência: "Educação para subalternação", da professora Fúlvia Rosemberg (1997).

Chegando à metade do minicurso, apresentaram os seguintes desafios:

- *Como lutar contra a fragmentação das experiências?*
- *Como nos afastamos do modelo escolarizante?*
- *Como organizamos experiências que integrem as dimensões das DCNEI?*

Infelizmente, não há um receituário para tais questões, porém, algumas coisas devem e precisam ser problematizadas: há muitas pessoas na Educação Infantil que se preocupam em disciplinar o corpo da criança; muitos adultos que lidam com as crianças assumem o papel de recreacionistas de festa infantil.

As professoras realizaram uma provocação que vi como muito pertinente: as crianças mudam de fevereiro a dezembro, no entanto, suas salas de aula, não! Algumas vezes, as salas até empobreceram...

Esta questão foi o mote utilizado para uma nova problematização: será que percebemos como o cenário é tão essencial como o mediador em uma intervenção direta? Relatam que há 20 anos ouvem: "crianças, agora, vamos parar de brincar e fazer uma atividade!".

Outro ponto que chamam a atenção delas é o fato de que, em todos os países do primeiro mundo em que estiveram, e, por vezes, estagiaram, ficaram surpresas do uso que as escolas desses lugares fazem de materiais muito simples. Por vezes, justificamos a pobreza de nossos trabalhos na ausência de materiais, contudo, o problema está, na verdade, na pobreza de propostas.

Existem poucos gêneros disponíveis às crianças, e, quando há, normalmente, estão longe de suas funções sociais!

Nas escolas italianas, as crianças usam jarros e copos de vidros desde muito pequenas (por volta de 1 ano), e não há registro de acidentes, afinal, a criança, desde muito pequena, sabe que é vidro, reconhece o peso que esse material tem, e como se procede com ele.

Terminado o minicurso, participei da I mesa redonda intitulada "Profissão de Professor", com as professoras Menga Ludke, da Pontifícia Universidade Católica do Rio de Janeiro (PUC-RJ), e Dalila Andrade Oliveira, da Universidade Federal de Minas Gerais (UFMG), com coordenação feita pelo professor Celestino Junior, da Universidade Estadual Paulista (Unesp).

Essa mesa teve um viés mais teórico, abordando o quanto a palavra "profissional" não significa uma concepção neoliberal de Educação. As professoras reconhecem que a questão da profissionalização docente abarca as questões identitárias dos sujeitos que a exercem. Apresentaram teóricos como: Tardif, Cloud, Roldão e Dubart.

Após o almoço, apresentei um texto no painel que discutiu: "A formação continuada de professores da Educação Infantil de um município goiano"; "A pesquisa-ação como estratégia para formação de professores em contexto de trabalho";

"Contribuições da linguagem da dança para a formação do professor de Educação Infantil"; "Creche: caminhos da formação docente"; "Formação coletiva e participativa da comunidade escolar da creche na rede municipal de Santo André(SP)"; "Formação docente: a parceria entre universidade e escola nos estágios curriculares da Educação Infantil"; "Formação do professor da Educação Infantil – a observação dentro da observação é possível?"; "Grupo de estudos e pesquisas em Educação Infantil (Gepei) com professores: relato de experiência com a formação continuada"; "O currículo emergente no processo de formação continuada de profissionais de creche"; "Colóquios de experiências profissionais na Educação Infantil como desdobramento da escrita do diário de bordo: parceria e formação" (que foi a minha participação).

Como é possível notar, esse painel foi dedicado exclusivamente a questões da Educação Infantil, o que nos permitiu ouvir muitas pesquisas nesse campo e, depois das apresentações, retirar dúvidas e responder perguntas acerca da nossa apresentação.

Cristiano
19/04/2016

P.S. 1: nas próximas devolutivas, falarei do segundo e terceiro dias do congresso.
P.S. 2: acredito que os responsáveis pela organização da festa dos aniversariantes estejam se preparando adequadamente. Até o momento não fui demandado em nada. Espero que não deixem para o último momento...
P.S. 3: o ateliê está quase pronto! Estamos, por meio da figura da Paola, terminando de organizar um material que chamo de "inicial": as demandas e as COLABORAÇÕES do grupo que definirão como esse espaço se configurará nos próximos dias.
P.S. 4: está acontecendo o evento gastronômico denominado Restaurant Week. Há oportunidades muito boas de se comer um bom prato num restaurante excelente, por preços que são baixos, se comparados aos valores normais desses locais. Recomendo!
P.S. 5: algumas mães vieram me procurar para se colocarem à disposição para colaborarem na festa dos seus filhos... Como estão organizando essa colaboração? Recordo que só podemos aceitar produtos industrializados e com o cupom fiscal.

P.S. 6: os convites (salas com aniversariantes) devem ser entregues no máximo até quarta-feira para as outras salas (seria oportuno que as crianças que aniversariem o façam!).

O texto anterior é a maior devolutiva que compõe esta coletânea. Não recomendo escritas tão longas, porém, há assuntos que exigem tratamento minucioso. Cheguei a disponibilizar textos de oito páginas ao grupo, mas são desgastantes para se escrever, difíceis de se fazer compreender e, em geral, não atingem ao que se propõem (limpar diferenças ou padronizar procedimentos).

Nesse caso em específico, o que pretendi foi dar conta de um aspecto técnico (o relatório que a Secretaria Municipal de Educação de São Paulo – SME-SP – exige para efetivação da dispensa do ponto), e isso demandou muita escrita. Contudo, foi muito proveitoso poder partilhar com o grupo algumas de minhas angústias, dúvidas e percursos formativos. Acredito, e aqui sinceramente tendo a ser mais ingênuo do que pesquisador, que apresentar ao grupo que não me vejo e nem me compreendo como senhor de uma razão indiscutível, que busco parceria e que compartilho minhas problematizações é uma forma de conversar com os sentimentos que muitos dos docentes estão vivenciando e, quiçá, sinalizar uma possibilidade de aplicarem uma estratégia de superação às suas dificuldades.

Eu não poderia deixar de aproveitar as falas tão significativas das professoras Maristela e Tatiana, que, sem dúvida, dialogavam com o que proponho ao grupo, para partilhar como foi a minha apresentação no colóquio que, desde 2015, eu e a diretora da Escola Municipal de Educação Básica (Emeb) Padre Manuel da Nóbrega, em São Bernardo do Campo, articulamos. É um encontro semestral entre os professores de nossas Unidades Escolares que, por serem escritores de diários de bordo, acreditamos estarem mais aptos a divulgar e a compreender a divulgação de outras práticas. Destaquei que, em breve, teríamos a terceira edição do colóquio, no CEI 13 de Maio.

Retomei um ponto que já apresentei em outras considerações e que, a cada dia, tenho mais certeza da pertinência de sustentá-lo: recomendo a clara sinalização ao grupo sobre qual qual é a meta a ser alcançada. Não se pode titubear em determinar os princípios e os parâmetros. E, mesmo quando parecer (e, infelizmente, muitas vezes parecerá) que ninguém está ouvindo ou entendendo, é importante deixar registros, pois, quando o grupo começar a ligar os pontos, terão como contextualizar o percurso.

Os três *postscriptum* versam acerca do projeto dos aniversariantes do mês. Desejei muito que os projetos didáticos viessem das crianças, porém, como o grupo estava com dificuldade de realizar um projeto que fosse significativo a elas, compreendi que eu deveria intervir. Dessa forma, poderia auxiliar o grupo a refletir melhor sobre os critérios de execução do projeto e como desenvolvê-lo.

No "P.S. 3", abordei outro tema recorrente: o ateliê. Esclareci que a professora adaptada colocaria elementos nesse espaço que não seriam definitivos e que o grupo precisava decidir o que ficaria e o que sairia.

7.1 Após a enxurrada, o que fica?

Volto aos teóricos e profissionais que me acompanham e ensinam, e o uso da primeira pessoa do plural se faz necessário.

Nossa intenção, ao partilhar a experiência de escrita das devolutivas, foi a de apresentar uma estratégia que se mostrou adequada aos propósitos formativos da coordenação pedagógica tanto do CEI 13 de Maio como das outras quatro Unidades nas quais a empreguei.

Reconhecemos que os conteúdos que as devolutivas apresentarão e o tom da escrita será muito particular, todavia, não se pode abrir mão de premissas básicas como: combinados, sinalização de dicas gerais que atendam a uma maioria do grupo, exemplificações de boas condutas, esclarecimento de comportamentos inadequados e o porquê são inadequados, registro de como se iniciaram determinadas proposições ao grupo, e uma gama de possibilidades que dependerá de quem escreve as devolutivas fazer uso.

Ao escrevermos este material, inicialmente na busca de sistematizar esse processo aos membros do GCOL, pudemos perceber outra função importante da devolutiva: permitiu-nos contextualizar o percurso formativo do grupo e das nossas intenções ao adotarmos determinadas estratégias, conseguimos historicizar o percurso.

Ficamos muito impactados ao ler, perceber e contextualizar que muito do que fizemos no desenho da formação continuada na Rede Paulistana, na escrita das normativas de Registro e de Alimentação, além da coordenação da escrita do documento curricular da Educação Infantil, estava descrito nessas linhas.

Podemos dizer que subvertemos uma ordem que merecerá uma futura pesquisa. Normalmente, a teoria aparece nos documentos oficiais, seja nas normativas, seja nos decretos, seja nos currículos, e, com base nessa provocação, os profissionais procuram rever suas práticas, tendo como guia as proposições oficiais. Acreditamos, e isso explica, a nosso ver, grande parte da aceitação do que apresentamos à Rede, em que fizemos uma modificação, partimos da experiência (e do que impedia que ela ocorresse em sua plenitude) e procuramos "destravar" esses empecilhos.

Há muitos anos, ouvimos solicitações para escrevermos um livro que explique e exemplifique como fazer os diários de bordo. Em breve faremos este movimento, no entanto, precisávamos escrever e contextualizar o nosso percurso formativo, para que o processo ficasse claro a todos, e não ficássemos restritos a compartilharmos uma excelente estratégia (que é o uso dos diários de bordo).

... 8 ...

"Bem me quer, mal me quer...": contato com os crisântemos

Alessandra S. A. Siqueira Pinto
Cristiano Rogério Alcântara

O título deste capítulo se embasa em uma brincadeira que consiste em despetalar uma flor, declamando *"bem me quer, mal me quer..."*. Em geral, quem a faz tem a intenção de "saber" se a pessoa amada corresponde ao seu amor, e, para tal, torce para que a última pétala seja retirada quando se pronuncia "bem me quer". A protagonista das experiências aqui narradas, Aurora, uma criança de 13 meses, ainda não se preocupa com as coisas do coração ao despetalar a flor, porém, a possibilidade de fazer esse ato e a forma como a professora refletirá acerca da sua docência são bons prenúncios que o bem lhe quer.

Abordam-se, neste capítulo, dois aspectos centrais de quem lida com a primeiríssima infância: o primeiro é a importância de se compreender que uma criança de 13 meses possa ter *agência*, aqui entendida como uma forma particular e intencional de se relacionar com a natureza e com seus amigos; o segundo se dá no reconhecimento de que as relações podem (e devem) ser mediadas por um (ou vários) adulto(s). Não se pretende que a descrição efetuada seja um modelo fechado a ser seguido, até porque o trajeto que Aurora escolheu foi diverso do das outras seis crianças que compartilham a turma com ela.

Acredita-se que qualquer mudança significativa dentro da escola passe obrigatoriamente pelo envolvimento de todos os agentes que a compõem; não há mudança efetiva e duradoura que não seja fruto de uma construção coletiva. E a metodologia colaborativa é uma forma que:

> contribui para mudar qualitativamente a realidade da sua atividade docente, visto que, por meio dela, o pesquisador colaborativo, ao conceber a realidade estudada como seu objeto de investigação, além de aproximar a universidade da escola e a teoria da prática, constrói conhecimentos com base em contextos reais, descrevendo, explicando e intervindo nesta realidade, o que possibilita contribuir para transformar, de forma coerente e significativa, tal realidade, já que se instaura um processo produtivo de reflexão, de indagação e teorização das práticas profissionais dos educadores e das teorias que guiam suas práticas. Processo produzido **com** os professores, não apenas para os professores. (Cabral, 2012, p. 1, grifo da autora)

As experiências descritas neste capítulo se passaram no Centro de Educação Infantil (CEI) 13 de Maio, creche vinculada ao sistema educacional da Prefeitura Municipal de São Paulo (PMSP), sendo uma Unidade Direta[1] que atende 88 crianças e cuja faixa etária varia de 4 meses a 4 anos e 7 meses. A localização do CEI, a relação adulto/criança na Unidade Escolar e a distribuição das crianças nas salas de Berçário e de Minigrupo podem ser observadas no Capítulo 6.

---

[1] Além da Unidade Direta, há outra modalidade de creche na PMSP: as Unidades Parceiras.

Partilha-se o percurso adotado no CEI 13 de Maio com vistas a encontrar interlocutores para/com as questões desenvolvidas, bem como auxiliar quem começa a entrar em contato com as proposições da Pedagogia da Infância. Reconhece-se possam ter ocorrido alguns equívocos no trajeto, entretanto, nunca aconteceram por não se acreditar no protagonismo infantil e, muito menos, na importância da reflexão do fazer docente, princípios que sempre guiaram as proposições ao grupo.

Advoga-se em prol do protagonismo infantil e dos adultos no campo educacional, respeitando e vendo o Outro como capaz, valorizando as experiências com as crianças, que mostram que há diferentes e significativas formas de se atuar no mundo. Portanto, imbuídos do desejo de exaltar esses importantes aspectos, gostaríamos de usar os nomes reais de crianças e de funcionários da escola. No entanto, como os relatos foram escritos há alguns anos e o contato com as pessoas foi perdido, optou-se por usar nomes fictícios, de modo a preservar a identidade dos protagonistas.[2]

Existe pouca literatura que apresente uma prática docente a respeito de como proceder com as crianças da pequena infância. Muito dessa escassez se dá no receio de que, ao se compartilhar a experiência, a pessoa seja taxada de simplista (por reduzir aspectos complexos das crianças a meras atividades que pareçam "escolarizantes") ou de acreditarem que se advoga por um receituário, no qual se obriga quem lê a reproduzir o que é descrito.

Os autores deste capítulo não desejam ser compreendidos como simplificadores de aspectos que são por demais complexos e, muito menos, como modelos a serem seguidos acriticamente. Desejam, sim, partilhar uma experiência que, até o momento, mostra-se exitosa, tanto para as crianças, especificamente para Aurora, como para as questões da formação continuada, seja da professora Alessandra, que revê sua prática, seja do coordenador pedagógico (CP) Cristiano, que reflete acerca dos

---

[2] Inicialmente, este texto foi escrito na primeira pessoa plural para demonstrar a interlocução entre o coordenador pedagógico (CP) e a professora, porém, a compreensão ficava comprometida, pois os relatos do diário de bordo da professora estão na primeira pessoa do singular e, ao analisar as escritas e as filmagens, era difícil demarcar qual dos protagonistas falava.

instrumentos de registro empregados na Unidade Escolar para auxiliar na reflexão do fazer docente.

Percebe-se, por essa breve introdução, que se tocará em temas complexos e interligados, como: agência infantil, formação continuada, concepção de criança e de educação, protagonismo infantil, reflexão do fazer docente, intencionalidade docente, entre outros, que, em hipótese nenhuma, podem ser tratados de forma simplificada. Contudo, não poderão ser adequadamente aprofundados na extensão de um capítulo, por isso, a importância da unicidade deste livro.

Assim, elege-se o aprofundamento para a questão da agência infantil e da formação continuada docente por meio dos registros escritos e fílmicos, recorrendo aos outros aspectos como forma de contextualizar a prática, porém, desde este momento, reconhecendo não haver possibilidade de aprofundar cada temática neste texto.

Acreditamos que os outros capítulos ajudem os leitores a compreenderem o que estava/está em jogo nas proposições efetivadas.

8.1 Registros infantis, registros docentes: em busca da historicização do percurso

Não se pode prosseguir com a escrita do texto sem ponderar como há falhas em relação aos registros das vivências infantis e das práticas docentes nas escolas da primeira infância. Na verdade, o registro é um problema em todas as etapas da educação. Infelizmente, não há preocupação para além de seus aspectos legais; pensar nisso como auxiliar da historicização do percurso das crianças e dos professores ainda é um sonho distante na maioria das escolas.

Não se deixa as lentes das câmeras fotográficas ou de vídeo ligadas nos momentos cotidianos, e não existe preocupação em efetuar registros escritos pormenorizados do dia a dia, e muito disso se deve ao fato de se acreditar que as câmeras e os registros minuciosos só devam acontecer nos momentos tidos como especiais. Ao se proceder dessa forma, abre-se mão do maravilhamento que o cotidiano pode apresentar, e distancia-se de uma possível documentação pedagógica. Afinal:

> A atualização do contexto e do fazer educativo se dá por meio da progettazione, termo sem equivalência para o português, mas que difere da ideia de planejamento. Trata-se de uma escolha cultural que evidencia a criança a partir da própria criança, portanto, a partir da ideia de seu próprio tempo e de sua forma particular de interrogar o mundo. Igualmente aliada a essa ideia, a fim de acompanhar percursos que não são possíveis de serem previstos e nascem na emergência da experiência, a progettazione aparece como aquilo que pode dar vida a múltiplas experiências. (Fochi, 2015, p. 43)

A experiência é algo fluido, que não pode ser fatiado e descontinuado. Não há sentido em delimitar os registros às situações que pareçam "especiais" e deixar de lado a possibilidade de perceber como se dá o processo de investigação das crianças. Uma vez compreendido como as crianças investigam o mundo, aproxima-se da progettazione que o autor cita.

Depois de muitas leituras, em especial dos textos da professora Suely Amaral (Mello, 2009, 2010; Mello e Farias, 2010; Mello e Lugle, 2014), compreende-se que o mais importante, quando se lida com as crianças, não são os produtos finais das suas experiências, mas, sim, o processo de vivência delas; será o processo que apresentará o quanto as crianças aprenderam e testaram suas hipóteses. Logo, preocupar-se com o registro cotidiano, seja de que forma for, é vital para avançar nas proposições e reconstruir o percurso.

Pode acontecer de algumas Unidades Escolares não disporem de câmeras fotográficas nem de filmadoras, contudo, todos os registros fotográficos e fílmicos empregados para embasar este texto foram realizados pelo uso de aparelhos celulares, o que torna mais difícil a alegação de que não se dispõem de condições materiais para efetuar a proposição.

Por sua vez, os registros escritos que compõem o capítulo são retirados do diário de bordo da professora Alessandra. O ato de registrar diariamente o que se propõe às crianças, bem como as reações infantis a elas, permite à professora, em interlocução com a coordenação, compreender melhor as crianças e aprimorar, dia a dia, o seu saber fazer docente.

Após seis meses, o registro diário escrito no CEI 13 de Maio já se encontrava consolidado, mas o fílmico ainda tinha/tem muito a avançar. Procurando mitigar a lacuna de não se efetivar registros fílmicos das crianças, a coordenação pedagógica começou a gravar e a incentivar as professoras a realizarem pequenas gravações, muitas delas, em seus celulares, para problematizar e analisar o que registram.

O presente texto se constituirá da transcrição de dois relatos do diário de bordo da professora Alessandra, responsável pela turma de Berçário I no CEI 13 de Maio, nos dias 26/09/2016 e 27/09/2016; e pela análise de duas pequenas filmagens: uma com 15 segundos e outra com 1 minuto e 24 segundos, realizadas pelo CP tendo como foco Aurora.

As filmagens se dão em uma tarde ensolarada, na qual as crianças do Berçário I foram convidadas a descerem para a entrada da escola para observarem as flores. No entanto, antes de chegar à descrição da vivência, é oportuno contextualizar o que se estuda nos momentos de formação coletivos, horário no qual se desenvolve o Projeto Especial Ampliado (PEA), e como a professora Alessandra tenta aplicar as proposições à sua turma.

8.2 A formação continuada como possibilidade de se encontrar novos interlocutores

Na jornada docente das profissionais que trabalham no CEI de Unidade Direta da prefeitura paulistana, há momentos de estudo coletivo que estão incorporados à carga horária de todas as docentes. No CEI

13 de Maio, esses momentos acontecem de segunda à quarta-feira em dois períodos: das 7 h às 8 h e das 12 h às 13 h. As professoras da manhã ficam com as crianças das 8 h às 13 h, e as da tarde, das 13 h às 18 h. Assim, as professoras, antes de iniciarem suas jornadas com as crianças, efetivam o momento de estudo com a coordenação pedagógica.

Em outros capítulos, já descrevemos como a coordenação participava de grupos de estudo e como a professora Suely Amaral apoiou o CEI em 2016. A leitura dos seus textos e os debates coletivos proporcionados por eles mexeram com a professora Alessandra, pois o(a) :

> professor(a) pode organizar de modo intencional e consciente as experiências propostas na Educação Infantil para provocar o encontro da criança com a cultura, de modo a favorecer a apropriação pelas crianças da herança cultural da humanidade e, por meio desta, a reprodução pelas crianças das máximas qualidades humanas criadas ao longo da história. (Mello e Farias, 2010, p. 58)

Nesse ínterim, a coordenação apresentou as proposições do Instituto Pikler-Lóczy e foi adequando o espaço da sala referência do Berçário I, retirando os berços. Uma mãe de outra turma, com conhecimentos em marcenaria, fabricou módulos de madeira, que podem ser usados como labirintos e apoio às tentativas de locomoção das crianças. Dessa forma, o chão, que é de madeira, ficou livre para a exploração infantil, pois acredita-se que a:

> intervenção do adulto, ensinando ou simplesmente interferindo nos movimentos e nos jogos do bebê, não apenas perturba a situação de independência, substituindo o interesse do bebê por seus próprios objetivos, como também aumenta artificialmente a dependência da criança. (Falk, 2011, p. 35)

A partir de tudo o que vivenciou e leu, Alessandra apresenta uma constante indagação ao CP: como alcançar a articulação das proposições tão presentes nos textos da professora Suely e nas indicações de Lóczy para suas crianças, que são tão pequenas?

As crianças de sua turma ingressaram com, no mínimo, 4 meses e, no início do ano, nenhuma tinha mais do que um ano de idade. No momento da escrita deste texto, havia uma criança com 18 meses; uma com 17 meses; uma com 15 meses, duas com 13 meses e duas com 11 meses. O texto destaca as experiências de Aurora, uma das crianças com 13 meses, que foi a última a compor o grupo, chegando ao CEI no final de julho de 2016.

A vontade demonstrada pela professora de articular as proposições que são realizadas ao seu grupo com a mediação da cultura mais elaborada, que tanto se estudava no PEA, faz Alessandra afixar, na altura das crianças, duas reproduções de Monet: *Camille Monet e uma criança no jardim* (1875) e *O jardim do artista em Vétheuil* (1880). Suas escolhas embasam-se em dois critérios: o primeiro, por gostar da obra de Monet (dado importante, pois não se media algo de que não se gosta); o segundo, no fato de as obras representarem crianças pequenas (pensando em gerar identificação com as suas).

As crianças do Berçário I ouvem histórias todos os dias,[3] e a professora, sempre que possível e quando a história permite, chama a atenção para as reproduções de Monet que estão na parede. As crianças constantemente tocam nas reproduções e emitem balbucios, há duas crianças que iniciaram uma verbalização para flor: "*folor*".

A professora narra, por meio do seu diário de bordo, o encanto que as crianças apresentam para a questão das flores e demonstra o desejo de trazer flores reais para elas tocarem e cheirarem, procurando trabalhar com outros órgãos do sentido. O CP, ao ler esse desejo (os diários são entregues semanalmente para sua leitura e seu comentário), responsabiliza-se por providenciar as flores que a professora deseja.

---

[3] A professora descreve sua estratégia de mediação da leitura no IV Colóquio de professores que escrevem diariamente acerca do seu fazer docente, realizado em novembro de 2016 na Escola Municipal de Educação Básica (Emeb) Padre Manuel da Nóbrega.

O anseio da professora Alessandra concretiza uma figura de linguagem presente em muitos documentos e textos acadêmicos que apregoam que se deve "ouvir as crianças", e muitos profissionais creem ser necessário haver uma verbalização literal para se ouvir a criança. Ao perceber que se aproximam das reproduções de Monet por causa das flores (item que não foi inicialmente pensado, pois a escolha das reproduções se deu por conterem imagens de crianças), Alessandra faz um movimento de revisão do seu planejamento para atender ao que "ouviu" das crianças, reconhecendo que:

> As crianças devem ter contato com o conhecimento construído historicamente e serem valorizadas também como produtoras e coconstrutoras dos mesmos. Desse modo, o papel do Educador da Educação Infantil é daquele que escuta as vozes dos meninos e meninas, articula e apoia suas descobertas, criando condições para a produção do conhecimento de maneira integral e não fragmentada. (São Paulo, 2013, p. 103)

8.3 Um grande vaso de crisântemos

A coordenação pedagógica providencia um grande vaso de crisântemos amarelos. Euforia total! Cheiros e toques para cá e para lá! Após um certo tempo, a professora pergunta às crianças: "*Onde mais temos flores na sala?*". Três crianças se dirigem para as réplicas de Monet e uma delas tenta cheirar a reprodução e balança a cabeça negativamente. Interpreta-se o movimento como: "*aqui tem flores, mas não tem o perfume que acabei de sentir!*".

A mãe do Pedro, a criança que balança a cabeça negativamente, dá um importante retorno à escola quando pergunta se há um trabalho sobre flores acontecendo com as crianças, pois percebe que seu filho vem, durante as últimas semanas, interessando-se muito pelas flores no caminho da casa para escola e não deixa uma única flor passar despercebida.

No meio da comoção das crianças pelo vaso de crisântemos, Aurora não participa da euforia. Há muitos riscos e cheiros nesse primeiro momento pelos seus colegas, mas Aurora coloca-se estrategicamente em um ponto do qual observa tudo à distância.

Alessandra está atenta e registra em seu diário de bordo o seu incômodo pela postura distante de Aurora. A coordenação pedagógica, por sua vez, procura provocar a reflexão da docente por meio de duas perguntas: "*Aurora não teria outra forma de agência? Por que desejamos que exista uma forma de agência padronizada?*". Essas indagações não têm uma resposta simples, mas precisavam ser realizadas.

Aqui, se faz necessário dois reparos: o primeiro, que a professora tem um olhar bem apurado para as questões da agência infantil, tanto, que conseguiu perceber e anotou em seu diário de bordo a forma como a Aurora ficou distante do grupo. O segundo reparo está imbricado com a percepção da professora, mesmo reconhecendo que Alessandra tem um excelente olhar para as demandas e as interações infantis. Cabia à coordenação pedagógica problematizar o que ela pontuou! E a forma empregada foi realizando perguntas para as quais, a priori, nem a coordenação tinha a resposta.

O vaso de crisântemos ficou alguns dias no hall de entrada da sala de referência do Berçário I. Como nesse local não há incidência de luz natural, surgiu a necessidade de transplantá-lo para um lugar com luz e, preferencialmente, para um vaso com mais terra. Assim, começa a surgir a interligação que a professora tanto ansiava e não sabia como efetivar.

Para este capítulo, opta-se por transcrever na íntegra os relatos do diário de bordo da professora Alessandra. Muitas vezes, eles resultam de uma interlocução entre a professora e a coordenação pedagógica, logo, haverá passagens que precisarão ser contextualizadas, o que se dará ao término da transcrição.

As considerações que se seguem após a transcrição do material escrito pela professora foram submetidas à sua aprovação, e só o que foi aprovado e, por vezes, acrescido de contribuição, materializou-se nesta publicação. Como foi explicitado no início do texto, a metodologia colaborativa vê esse movimento como essencial para o empoderamento de todos que participaram da ação.

Segunda-feira 26/09/2016 – *Experiência em destaque: plantando as flores do Jardim de Monet.*

Hoje, nós fomos ao solário participar da retirada das flores (os crisântemos), para que fossem plantados num vaso que permanecerá na escola, logo na entrada, o que será muito importante para os bebês, de modo que sempre possam avistar as flores cujo cheiro foi trabalhado. Isso foi bem significativo!

Reunimo-nos, eu (professora), Solange (Auxiliar Técnica de Educação – ATE), Regina (agente escolar), que, literalmente, colocou a mão na terra (risos) e as crianças Pedro, Sophia, Rebeca, Aurora, Bianca, Tina e Max fomos ao solário. Chegando lá, encontramos o Berçário II (BII) já de saída, mas foi prazeroso encontrar com as crianças, convidamos a turma a participar conosco, e, assim, ficaram!

Comecei relembrando a gravura do Jardim de Monet (curiosamente, Pedro, Rebeca e Sophia cheiram as flores); as crianças do BII tocaram as flores com o Max e a Bianca, que estava no colo. Aurora sentada observava de "longe" a movimentação, ainda não se dá a aglomerados! (Risos.)

Então, disse às crianças que plantaríamos as flores (aponto o vaso) para que tenhamos por muito mais tempo e que, para isso, usaríamos, o vaso, uma terra bem escura e úmida e, por fim, colocaríamos flores. Mostramos a "pá", instrumento que utilizaríamos. Rebeca pediu para segurar (balbuciando lindamente!), então, foi entregue a ela, que olhou... observou... colocou dentro do vaso e sorriu!

Passei, então, para Regina começar o trabalho e todos observaram enquanto ela descrevia em voz alta o passo a passo. Pedro e Milena (uma aluna da outra sala) ajudaram retirando alguns galhos que não estavam firmes e pareciam bem secos; Rebeca aproveitou e colocou uma mão na terra e, depois, a outra, olhou para mim, juntou as mãozinhas e veio para mim, querendo que eu as limpasse! Disse: "Sujou com a terra da flor, que está no vaso! Rebeca gostou?". Balançou a cabeça fazendo que não! Mas riu logo em seguida, ainda com os braços à frente, e as mãozinhas com os dedos entreabertos (risos). Peguei um papel e ajudei na limpeza. Tina queria mais é saber da motoca; Bianca no colo pulando, querendo ir para dentro da casinha onde, naquele momento, estava Max.

Ao término, disse que teríamos as flores assim que entrássemos na escola, que eles podiam vê-las e cheirá-las sempre que quisessem, e chamar o papai ou mamãe para vê-las! Abracei a Regina e a agradeci pelo carinho com que tratou o nosso pedido; e, claro, não poderia faltar o nosso "Eeeee!!!".

A professora, por perceber que as flores foram muito significativas para as crianças, procurou a ajuda da funcionária Regina, que compreende muito das coisas de jardinagem, para transplantá-las a um vaso maior que ficaria na entrada da escola, como uma forma de envolver as famílias. O trabalho em parceria é muito incentivado nessa Unidade Escolar.

O solário, que foi utilizado para o replantio dos crisântemos, fica próximo da sala-referência do Berçário I, porém, como a turma estava completa, com as sete crianças que a compõem, foi necessário mobilizar três adultos. E, nesse ponto, reside uma questão muito importante: se a locomoção das crianças muito pequenas não for compreendida como essencial, a mobilização de pessoal causada por ela sempre será vista como uma desculpa para que não aconteça.

No CEI 13 de Maio, pode-se contar com apoio (Auxiliares Técnicos de Educação – ATEs – e agentes escolares) nos deslocamentos, sem prejudicar outras funções, porém, em outros CEIs que não contam com o quadro de funcionários completo, reconhecemos que tal movimentação pode ser mais difícil, o que implicará esforço redobrado das construções simbólicas e empíricas em jogo.

A professora procurou contextualizar para as crianças o que estavam realizando e, para tal, retomou as reproduções de Monet e explicitou que viu como curioso o fato de elas cheirarem as flores ao serem relembradas dos quadros. Mas, por diversas vezes, as crianças fizeram o movimento de cheirar os crisântemos e as reproduções dos quadros, sempre demonstrando que, nas réplicas, não se sentiam o perfume das flores.

E, nesse trecho, apareceu a primeira menção à protagonista deste texto, Aurora que, nas palavras de Alessandra *"sentada, observa de 'longe' a movimentação, ainda não se dá a aglomerados! (Risos.)"*, indicando claramente que a professora está atenta à forma como Aurora "não interage", como os outros, ao que é proposto.

O fato de a professora Alessandra, e, depois, a agente escolar Regina, narrarem o que estão fazendo, não como uma mera descrição, mas, sim, visando à compreensão das crianças é um sinal inequívoco de que se acredita na sua capacidade de atuarem no mundo ao redor.

As crianças não foram tolhidas dos seus desejos de atuação: Rebeca pôde manipular a pá e colocar a mão na terra sem nenhuma repreensão e, quando sentiu incômodo por ter as mãos sujas, foi explicado a ela com o uso de uma frase: "*Sujou com a terra da flor, que está no vaso!*" e ainda foi dirigida uma pergunta à menina: "*Rebeca gostou?*", sinalizando o respeito que se tem pela capacidade infantil de intervir e de compreender a situação proposta.

Não houve simplificação vocabular e, muito menos, a produção de um diálogo monossilábico, como se a demarcar que as crianças dessa faixa etária só pudessem entender uma conversa que usasse palavras simples e, preferencialmente, uma por vez.

Destaca-se que Aurora, apesar de não ter sido tão efetiva na manipulação dos materiais (pá, vaso, terra) ou de não ter ajudado a arrancar os galhos secos, não se "distraiu" como alguns de seus colegas, que focalizaram a atenção em outros objetos presentes no local, como as motocas ou a casinha de plástico. E nota-se que o convite para que a turma do Berçário II participasse da proposta dificultou ainda mais uma atitude ativa da menina , que já era reservada com seu grupo.

Mesmo a docente, indicando perceber que Aurora não é dada a aglomerações, logo, que tem uma personalidade diferente de muitos dos seus colegas de turma, não deixa de se incomodar com isso e, em certa medida, parece desejar, com o uso do advérbio "*ainda*", que Aurora chegue aos aglomerados. Como se chegar ao que todas as crianças fazem fosse uma meta!

A professora Alessandra, como já foi argumentado, é uma profissional atenta e cuidadosa com as intervenções que são realizadas com as crianças, atenta às observações que o CP efetua a respeito de sua prática e demonstra grande disposição a refletir acerca do que realiza. E, mesmo com todos estes predicados, que não são poucos, viu-se desafiada a conseguir compreender o agir diferenciado de Aurora. Isso reforça a necessidade de os momentos formativos nos CEIs serem dedicados à reflexão dos fazeres docentes que acontecem cotidianamente.

O relato a seguir será dividido em duas partes. A primeira terminará no momento em que a professora faz menção à filmagem, optando-se por essa estruturação, por se acreditar que ela contextualizará melhor a importância que a gravação assumiu para a reflexão docente. Então, serão descritas as duas filmagens, seguidas de breves comentários, buscando-se apresentar como a gravação foi uma estratégia exitosa para a compreensão dos atores (professora e coordenação pedagógica) da agência que Aurora exerceu.

Terça-feira 27/09 – *Experiência em destaque: procurando flores do Jardim de Monet, passeando pela área verde do Centro de Educação Infantil (CEI).*

Estávamos todos, menos a pequena Rebeca. Então, depois da higienização, o momento de "troca" com as crianças, cantamos algumas músicas de nosso repertório (Sophia agora canta junto comigo e acompanha as melodias; lindo de ver e ouvir!).

Durante o momento em que cantávamos, ficamos sentados no chão. Quando terminamos, comecei a falar sobre onde iríamos, o que veríamos e poderíamos ver, tocar enfim; Pedro logo se animou! Então, eu e algumas crianças fomos rever as flores (as do Jardim de Monet). Começamos a "operação descida" (risos), para chegarmos às flores e às plantas que estão dispostas principalmente na entrada do CEI.

Ficamos bem perto do rol de entrada, e as crianças, assim que chegaram, uma a uma se dispersaram. O Max "olha para tudo" (risos)! Grudou na grade para ver as crianças grandes brincando; logo se soltou, cambaleando, já que o chão é inclinado... (Risos!) Não sabia o que ver e no que mexer primeiro! Afoito, ávido por suas descobertas, correndo para mexer primeiro! Desejoso de novas descobertas, correu ao colo da diretora, que o havia trazido, buscando um ponto de apoio e de segurança! Contudo, foi um breve instante... (Risos!) Logo se largou na aventura, e desceu o corredor estreito da entrada e seguiu por ela, obviamente acompanhado... (Risos!)

Tina e Bianca sentaram-se pouco no chão, logo queriam colo, o que lhes foi oferecido prontamente e tudo observavam.

"Bem me quer, mal me quer...": contato com os crisântemos

Pedro e Sophia sentaram-se pouco, aventuraram-se no vaso das flores de crisântemos amarelos, cheiraram, pegaram, cheiraram de novo. Pedro arrancou um galhinho e, logo depois do menino, outras crianças pegaram o galhinho para experimentar, menos uma, que, ao assistir a gravação, inevitavelmente, chamou-nos a atenção: Aurora, a nossa Lolinha.

Antes de proceder-se à descrição da filmagem, crê-se ser importante contextualizar o que foi relatado até aqui, quando as crianças já estavam com suas necessidades básicas atendidas (por meio das trocas) e com suas atenções voltadas à professora, que utilizou a música para tal. Alessandra realizou uma explanação com as crianças do que fariam e sobre como poderiam proceder no espaço a que se dirigiriam.

Como no dia anterior haviam plantado os crisântemos (relacionando-os com as flores do Jardim de Monet), e Alessandra seguiu um fio condutor de suas proposições (as interligações que tanto lhe afligiam não conseguir realizar com suas crianças). Assim, procurou observar todas as crianças que estavam na entrada da escola e teceu significativas observações a respeito de cada uma.

Volta-se ao tema da importância da saída da sala de referência das crianças do Berçário I (de 11 a 18 meses), por se compreender o quanto Alessandra é atenta às necessidades de exploração de ambientes mais amplos. Muitos profissionais que lidam com essa faixa etária se recusam a proporcionar qualquer saída às crianças. Seja porque todo deslocamento implica uma operação logística, como a professora nomeou "operação descida", seja por defenderem que as crianças estarão mais seguras em ambientes que elas dominam ou, pior ainda, por acreditarem que elas, tão pequenas, não precisam realizar tais atividades.

As crianças, mesmo cientes do que iriam fazer na área de entrada da escola (observar outras flores, para além do vaso de crisântemos), têm a oportunidade de escolherem quais são as melhores posições para os seus corpos no colo dos adultos, como optaram Tina e Bianca, ou de explorarem o espaço, como fez Max.

A priori, Pedro e Sophia eram as únicas crianças envolvidas com as proposições de observar as outras flores do espaço e dirigirem sua atenção ao vaso de crisântemo. Entretanto, neste momento, faz-se necessário descrever as duas filmagens.

Primeira filmagem (duração de 15 s)

0:00 – Um adulto está com um galho que foi arrancado do crisântemo nas mãos.

0:02 – Esse adulto oferece o galho para Aurora, que recusa a oferta.

0:05 – Um dos adultos que acompanham a atividade diz: "Vai mexer na terra, Pedro!".

0:07 – Aurora acompanha, pelo olhar, seu colega Pedro se movimentar do vaso de crisântemos para o vaso de manacá-da-serra, um vaso maior, que possibilita mexer na terra.

0:08 – Quando Pedro começa a mexer na terra, olha fixamente para Aurora.

0:10 – Aurora deixa de acompanhar o Pedro e se concentra em observar as próprias mãos, como a observar se há terra ou não nelas.

0:15 – A filmagem se encerra com Aurora observando os adultos que estão falando e mexendo as mãos.

Somente a filmagem permite retomar pontos essenciais do que se passou com Aurora. Se, em um rápido e primeiro momento, a recusa em aceitar o galho de crisântemo pode confirmar a impressão de que Aurora se recusa a interagir, tanto, que a professora e a coordenação ficaram com essa impressão, retomar a filmagem por diversas vezes permite descrever e, agora, analisar profundamente itens que não foram passíveis de apreensão nas primeiras vezes em que se assistiu ao filme.

O fato de o Pedro estar em interação pelo olhar com a Aurora só foi percebido depois de se assistir ao filme dezenas de vezes. Como a duração da filmagem é pequena, e há o desejo de se realizar um artigo com base nela, foi possível chegar a esse grau de aprofundamento. Porém, isso não deixa de ser um alerta para quem deseja empregar a técnica de filmar suas ações didáticas, ou das crianças, para que não se atenha a uma primeira impressão.

Pode-se verificar as diversas vozes dos adultos que estão acompanhando as crianças com interjeições: *"Cheirando a planta, olha lá, olha lá!"*; *"Cheirando, olha, que coisa linda!"*; *"Vai mexer na terra, Pedro!"*; *"Senta lá, senta!"*; *"Ele cheirou a planta!"*; *"É, ele cheirou!"*. Observa-se que são seis intervenções a chamar a atenção das crianças em um período de 15 segundos! É muita perseverança da criança conseguir se concentrar em algo, pois, além dos diferentes materiais (plantas), do lugar diferente (entrada da escola), e da proximidade com adultos que elas só veem de vez em quando (que as auxiliaram a descer da sua sala), ainda precisam lidar com seis falas pronunciadas com muita ênfase e espanto.

Como foi apresentado no início deste texto, não se pretende apresentar um receituário de como se proceder, mas é inegável que os fatores espaciais, materiais e de pessoal devem ser adequadamente refletidos e analisados quando se deseja realizar uma proposição diferenciada às crianças e perceber o quanto tais elementos podem contribuir, ou não, para a agência delas. Olhar essa filmagem de forma rápida poderia confirmar a impressão inicial da professora e da coordenação de que a Aurora não desejava participar da atividade.

Isso, sem contar que o vídeo provoca a discussão do que é agência. Como os adultos ajudam ou atrapalham a realização da agência infantil? O que é estar "fora do padrão"? Não estar atuando naquilo que se espera? São questões que não serão respondidas, até para evitar o risco de simplificá-las, contudo, merecem uma cuidadosa reflexão.

Segunda filmagem (duração de 1min24s)
0:00 – Aurora arranca, com a mão direita, uma pétala do vaso de crisântemo.
0:04 – Acompanha o voo da pétala de sua mão até a sua perna.
0:05 – Tem a sua atenção direcionada para algo que acontece na escada de acesso ao local onde estão.

0:23 – Volta a olhar para o vaso de crisântemo.

0:25 – Começa a ajustar sua mão direita em direção a um botão do crisântemo; usa o polegar para acariciar o centro do botão quando iniciava o movimento de pinça para retirar uma pétala.

0:29 – Novamente, sua atenção é direcionada a outro acontecimento. Nesse caso, à fala da professora Alessandra com seus colegas Pedro e Sophia, que estão sendo apresentados à flor do manacá-da-serra. Quando está olhando o trio, esfrega as mãos.

0:37 – Ela olha para suas mãos e demonstra grande surpresa em vê-las vazias; no mesmo instante, olha para o chão.

0:38 – Focaliza sua atenção nas pétalas que estão no chão ao seu redor.

0:42 – Volta a olhar para o vaso de crisântemo.

0:43 – Arranca, com a mão esquerda, uma pétala.

0:46 – Tenta dividir a pétala recém-arrancada em duas, o que exige um movimento de pinça duplo, pois cada mão precisa segurar um lado da pétala.

0:50 - A pétala cai da sua mão; ela acompanha o voo, balançando a mão esquerda.

0:54 – Sua observação do chão (olhando para as pétalas) é interrompida pela passagem do seu colega Pedro.

0:57 – Volta sua atenção novamente ao vaso de crisântemo e, pela primeira vez, usa as duas mãos para chegar ao botão do crisântemo. Inicia o movimento com a mão direita, porém, como o botão tem pétalas pequenas, usa a mão esquerda para fazer esse movimento mais preciso e, com o polegar da mão direita, sente a textura do meio do botão.

1:04 – Consegue retirar a pétala com a mão esquerda; o movimento de pinça foi tão exigente que o polegar e o dedo indicador da mão direita são friccionados no ar.

1:08 – Sua atenção é, mais uma vez, direcionada à passagem do Pedro. Nesse instante, as duas mãos estão no movimento de fricção dos dedos indicadores e polegares, assim, a pétala cai da sua mão esquerda sem que ela perceba.

1:10 – Demonstra espanto ao olhar seus dedos da mão esquerda e não ver a pétala. Imediatamente olha para o chão, procurando-a.

1:14 – Mesmo com seu colega Pedro mexendo animadamente com as flores do vaso para sentir o perfume delas, Aurora não deixa que sua atenção seja direcionada a outra coisa: quer pegar mais pétalas.

1:20 – Com o polegar direito, detém-se por um bom tempo alisando o centro do botão do crisântemo, do qual, na sequência, arranca duas pétalas simultaneamente, o que parece incomodá-la, pois balança a mão com mais vigor, para que as pétalas saiam, e acompanha o voo delas de sua mão para o chão.

1:24 – Observa o chão.

Como não é o foco desta produção se ater aos ruídos que os adultos geram e como eles impactam a forma de interação das crianças com o meio, não haverá uma descrição minuciosa dos ruídos da segunda filmagem, como foi realizada na primeira. Porém, é possível anunciar que existiram e impactaram as reações da Aurora, bem como do grupo de crianças.

Retomar-se-á o relato do dia 27/06/2016, afinal, a partir deste trecho, há uma interpretação por parte da professora Alessandra de como percebe a filmagem e como lhe impacta as suas concepções docentes.

Tenho conversado com o coordenador pedagógico (CP) sobre a pequena que tem, notavelmente, vencido os desafios de um ambiente novo, com adultos que, até há pouco, eram estranhos, com os barulhos de outros pequenos como ela, enfim, com as novidades até no momento da alimentação que estar num Berçário I traz. Entretanto, notei que a Aurora, apesar disso, não aprecia estar muito próxima dos colegas, nem de estar no "meio" de onde as coisas estão acontecendo. Comumente, se os colegas estiverem ao redor de mim para alguma proposição, Aurora mantém-se um tanto a distância, poucas vezes interage com um colega (toque) e tem certo receio dos mais afoitos, como o Pedro e o Max, porém, participa, observa, interessa-se.

Há pouco, começou a dar os primeiros passos. Quando algum coleguinha esbarra nela, chora, muito "sentida", mas é acalentada, e logo se recupera. Percebo que tem movimentos leves, delicados, move bastante as mãozinhas, até para chorar o faz baixinho. Cheguei a me preocupar com o fato desse "não me toque" da pequenina... Obviamente, respeitando seu momento. Cheguei a pensar se deveria propor algo que a desenvolveria nesse sentido. Porém, conversando com o CP, percebi que, talvez, seja sua preferência, sua maneira de conseguir lidar com todos esses desafios e que muitas vezes nós adultos também o temos.

Na filmagem de hoje, não foi diferente: Aurora estava sentadinha, circulou pouco pelo espaço, até ofereci a ela o galhinho (que o Pedro arrancara), e pareceu-me que não havia interesse! No entanto, percebemos o interesse nos detalhes, no toque das flores. No dia em que ganhamos o crisântemo, no dia do "cheirar", todos estavam muito animados e, somente depois de todo esse movimento, Aurora se aproximou e veio experimentar: passou as mãos pelas flores, cheirou, sorriu...

À primeira vista, na atividade de hoje, pareceu-me estar desinteressada... Mas, assistindo ao vídeo, vi que foi o contrário! Aurora foi arrancando as pétalas, permanecendo no mesmo lugar, do mesmo jeitinho, olhou, jogou e voltou, até fazer os movimentos mais elaborados de pinça com a delicadeza de outra flor! Aurora experimenta! Alimenta e nutre, assim, a sua curiosidade!

Perderia esses movimentos se o CP não o tivesse filmado! A filmagem se mostrou uma ferramenta útil demais para a análise dos pequenos e das proposições que oferecemos. Para tal, essa ferramenta precisa estar à mão, e o movimento do CP de adquirir uma câmera e disponibilizá-la ao grupo é a materialização da parceria que tanto desejo e escrevo.

E, para terminar, tenho que escrever sobre o Projeto Especial Ampliado (PEA), no qual estamos estudando sobre respeitar as individualidades; para o respeito acontecer, antes de mais nada, é preciso conhecer, investigar as crianças, observá-las nas suas particularidades, assim, iremos descobri outros modos de experimentar, de participar. Conseguiremos desconstruir em nós a concepção de tratar as crianças de forma "massificada". Abrir mão das fôrmas colocadas em nós... essas que, talvez, tentamos colocar nas crianças... (meio me desculpando, risos). E tudo começa na observação, além, é claro, da disposição de acreditar que, *de fato, existem individualidades, que somos únicos! E, com os bebês (crianças bem pequenas... risos), isso não é diferente... Aurora, estou de olho em você e no seu experimentar!*

Percebe-se como o olhar da professora modificou-se em relação à Aurora, e o quanto é preciso estar vigilante para não se colocar (ou desejar) que as crianças entrem em modelos predeterminados. Visando explorar todo o material que é apresentado, analisar-se-á, parágrafo a parágrafo, o que Alessandra pontuou.

A interlocução que estabelece com o CP do CEI 13 de Maio é apontada pela docente como fundamental no seu processo reflexivo. Seu olhar atento às formas como as crianças interagem entre si e como as preferências infantis se consolidam é um item que não pode passar despercebido, afinal, essa capacidade de observação impacta nos registros e nas proposições futuras que a professora realizará.

Na sequência, Alessandra descreveu minúcias do comportamento da Aurora, desde o tempo recente que iniciou a andar e como se dão as interações dela com as outras crianças, com destaque para Pedro e Max. Novamente, faz menção à importância que vê em ter uma interlocução com o CP a respeito de suas impressões sobre a Aurora.

A conquista dessa interlocução, por meio dos diários de bordo, em grande medida, será o que dificultará à coordenação pedagógica utilizar e incentivar o uso da filmagem da prática docente como instrumento de registro. Por muito tempo, existe o interesse do CP de fomentar o uso da filmagem como técnica de registro das proposições às crianças e posterior reflexão coletiva, mas as resistências iniciais do grupo em escrever os diários e o início da compreensão da importância da escrita diária foram adiando uma postura mais afirmativa acerca do uso das filmagens.

Alessandra iniciou uma descrição mais precisa do que viu nas filmagens. A professora não faz menção em seu relato, mas o CP havia conversado com ela depois da gravação e lhe pergunta o que tinha achado da a participação da Aurora na atividade. Alessandra ponderou que Aurora ficou "na dela", que ainda tinha receio de estar com as outras crianças quando estas estavam agitadas e que melhorou por não chorar, mas que não parecia se envolver tanto quanto as que estavam tão atuantes na atividade. O CP solicitou que Alessandra produzisse um relato mais detalhado deste dia, com foco na Aurora e mostrou à docente as duas filmagens, por isso, a professora fez menção a elas no seu relato.

No texto, fica explícito todo o potencial que a filmagem pode ter para a reflexão docente, uma vez que a docente sinalizou que, ao assistir à gravação, modificou por completo as suas impressões iniciais acerca da forma como Aurora agiu na situação.

A professora terminou o texto ponderando que os momentos do PEA são essenciais para fortalecer sua compreensão de agência e individualidade infantil, uma vez que o CP defende para as professoras que as crianças são ativas, potentes, construtoras de cultura e que, nas interações, elas se humanizam aos olhos docentes. Reconhece-se que quem se dedica à formação continuada de professores e deseja auxiliar o grupo docente a compreender tais conceitos precisa criar situações que promovam suas vivências. Dessa forma, será possível ajudar os professores a desconstruir um imenso arcabouço procedimental e teórico que os acompanha e que vê as crianças, antes de mais nada, como seres nos quais sempre falta algo (emocional, cognitiva ou socialmente).

Ao se recordar do comportamento da Aurora no dia da apresentação do crisântemo na sala-referência (não quis, inicialmente, estar no meio da agitação, porém, quando a situação ficou mais tranquila, ela fez questão de ir ao vaso e de manipular a planta), a professora está admitindo a dificuldade de acreditar que uma criança de 13 meses possa ter uma forma individualizada de agir no seu entorno. É difícil, e não só para Alessandra, acreditar que Aurora apresenta agência, que tem uma forma singular de se envolver nas situações propostas e, acima de tudo, que efetua escolhas que melhor atendem a si própria.

8.4 Aprofundando a interpretação dos atos da criança e da professora

Pode-se, utilizando as filmagens e os relatos da Alessandra, aprofundar a interpretação de alguns aspectos, a começar pelos relacionados a Aurora.

O primeiro destaque se dá pelo esforço motor empreendido por Aurora todas as vezes em que se dirigiu ao vaso de crisântemo para retirar uma pétala. Não foi a intenção da professora, em momento nenhum, promover uma atividade motora quando levou as crianças à entrada da escola, mas todas acabaram fazendo uso de suas habilidades motoras, e o que chama mais atenção no esforço empreendido pela Aurora foi o emprego de um complexo movimento de pinça. Isso, por si só, justificaria a proposta, porém, ela precisou fazer outros movimentos que foram tão ou mais significativos.

O segundo destaque se dá pela capacidade de Aurora de conseguir concentrar-se no meio das múltiplas opções ao seu redor. Por quatro vezes, teve sua atenção desviada do que estava realizando com o crisântemo e, em todas elas, retornou ao vaso, um sinal inequívoco de que sua atenção estava direcionada fortemente às flores. Isso contribui para desmitificar que as crianças de pouca idade não se atêm muito tempo a uma atividade.

E o terceiro destaque diz respeito à tentativa de manipular os botões do crisântemo e suas pétalas, em que existe uma busca de uma relação causa-efeito evidenciada pela procura das pétalas no chão. As duas vezes em que Aurora se surpreende com a ausência da pétala em sua mão, ela direciona o seu olhar para o chão, como que a procurando.

As descobertas não se deram apenas por parte da Aurora: a professora Alessandra também realizou importantes descobertas, pois conseguiu estabelecer ligações entre o que é apresentado nos momentos de formação continuada (PEA) e sua ação (ou não ação; por vezes, controlar-se e não agir é até mais importante do que agir e, para muitos dos profissionais docentes, é mais difícil conter-se no não agir) nas proposições que efetiva as crianças.

A conscientização que alcança, por meio das filmagens, dos atos empreendidos por Aurora a faz desculpar-se pela forma inicial como percebeu as atitudes da criança. Não se pode esquecer que, para a cena descrita com detalhes e focalizada na Aurora, a professora tinha muitos aspectos para serem observados ao mesmo tempo, desde as duas crianças que estavam mais efetivamente envolvidas na proposta (Pedro e Sophia) até o Max, a Tina e a Bianca que, apesar de estarem nos colos ou na supervisão de outros adultos, tinham Alessandra como referência.

Faz-se tal observação para esclarecer que se compreende que não exista alguém que dê conta de todas essas multiplicidades, no entanto, é fundamental reconhecer que a pluralidade de fatos acontece, e quanto mais variadas forem as formas de registrar as intervenções docentes e as realizações infantis, mais haverá possibilidades de se compreender e, quiçá, de melhorar o fazer docente.

Alessandra demonstra que começa a compreender a proposta de formação continuada que o grupo recebe, pois termina suas considerações escrevendo: "*E tudo começa na observação, além, é claro, da disposição de acreditar que, de fato, existem individualidades, que somos únicos! E, com os bebês*[4] *(crianças bem pequenas... risos), isso não é diferente... Aurora, estou de olho em você e no seu experimentar!*".

A professora sintetiza, de maneira precisa, o que se almeja e se vê como essencial ao lidar com essa faixa etária: que minimamente se avente a possibilidade de as crianças serem capazes de apresentar traços de individualidades, de efetuar escolhas, de estabelecer formas de contato com mundo e de participar dele com efeito.

---

[4] Não se emprega a palavra "bebê" nos momentos de formação, por crer-se que remeta a uma concepção de um ser humano muito passível, por isso, os parênteses da professora acompanhados de "risos".

As crianças de todas as faixas etárias, sobretudo as que sequer verbalizam, precisam estar em contato com profissionais que verdadeiramente compreendam o que os documentos oficiais e as pesquisas acadêmicas mais recentes versam acerca da primeiríssima infância. Precisam estar com adultos que compreendam que ser sujeito de direito e potente é uma forma de atuar no mundo que está para além dos chavões pedagógicos. Elas precisam encontrar profissionais que sejam capazes de respeitar seus ritmos, seus interesses, suas individualidades e que lutem contra as uniformizações, as padronizações, as descontextualizações e outras atitudes que não permitam a assunção do protagonismo infantil. Em suma, que fomentem o exercício de suas agências.

8.5 Se uma síntese for possível...

Um plano formativo que leve em consideração as proposições da Pedagogia da Infância não pode abrir mão da preocupação para/com os registros das vivências das crianças e dos docentes. O tempo e a frequência diária vão permitindo que a professora veja que, quanto mais formas de registro forem empregadas, mais haverá possibilidades de reconstrução das situações e das perspectivas dos atores envolvidos.

Contudo, pouco adiantará fazer uso de múltiplos registros se a(o) profissional responsável não compactuar com a visão de que as crianças, mesmo as das mais tenras idades, têm agência, são sujeitos potentes, capazes, produtores de cultura e protagonistas do ato educativo.

***

Apresentou-se, neste texto, pequenos registros fílmicos, aliados aos registros escritos do diário de bordo, que ajudaram a professora Alessandra a refletir acerca da forma que compreendia a participação da Aurora nas proposições realizadas ao grupo do Berçário I, com crianças de 11 a 18 meses.

Reconhece-se que outras possibilidades de análise e de intervenção poderiam ser aplicadas, porém, realizou-se o que, no momento, era possível e factível, tanto à professora quanto ao CP. Frisa-se que a docente em questão é uma profissional com anos de experiência, desejosa de compreender a sua prática e ciente de que o conhecimento se constrói em parceria, o que muito facilitou o trabalho do CP.

Entretanto, as crianças não podem ficar reféns da "sorte" de encontrar professoras com o perfil da Alessandra, o que torna a função da coordenação pedagógica mais desafiante. Afinal, como responsável pela condução da formação continuada do grupo docente, cabe ao CP suscitar nele a necessidade de refletir acerca de suas proposições às crianças.

Crê-se que os registros escritos e fílmicos de suas práticas diárias com posterior análise são fundamentais para se alcançar uma prática intencional e alicerçada no que há de mais contemporâneo quando se trata de educar crianças em espaços coletivos e públicos. Os princípios éticos, políticos e estéticos preconizados nas Diretrizes Curriculares Nacionais para a Educação Infantil (Brasil, 2010) devem sair do plano das nobres intenções e fazer parte da postura efetiva das profissionais que lidam com as crianças da primeira infância, bem como das outras faixas etárias.

...9...

Intencionalidade docente e escuta das crianças: dimensões que podem caminhar juntas?

Alba Ferreira
Cristiano Rogério Alcântara
Daniela Hengler

Não poderíamos iniciar o texto sem traçar algumas contextualizações: iniciamos pelo uso da primeira pessoa do plural, afinal, estamos, como autores, sistematizando a contribuição de diversos sujeitos, logo, se nos expressássemos de forma impessoal, não faríamos jus às colaborações de todos os sujeitos implicados na ação (crianças, pais, funcionários, outros docentes e gestores). Outro dado que não poderia ser omitido se dá na particularidade de o Centro de Educação Infantil (CEI) 13 de Maio se constituir como uma

Unidade da Secretaria Municipal de Educação (SME) da cidade de São Paulo no ano de 2016, desse modo, todos os adultos participantes do projeto eram novos na Unidade Educacional. E, por fim, concomitantemente ao projeto "aniversariantes do mês", o grupo docente entrava em contato com os diários de bordo e com a efetivação de propostas didáticas que considerassem a Pedagogia da Infância.

Há um discurso, quase beirando o senso comum, de que a escola precisa ser um *locus* de conhecimento para todos os sujeitos que nela estão. Porém, o que se vê normalmente, em especial no que se refere à escola da primeiríssima infância, são adultos preocupados em preencher as lacunas infantis, preocupando-se com crianças que um dia virão a ser, e não com crianças que já o são.

Ao evitarmos usar o termo "escola", estamos denotando nossa contrariedade à possibilidade de não acreditar na potência infantil; nossa concepção é a de que a criança, mesmo a de pouca idade, é capaz de efetivar escolhas e de ter posturas protagonistas. Contudo, evitar o nome "escola" não significa, em hipótese nenhuma, o abandono de posturas profissionais por parte dos docentes. Ao contrário, uma Unidade Educacional para a primeiríssima infância deve contar, no seu quadro profissional, com pessoas capazes e reflexivas de suas intencionalidades didático-pedagógicas que visam, antes de qualquer coisa, a mediação consciente e intencional da Cultura mais elaborada, nos termos de Vygotsky (2014).

Não somos inocentes em desconsiderar as condições materiais e humanas como um facilitador ou dificultador das proposições que serão lançadas às crianças, mas restringir a elas o êxito ou malogro de uma possibilidade de aplicação das proposições da Pedagogia da Infância, a nosso ver, é simplificar relações que são por demais complexas e que nossa experiência no CEI 13 de Maio reforçou. Para não ficarmos repetitivos, retiramos os trechos que descrevem as condições físicas e humanas da Unidade, mas que podem ser acessados no Capítulo 6.

Neste capítulo, procuraremos descrever como se deu a ideia da Atividade Permanente "Aniversariantes do Mês"; na sequência, narramos a participação do grupo da Unidade Educativa no envolvimento da execução da proposta, apresentamos o encontro de outros interlocutores para as práticas desenvolvidas que ajudaram uma parcela significativa do grupo a rever suas posturas didático-pedagógicas e como as crianças entraram em contato com elementos da Cultura mais elaborada.

9.1 Apareceu um bolo: e agora?

No início de 2016, mais precisamente, no final de fevereiro, foi impossível não recordar, ao fim da "festa dos aniversariantes do mês", os versos de Carlos Drummond de Andrade: "E agora, José?/ A festa acabou,/ a luz apagou,/ o povo sumiu", sentimos que seria fundamental contextualizar melhor a festa, que aconteceria ao final de cada mês. Estamos em uma região da cidade de São Paulo na qual a empresa terceirizada responsável pela merenda escolar fornece, mensalmente, um bolo de aniversário para a Unidade Educacional realizar uma festa comemorativa a todas as crianças que aniversariam naquele mês (no Capítulo 7, é possível compreender melhor essa contextualização).

Em 2015, a coordenação pedagógica e alguns docentes estavam em regiões da cidade onde isso não acontecia. Quando o bolo de fevereiro chegou, foi uma surpresa para alguns membros do grupo, ao passo que outros demonstraram seus anos de prática, recorrendo a um *kit* festa, com o qual tinham certeza de a Unidade contar. E, para a surpresa dos que não estavam acostumados a verem as festas, havia vários *kits* com temáticas de personagens de desenhos infantis femininos e masculinos.

O grupo surpreendido, passada a comemoração, argumentou não ver sentido em a festa de aniversário cair na cabeça das crianças do nada. A coordenação acolhe a argumentação e, depois de algumas considerações, ouvindo a contribuição do grupo, apresentou a proposta de os temas das próximas festas partirem de obras literárias escolhidas pelas crianças. A maioria do grupo acolheu a ideia e, o melhor, engajaram-se na realização da proposta!

Houve uma clara intenção de propor tal situação ao grupo, em razão de o CP ter proibido as professoras de colarem alfabetos e numerários nas paredes do CEI, justificando que essa prática não estava de acordo com os princípios da Pedagogia da Infância. E foi-se além: para o nosso CEI ficar em consonância com a Teoria Histórico-Cultural (estudada nos horários de formação continuada), advogou-se ser mais importante as crianças vivenciarem o mundo da escrita, e não apenas decorarem códigos.

Assim, por meio da leitura, iniciou-se um movimento de compreensão do uso da escrita da forma como circula na sociedade. Com o passar do tempo, foi surgindo a necessidade de se criar cartões de aniversários, listas de itens a serem usados na decoração (que ficou a cargo das crianças), o acompanhamento via calendário de quantos dias faltavam para a comemoração, entre outras tantas demandas que foram atribuindo significado às letras e aos números, na forma de seus usos sociais às crianças. Todavia, a compreensão desse movimento não foi linear e jamais se restringiu a um simples "faça o que a coordenação pedagógica está indicando".

9.2 Uma atividade permanente que precisa ser coletiva e modificada com as contribuições das crianças

Este foi nosso primeiro dilema: precisávamos da contribuição de todos os participantes do grupo para potencializar a ideia da atividade permanente dos aniversariantes, mas tínhamos ciência de que estávamos lidando com profissionais em diferentes níveis de compreensão do que estava em jogo nas proposições efetuadas. Uma parcela significativa queria receber uma lista de elementos a serem cumpridos fielmente; outra parcela não acreditava na potência infantil para atuarem nas proposições que seriam efetuadas; e outra parcela cria que as crianças deveriam ser ouvidas e consideradas.

Nós nos aliávamos ao terceiro grupo, mas não poderíamos abrir mão de auxiliar os outros dois. Dessa maneira, a coordenação pedagógica ficou responsável por escrever um texto com as ideias discutidas em grupo. Transcreveremos e comentaremos a seguir trechos dessa proposta inicial.

Justificativa: *todos nós estamos construindo nossa identidade, porém, as crianças da faixa etária de 0 a 3 anos têm demandas que os adultos, em geral, já superaram: (a percepção de) quem sou em relação aos outros? Como estou no mundo? Como ocupo este mundo? Um marco de identificação das crianças dessa faixa etária são as suas idades!*

Há um acontecimento social demarcando as passagens das idades, que, muitas vezes, podemos comparar com rituais, que é a festa de aniversário! Podemos afirmar que a nossa sociedade ocidental valoriza as festas de aniversários como grande acontecimento na vida de todos. Existem grupos que realizam grandes festas para as meninas ao completarem 15 anos, e, como certa emancipação, a todos nós ao completarmos 18 anos!

Contudo, até chegarmos a essas idades, passamos por um processo que se inicia desde muito cedo. A família é o primeiro lugar de socialização da criança. Compreendemos a escola como o seu segundo local de socialização, cabendo-nos colaborar e apresentar os elementos que ajudem as crianças a se inserirem nos códigos sociais, entre eles, os que envolvem as festas de aniversário. Reconhecemos existir detalhes que não poderão (e nem é o desejo) ser contemplados na organização e na realização das festas. E outros que só serão possíveis de serem construídos por estarmos numa Unidade Educacional: o primeiro item a ser demarcado é o fato de as comemorações serem coletivas, *logo, haverá a mobilização e a implicação de um conjunto de crianças, pais e professoras na criação das condições necessárias para a realização das festas.*

Acreditamos caber à escola o papel de problematizar e de não reproduzir acriticamente as relações de consumo estabelecido em nossa sociedade; advogamos que as festas sigam como temática tanto para as decorações, como nos pratos a serem servidos, dentro do possível, os temas e os personagens dos livros de literatura infantil prediletos das crianças ou escolhidos pelo grupo docente.

Procurando aproximar esses momentos de festividades das práticas sociais, e reconhecendo a importância da família no processo educativo, recomendamos e incentivamos que os pais das crianças que aniversariam estejam presentes. Se houver interesse e possibilidade de participarem do processo de elaboração das condições materiais para as festas, melhor ainda.

Nossa justificativa procurou demarcar questões imprescindíveis para um trabalho significativo e intencional com a criança: a festa de aniversário ser percebida como um ato ritualístico; a construção social que sustenta a festa de aniversário; o fato de realizarmos uma festa coletiva; o papel da Unidade Educacional de problematizar a sociedade de consumo em que estamos inseridos; e a centralidade de envolver as famílias no processo de preparação e de execução das festas.

Acreditamos que, quando uma atividade permanente apresenta uma justificativa que é compartilhada e compreendida por todos os envolvidos, há uma maior possibilidade de acontecer um envolvimento de todos.

Conteúdo específico:

- Convite de aniversário.
- Bilhetes às famílias.
- Calendário.
- Leitura de livros literários.
- Confecção de materiais para decoração da festa.

Uma das partes, senão a parte mais polêmica da atividade permanente entregue ao grupo, foi o tópico dos conteúdos, afinal, como pensar em conteúdo para as crianças de 0 a 3 anos de idade? Parece quase um contrassenso diante das discussões que priorizam o brincar e evitam procedimentos de antecipar posturas escolarizantes.

O que fundamentou nossas escolhas foi o fato de esses conteúdos estarem inseridos em uma proposta de vivência da Cultura mais elaborada. Nenhum desses tópicos (conteúdos) foram tratados sem uma contextualização, o que permitiu ao grupo (docentes e crianças) ir ressignificando seus fazeres.

Não existiu aula de calendário, mas, sim, uma construção coletiva da necessidade de acompanhar quantos dias faltavam para a próxima festa. Quais eram os dias exatos de nascimento dos colegas que aniversariavam naquele mês? Em qual dia da semana seria a festa? Perguntas que, para serem respondidas, precisavam recorrer a um portador social chamado calendário. O "aparecimento" desse portador nas salas-referência se dá na perspectiva de atender a uma demanda dos grupos, e não porque os adultos decidiram aleatoriamente que seria importante saber o que é um calendário.

Parece um pequeno detalhe semântico, atender a uma demanda (até certo nível, criada pelo adulto) e simplesmente decidir ensinar o que é importante. Mas, como acreditamos que para ocorrer a aprendizagem é fundamental a participação ativa do sujeito que aprende, neste caso, as crianças, é essencial que saibam e compreendam o porquê de precisarem mobilizar-se para aprender. Dessa maneira, haver uma demanda clara é uma condição fundamental, e não um mero detalhe semântico.

Objetivo didático da Atividade Permanente

Um dos maiores desafios que encontramos na Educação Infantil é o de tratar a linguagem escrita em sua complexidade. Vislumbramos a oportunidade de efetivar as festas dos aniversariantes do mês como uma situação de uso real e significativo da linguagem escrita, seja na fruição das histórias literárias que serão o tema das festas, seja na confecção dos convites para as comemorações, seja toda a preparação que ocorrerá até o momento da cerimônia.

As festas de aniversário, como já apontamos na justificativa, têm, em nossa sociedade ocidental, um caráter de ritual. Cientes dessa peculiaridade, reconhecendo as valorizações das famílias e o quanto isso pode ser aproveitado para mediar novas proposições culturais às crianças propomos: compreender e utilizar os diversos portadores textuais que estão implicados numa festa, como o convite, a receita, o bilhete e o calendário. Todos aparecendo em suas condições reais de uso.

Esse procedimento também ocorre na preparação dos enfeites que estarão presentes na mesa e no painel das festas que estarão em consonância com as histórias infantis lidas para as crianças ao longo daquele mês.

Como as celebrações serão coletivas, será exigido de nossa parte que acolhamos as diversas sugestões dos envolvidos no processo: professores, funcionários, pais e, sobretudo, das crianças!

Esse tópico se embasa nas proposições da Teoria Histórico-Cultural, uma vez que os objetivos didáticos do projeto visam, antes de qualquer coisa, auxiliar as crianças a usar e a vivenciar alguns portadores sociais que utilizam a escrita de forma significativa.

As interações, que estão preconizadas em todas as legislações que versam sobre Educação Infantil, também estão contempladas nesse tópico, uma vez que a preparação da festa e sua execução precisam acontecer coletivamente.

O último trecho que gostaríamos de mostrar é o cronograma, pois nele se evidencia outro critério que foi cuidadosamente refletido pela coordenação pedagógica. Não se poderia deixar as proposições muito soltas e, ao mesmo tempo, não se deseja tomar a frente de tudo, assim, o CP sugeriria os três primeiros livros, e o grupo docente e as crianças determinariam o restante.

Quadro 9.1 – Cronograma

Mês	Professores responsáveis*	Obra que inspirou o tema
Abril	Luiz, Otávio, Daniela e Marina	*Bruxa, Bruxa venha à minha festa*
Maio	Ana Maria, Eunice, Wilma e Cristina	*Festa no céu*
Junho	Alessandra, Lucas, Inês e Aparecida	*A galinha xadrez*
Julho	Fátima, Julieta, Andreia e Lucineide	
Agosto	Luiz, Otávio, Daniela e Marina	
Setembro	Ana Maria, Eunice, Wilma e Cristina	
Outubro	Fátima, Julieta, Andreia e Lucineide	
Novembro	Alessandra, Lucas, Inês e Aparecida	
Dezembro	Todos participarão	

Observação: os livros não foram todos determinados para poder contemplar os interesses das crianças e as vozes dos professores.

* Alguns nomes foram modificados, para preservar a identidade dos docentes.

Claro que não foi a simples entrega escrita da Atividade Permanente que garantiu a mudança paradigmática da condução docente de seus fazeres. Foram necessárias muitas conversas, muitos questionamentos, tanto da coordenação pedagógica aos docentes como dos docentes à coordenação, muitas trocas entre os professores e a preparação de bons argumentos aos pais que desejavam acompanhar e compreender melhor esse processo.

Tivemos o privilégio de contar com a presença da professora e pesquisadora Suely Amaral Mello em nossa Unidade Educacional. Apesar de não tratar especificamente das festas de aniversário nesses encontros, a professora nos ajudou a compreender que, ao propormos algo às crianças, *o processo é sempre mais importante do que o produto final.* A aprendizagem acontece no momento da realização da proposta, nas interações que as crianças vão estabelecendo com os materiais e os adultos.

Logo, o que mais importava no processo da festa dos aniversariantes não era a festa em si; o que precisava ser adequadamente cuidado era o processo, a contação da história, o preparo dos enfeites, a confecção coletiva dos bilhetes aos pais, os convites entregues pelos aniversariantes aos seus colegas de outras turmas. As vivências e as situações coletivas propostas no decorrer do mês eram o mais importante.

Com a proposta de historicizar os caminhos percorridos com as crianças, a coordenação pedagógica pediu para que as professoras escrevessem pequenos relatos do processo vivenciado por suas turmas. Na sequência, apresentaremos as narrativas de duas professoras, a primeira da Alba Ferreira, seguida do relato da professora Daniela.

Antes desses textos, vale partilhar um fato importante: nos dois grupos de Projeto Especial Ampliado (PEA), os docentes eram unânimes em afirmar que o livro *A laranja colorida*, de Ronaldo Simões Coelho, era uma maravilha para o trabalho interdisciplinar, que deveríamos ter começado por ele, afinal, as crianças estavam muito interessadas e realizando coisas que iam para além da festa de aniversário. O CP, procurando ajudar o grupo a entender o percurso, sugeriu que escrevessem a experiência. Convidou as duas professoras a pensar em um artigo conjunto e provocou o grupo com a seguinte questão: "*O livro é um facilitador ou vocês estão mais abertos às proposições das crianças? Em outros termos: vocês, agora, entendem melhor as proposições que podem ser construídas coletivamente?*".

Os grifos e os comentários ao término do texto são de responsabilidade do CP, afinal, como o relato foi um pedido dele, coube a ele dar uma devolutiva às professoras, uma vez que há a preocupação de sempre se ofertar uma devolutiva escrita a tudo o que é solicitado por escrito.

Da laranja, faz mamão, piquenique e alegria

O processo iniciou-se no mês de setembro, com a história eleita para inspirar a festa dos aniversariantes. O livro "A laranja colorida" despertou o interesse das crianças e trouxe uma série de possibilidades de exploração. <u>Partindo da observação e das falas que emergiam das crianças</u>, trilhamos um caminho repleto de novas experiências e descobertas. Inicialmente, a laranja seria apenas um detalhe na história, mas a <u>curiosidade natural das crianças</u> a fez transformar-se na "estrela do projeto".

Após a leitura da história, algumas crianças perguntaram: "o que são aqueles carocinhos que os personagens tiravam da fruta?". Devolvemos a pergunta ao grupo e descobriram que aqueles carocinhos tinham um nome: semente.

Então, numa tarde, realizamos a exploração sensorial (tato e paladar) da fruta, com a caixa surpresa, em que cada um tentava adivinhar o que havia lá dentro. O Raul foi quem disse pela primeira vez que era uma laranja, e, a Mila, concordando com o amigo, revelou o segredo ao grupo. Depois, fomos ao refeitório, <u>fizemos a degustação da laranja</u>, mas de um modo diferente, com a missão de encontrar e retirar os carocinhos. Logo no início, surgiu o que seria o motivo para <u>o próximo passo</u>. Uma das crianças, ao retirar o carocinho da laranja, sugeriu: "Vamos jogar na terra, assim, pode nascer um monte de pé de laranja".

Após <u>uma breve pesquisa na internet sobre o tempo e o modo de cultivo da laranja e outras frutas, elegi uma fruta</u> que apresentasse um tempo mais curto para ser observado pelas crianças e que elas conhecessem, mesmo que só em pedaços (como lhes é oferecido no Centro de Educação Infantil – CEI): o mamão.

Dessa vez, a visão e o olfato deveriam estar apurados para a descoberta. Numa caixa com um pequeno furo, as crianças iniciaram as tentativas de desvendar o "mistério". Foram várias sugestões: banana, laranja, abacate (porque a caixa era pesada) e até sapato, já que a caixa era uma caixa de sapato. Até que a Carla e o Fernando, sentindo o cheiro, responderam ser o mamão.

As crianças puderam, então, tocar a fruta e explorar suas características; uma das <u>mais apreciadas foi o peso</u>. O Miguel se orgulhava por ser forte e conseguir pegar o mamão com uma única mão. Essa exploração inicial culminou na descoberta de que o mamão tem carocinhos (sementes) e que, plantados, eles podem fazer nascer outro pé de mamão.

Mas a laranja não saiu de cena: na escolha de um produto para compor o mercado[1], as crianças escolheram o refrigerante e a laranja. O processo de pintura da laranja foi sugerido pela Melissa e aceito pelo grupo, que testou e aprovou a nova técnica de pintura: o mergulho no pote.

Procurando ampliar as experiências das crianças, votamos em sala em uma fruta para fazermos um bolo: a maçã ou a laranja? Esse bolo seria levado ao piquenique. Por um voto a mais, a laranja foi a escolhida.

Pedimos a receita para os familiares das crianças: três famílias colaboraram e escolhemos uma receita, a da mãe da Carla, por ser mais simples e facilitar a participação das crianças em todo o processo. Como a receita indica o suco de 2 laranjas, as crianças tiveram também a experiência de fazerem o suco, numa tarde de sol. Usaram o espremedor manual e algumas crianças realizavam o movimento de espremer com precisão, aparentando ter contato em casa com esse utensílio doméstico.

Fizemos, então, o bolo, com ingredientes também trazidos pelas crianças, que se orgulhavam de ter colaborado para a receita: "Eu trouxe o ovo", dizia a Mila; a Catarina também disse: "Eu também, aquele é o meu". A receita foi feita com as turmas: MIID, MIA e MIB. E, por fim, vivenciamos o momento da partilha, com a turma do MIID, que trouxe as bebidas para o nosso delicioso piquenique.

Alba iniciou seu relato demarcando que partiu das observações realizadas com base nas crianças e na escuta de suas falas, item essencial para se alcançar uma proposta significativa à criança. Não há possibilidade de realizar algo contextualizado e intencional para a criança se não houver observação e escuta dela. O reparo a ser realizado nesse trecho inicial fica para a colocação de que há uma "curiosidade natural das crianças". Compreende-se o critério adotado pela docente, mas é fundamental frisar nesta produção: em um ambiente educativo, a intencionalidade está estritamente

---

[1] Referência ao projeto da nossa Unidade Educacional, que transformou uma barraca de *camping* em espaços lúdicos com as crianças. A primeira proposta era montar um supermercado onde as crianças poderiam brincar de realizar compras.

ligada ao conhecimento do desenvolvimento infantil, e o processo de humanização é *cultural*, e não natural, logo, é essencial ter compreensão das implicações que determinadas escolhas procedimentais assumem.

Alba demonstrou ter consciência disso quando propôs às crianças irem degustar laranjas, ato que todas já devem ter realizado ao longo de suas curtas, mas intensas, vidas de aprendizagens, e sua habilidade de boa ouvinte se manifesta quando acolhe a sugestão delas: "*vamos plantar!*". Ao ouvir a proposição infantil, Alba já traçou o próximo passo, manifestando sua intencionalidade.

A intencionalidade não cai em uma lista prescritiva por alguns elementos: o mais importante é que só há um próximo passo depois que as crianças o sinalizaram; há, também, o fato de que a professora precisava estudar, tanto, que recorre a uma pesquisa na internet para definir qual fruta seria plantada com as crianças, aprendendo, assim, junto com elas.

Alba recorreu a uma atividade tida como clássica na Educação Infantil: a "caixa surpresa" (há lugares que chamam de "caixa misteriosa"), normalmente compreendida como uma proposição que auxilia no desenvolvimento da linguagem oral, e auxiliou as crianças a perceberem uma característica matemática: o peso.

A docente, percebendo o interesse das crianças pelas laranjas, evitou o que alguns professores costumam fazer quando vão lidar com mais de uma proposta: a síndrome do "mais um". Há uma dificuldade de interligar as proposições; procuramos fechá-las em procedimentos que deem conta de um aspecto de cada vez, quase recorrendo a um *checklist* de conteúdos ou de intenções. Alba driblou essa dicotomia ao tratar das frutas no projeto do supermercado e, o melhor, auxiliando as crianças a testarem hipóteses.

A receita a ser utilizada foi solicitada às famílias, permitindo, dessa forma, que as crianças vivenciassem dois portadores textuais: o bilhete e a receita. A escolha da receita contempla a intenção pedagógica da professora, que era a participação das crianças na sua realização. E o fato de estar fazendo o bolo não a impediu de continuar a observá-las, tanto, que soube nomear quais apresentam facilidade na manipulação do espremedor de laranja.

A importância do registro se materializou de forma muito clara nessa passagem. Se a professora não efetuasse um registro na sequência dessa proposição, seria difícil informar o que cada criança realizou e, provavelmente, os relatórios produzidos ao final do ano estariam repletos de generalizações.

Percebe-se, e gostaríamos de frisar muito este aspecto, que o processo, seja do que plantar, seja da produção do bolo, é muito mais significativo do que o plantio e o bolo em si. Os profissionais da Educação que trabalhem com quaisquer faixas etárias, contudo, com especial atenção aos da primeiríssima infância, precisam compreender que o processo é mais significativo, senão, continuarão se preocupando em oferecer situações e proposições artificiais e uniformes às crianças, deixando de lidar com momentos que poderiam ser muito mais interessantes e produtivos para elas em nome de "produtos bonitos ou produções bonitas".

Na sequência, apresentaremos o relato da professora Daniela e, ao término, os comentários do CP.

O preparo da festa literária com base no livro "A laranja colorida", no mês de setembro, oportunizou o desenvolvimento de muitas atividades <u>baseadas nas necessidades e nos interesses das crianças</u>.

Conforme <u>estudado no Projeto Especial Ampliado (PEA)</u>, as ligações foram acontecendo, possibilitando desdobramentos, num processo contínuo de aprendizagens.

Construímos o calendário como temos feito desde o começo do ano. Neste mês, estaríamos comemorando o aniversário da Manoela, da nossa sala, e de várias outras crianças do Centro de Educação Infantil (CEI) em um acontecimento coletivo.

<u>Os objetivos, já claros para as crianças</u>, resultado de um processo que vem ocorrendo durante todo o ano: marcar e acompanhar a chegada da festa no calendário, confeccionar um convite, preparar um cartaz para todos aniversariantes do mês, decorar a festa.

Toda a construção da Atividade Permanente, contou como <u>instrumento de acompanhamento, rde reflexão e de avaliação: o diário de bordo</u>. Fazemos esse registro todos os dias acerca dos acontecimentos observados em sala, na busca de aprimorar e corrigir nossos fazeres, por meio de interferências, de sugestões e de diálogo constante com nosso coordenador, Cristiano.

Com base na leitura do livro, foi possível detectar a necessidade de aproximar as crianças (urbanas) do meio natural e rural.

Na mesma semana, uma <u>reprodução de um quadro de arte naïf</u>[2] foi colocada na sala, "Algodoal", pintura de José Antonio da Silva, que reproduz uma plantação, a qual as crianças observavam e não conseguiam chegar a uma conclusão do que seria aquilo. Fernanda aventou até mesmo a hipótese de serem "uma neve igual à da Frozen".[3]

Jônatas achou que o trabalhador rural ilustrado no livro "A laranja colorida" estava com uma arma cortante (que, na verdade, era uma enxada). Ficaram muito curiosos com relação às sementes encontradas na laranja e ao nascimento da laranjeira. Acompanhados da Regina durante a leitura, fomos convidados a construir uma horta no dia seguinte e, depois, as crianças já tinham conhecimento da amoreira: elas próprias sugeriram degustar as amoras.

A Construção da Árvore foi uma ideia deles para a decoração da festa. <u>Muitas hipóteses foram levantadas</u>: que partes tem uma árvore? Como fazê-la? Quais materiais e recursos do repertório deles iriam usar para construí-la? Investigando em nossos jardins – temos uma amoreira e uma pitangueira –, explorando tesoura, diferentes papéis, cola, fita crepe, sucata, a laranjeira foi acontecendo. Uma das crianças, Hao, assumiu a liderança do grupo no processo de tomada de decisões e de coordenação de esforços. Trabalharam com entusiasmo e ficaram empolgados com o resultado.

<u>Eu aprendi a deixá-los decidirem mais livremente</u> e fazerem sozinhos, reduzindo as interferências no processo.

Convite – elaboração e entrega: resolveram que tinha de ser uma laranjeira, que rapidamente solucionaram como fazer. E a interação com outros grupos ao entregar o convite e conversar sobre como seria a festa. Também levamos o "CD da festa", que tinha algumas músicas selecionadas, do Palavra Cantada, e "Pomar"

---

[2] N. do E.: expressão artística autodidata e popular, que valoriza a espontaneidade. Em francês, *naïf* significa "ingênuo", "inocente".

[3] N. do E.: referente à animação homônima dos estúdios Disney.

rapidamente tornou-se a predileta. Mais tarde, <u>elaboramos, em uma sala, um cartaz com todas as frutas da música</u>, que eles acompanhavam enquanto cantavam.

Essa Atividade Permanente acabou alimentando o projeto de construção do Mercado para ocupação da barraca e criação de um novo espaço de faz de conta. Fizemos no ateliê, por decisão das crianças, as laranjas para a seção de hortifrúti. Comemos uma laranja real, comparamos com uma de papel. <u>As crianças puderam perceber as diferenças entre aquilo que é de verdade e aquilo que é manufaturado</u>, e aplicar esse conhecimento em outro momento, no passeio ao zoológico, quando discutiram o assunto sobre os animais que eram reais, como o elefante que fez cocô redondo, enorme e fedido, dos dinossauros construídos, que visitamos no mesmo dia, em um ambiente produzido.

Já estamos no final de novembro, <u>estamos falando, ainda,</u> sobre laranjas, árvores, plantações... Presenciamos nossa pitangueira florescer e frutificar... Colhemos e experimentamos as frutas e também degustamos uma uma geleia deliciosa, feita pelo coordenador.

A professora Alba, da sala ao lado, realizando o movimento na Atividade Permanente, convidou-nos a fazer um bolo de laranja. As crianças adoraram participar. Levamos os sucos de frutas diversas: caju, uva e goiaba. <u>Tudo conferido e comparado com nosso cartaz da música "Pomar"</u>. O cheiro do bolo assando, saindo da cozinha enquanto brincavam no parque... Depois, o piquenique, debaixo da nossa amada amoreira, com os queridos amigos.

Daniela toca em muitos pontos similares à professora Alba, afinal, trabalharam em parceria, mas a professora Daniela sinaliza possibilidades e análises em que vale a pena nos aprofundarmos, e, nesse ponto, emerge algo muito interessante e desafiador: como potencializar o trabalho conjunto de pessoas que estão em momentos profissionais diferentes? Salientamos que ambas tinham (e *têm*, tanto, que participam da escrita deste texto) mais pontos convergentes do que divergentes.

Daniela iniciou seu relato localizando o leitor, explicitando que as proposições desenvolvidas com as crianças estavam alicerçadas nas necessidades e nos interesses infantis, uma interessante discussão que sempre desenvolvemos na nossa Unidade Educacional: como determinar o que seja a necessidade infantil? Sempre reconhecemos e tomamos cuidado para não "forçar a mão" em apresentar de forma fechada o que seria necessário para a criança.

A professora apontou que os momentos de estudo do PEA foram essenciais para compreender as interligações entre as proposições, e admitimos que o mais complexo em lidar com essa forma de trabalho com a criança, de ouvi-la e segui-la, está neste pormenor (que de "menor" não tem nada): como interligar as proposições? Como não deixar o processo de humanização e de mediação da Cultura mais elaborada não se perder no meio de um grande ativismo?

Daniela indicou que, em setembro, as crianças já compreendiam melhor os mecanismos da festa. Verdade, porém, hoje, afirmamos: os professores terem vivenciado as festas e visto a participação e a agência infantil, conforme preconiza Corsaro (2011), acontecendo de maneira significativa e participativa, impacta em suas conduções mais "livres" do processo. Assim, nos aproximamos do postulado de Loris Malaguzzi, que nos recomenda seguir as crianças.

Como uma construção que não se dá de forma solitária, seja nos momentos de estudo coletivo do PEA, seja na interlocução alcançada por meio da escrita sistemática do diário de bordo, a professora apontou como o outro a ajuda a avançar em sua reflexão, que impacta no seu saber-fazer. Precisamos compreender que nossa constituição como sujeitos se dá na relação com o outro.

A apresentação de um objeto cultural como a reprodução de um quadro de arte *naïf* é a concretização de dois aspectos que não podem passar despercebidos: o primeiro, a preocupação de se mediar a Cultura mais elaborada, pois as crianças (assim como qualquer pessoa) não saberão o que é o estilo *naïf* se não forem apresentadas a ele; o segundo, as crianças de pouca idade podem e devem acessar experiências que enriqueçam seu repertório simbólico, materializando-se, aqui, as três dimensões da educação: a política, a estética e a ética.

Há um equívoco comum que gostaríamos de evitar: proporcionar o contato com uma obra de arte *naïf* em nenhum momento significou ter "uma aula" sobre o assunto. Se assim procedêssemos, não estaríamos propondo o contato com a Cultura mais elaborada, mas, sim, aculturando as crianças de forma acrítica.

E onde está a segurança de se evitar o erro da aculturação? Quando há espaço para as crianças levantarem hipóteses, quando não há um quadro determinado de "atividades" a serem reproduzidas, e, o melhor, quando a participação e as sugestões das crianças são consideradas no planejamento e na execução do que se propôs.

Daniela nos presenteou com a descrição de sua aprendizagem, de ter aprendido a deixar as crianças decidirem mais livremente, o que não significou, em hipótese nenhuma, abandoná-las à própria sorte. Pelo contrário, esteve por perto, observou, transformou seu planejamento, acolheu sugestões das crianças, ouviu seus colegas nos momentos de PEA e dialogou com a coordenação pedagógica até modificar o seu saber fazer.

A mediação da Cultura mais elaborada não se deu apenas no aspecto pictórico e se estendeu de forma significativa para a linguagem escrita, quando surgiu um cartaz com as frutas de uma música de que as crianças gostam. Nessa situação, elas tiveram a possibilidade de vivenciar a escrita como suporte à memória, com a escrita ajudando-as a acompanharem algo de que gostam. Novamente, gostaríamos de marcar a diferenciação entre agir nesse contexto e "obrigar" as crianças a recitarem os nomes das letras dos alfabetos ou ficarem manipulando seus nomes e de seus amigos como única finalidade de "aprenderem" sobre elas, afinal, esses comportamentos são redutores do mundo da escrita e empobrecem as experiências e os contatos simbólicos que as crianças podem e devem ter, desde a tenra idade, com a linguagem da escrita.

No relato da Alba, vemos o conhecimento matemático aparecendo de forma contextualizada. No relato de Daniela, questões do mundo físico e biológico são propostas às crianças como decorrência do processo de significação, sem a necessidade de existir uma aula de Ciências ou de qualquer outra disciplina para isso.

O processo foi tão significativo que, mesmo terminado o mês de setembro, as crianças continuam interessadas no assunto, o que derruba um argumento que beira o "achismo", quando se fala que crianças de pouca idade não se interessam muito tempo pela mesma coisa. Diríamos que as crianças, inteligentes e capazes que são, não dedicam muito tempo de sua atenção a assuntos que não lhe são significativos.

Esse comentário não poderia terminar sem destacar o novo uso que o cartaz assumiu, porque as crianças o retomaram para conferir o seu planejamento e compararam o que tinham em mãos com o que estava escrito, outra possibilidade da escrita que só se aprende vivenciando-a, e não decorando códigos.

9.3 E assim chegamos a...

Os autores procuraram apresentar como a intencionalidade docente se concretizou por meio da escuta atenta das crianças, afinal, não houve proposição realizada a elas que não tenha sido o desdobramento de algo que chamou sua atenção, pois apenas dessa forma podemos alcançar a tão propagada proposição significativa.

Compreendemos que o trabalho docente intencional é constituído por várias interlocuções: inicialmente, com as crianças; depois, com outros docentes; e, quando possível, com um gestor (normalmente, o CP). Também compreendemos que quanto mais interlocutores encontramos para as nossas proposições, mais temos oportunidades de avanço do nosso saber fazer (tanto docente como de gestor).

Cabe à coordenação pedagógica propiciar espaços de reflexão e de acompanhamento do fazer docente, preferencialmente de forma sistematizada, recorrendo aos registros docentes e das crianças para, em conjunto, analisarem e compreenderem as motivações das escolhas procedimentais dos professores e os desdobramentos que elas originam.

A construção de uma escola pública de qualidade para a primeiríssima infância passa, obrigatoriamente, pela necessidade da formação continuada dos profissionais para lidarem com os seguintes temas: a criança como sujeito que já o é; o registro sistemático do fazer docente e das produções infantis; efetivos momentos de trocas e de reflexões entre os docentes, e entre o docente e a gestão.

Assim, a intencionalidade docente ganhará em potencialidade, saindo do campo discursivo e adentrando na proposição de mediar a Cultura mais elaborada, razão de ser do espaço educativo para a primeiríssima infância, pois só existe sentido em recomendar e defender que nossas crianças estejam em espaços educativos desde muito cedo se houver a compreensão de que colaboramos com seus processos de humanização.

Da profissão: leitor*

> *Leer, leer, leer, vivir la vida*
> *que otros soñaron.*
> *Leer, leer, leer, el alma olvida*
> *las cosas que pasaron.*
> *Se quedan las que quedan, las ficciones,*
> *las flores de la pluma,*[2]
> *las solas,*[3] *las humanas creaciones,*
> *el poso de la espuma.*
> *Leer, leer, leer; ¿seré lectura*
> *mañana también yo?*
> *¿Seré mi creador, mi criatura,*
> *seré lo que pasó?*[4]
> Miguel de Unamuno

---

* Original em espanhol, *De profesión: lector*. Tradução de Bruna Heringer de Souza Villar.

[2] N. da T.: optou-se por preservar a rima em vez do sentido castiço da palavra, que seria "pena" ("autoria", "caneta").

[3] N. da T.: a palavra "*solas*" não tem sentido no poema. Há discussões sobre o assunto se, no texto original, seria "*solas*" ("sozinhas") ou "*olas*" ("ondas"). Alguns estudiosos entendem como "*olas*", e, assim, optou-se por traduzir por "ondas", em razão do contexto.

[4] Tradução livre:

Ler, ler, ler, viver a vida
que outros sonharam.
Ler, ler, ler, a alma esquece
das coisas que passaram.
Ficam as que ficam, as ficções,
as flores da pluma,
as ondas, as humanas criações,
o pouso da espuma.
Ler, ler, ler, serei leitura
amanhã também eu?
Serei meu criador, minha criatura,
serei o que feneceu?

Recebemos, honradas, a tarefa de fazer um posfácio desta obra, que aborda a formação do professorado de Educação Infantil. Consideramos um privilégio e uma valorização do nosso trabalho. Aceitamos de imediato por dois motivos: o primeiro, já colocado, nossa vaidade; o segundo, por ler as reflexões de Cristiano Alcântara, com quem tão boa sintonia profissional e pessoal estabelecemos nas poucas horas que compartilhamos em nossa terra, na Galícia. Tínhamos percebido que nossas trajetórias foram similares em relação a inquietudes educativas e, assim, teríamos oportunidade de corroborá-las. Além disso, tinha despertado nossa curiosidade, pois intuímos que era uma pessoa sensível à Arte, à Cultura em geral, e em relação à Literatura, especialmente. Constatamos que nos encontramos diante de um especialista em Educação que reúne em sua pessoa conhecimentos de diversos âmbitos, o oposto desses "nanoespecialistas", que sabem muito do seu campo, mas são absolutamente ignorantes do que os rodeia. Ele é uma pessoa capaz de conexões, de inter-relações, de alianças, porque seu conhecimento especializado se retroalimenta da Sociologia, da Psicologia, da Linguística, da Política, das Artes, da Gastronomia, das Tradições, da Cultura e de outras diversas fontes. Assim, edifica seu ponto forte: sair da bolha educativa, dispondo de argumentos que relacionam o individual com o social, a causa com o efeito, as ações com suas consequências, os ideais com os destinos, a utopia com a realidade.

Agora, poderíamos dizer que o conhecemos muito melhor. Se, em uma obra, há sempre algo de autobiográfico, nesta, há tudo. É um processo de se despir completamente, para que compreendamos que não há nada impossível. É um exercício de honestidade, pelo qual ele trata de nos explicar e de explicar a si mesmo tudo aquilo que defende com essa paixão e veemência que – ele próprio sabe –, às vezes, no começo, são foco de crítica. Exemplo disso são suas três premissas fundamentais: *"a assertividade, o inegociável e a necessidade de dizer 'não'"*. Toda uma declaração de intenções. A crença de uma pessoa autêntica, que não utiliza a empatia para manipular, que não assegura nada em que não acredita e que não cede naquilo que prejudica os pequenos. Talvez, este seja o motivo pelo qual nos conectamos tão bem com Cristiano: o fato de não ter "papas na língua" para dizer as coisas que não favorecem a Educação Infantil. Concordamos, também, que a profissionalização dos docentes e seu empoderamento são os "motores" da mudança na escola.

Nos diários de bordo que tanto requer na formação do professorado, escreveu um texto narrativo de eminente caráter instrutivo, por meio do relato do que é o eixo de sua vida: a Educação, a Pedagogia, a formação, a docência, a investigação e a divulgação. Após a leitura das primeiras páginas e do que nelas declara, de imediato, vieram à nossa memória três de nossos livros de cabeceira que associamos à sua personalidade, à sua forma de fazer e aos seus gostos: *Loris Malaguzzi y las escuelas de Reggio Emilia, Diez nuevas competencias para enseñar* e *Leer contra la nada*.[5]

Desde o primeiro momento, Cristiano Alcântara se posiciona como um voraz leitor autodidata, que sacia seu apetite com a literatura, a poesia, o ensaio. Chegou a declarar que, em seu epitáfio, estaria: "*A Literatura me constitui pessoal, profissional e academicamente*". Dada sua paixão leitora, mostra-se horrorizado quando descobre que muitos docentes não são leitores, perguntando-se como esperar que medeiem a leitura a seu alunado ou como podem selecionar as leituras com critério. Assim, como ativista da leitura, recomenda livros (pedagógicos ou infantis) e até filmes aos grupos que coordena, e algumas de suas pesquisas versam sobre o fomento da leitura ou a mediação na estreita relação com o contexto sociocultural. Leitura e pedagogia cultural, muito além do ato prazeroso, são algumas de suas constantes que deixaram marcas além de onde esteve.

Um bom exemplo do resquício que deixam as leituras é o primeiro capítulo deste livro, no qual, partindo de fragmentos de *Alice no País das Maravilhas*, relaciona-as com os tópicos que encontra na

---

[5] N. da T.: *Loris Malaguzzi e as escolas de Reggio Emilia*, de Paola Cagliari *et al.*, *Dez novas competências para ensinar*, de Philippe Perrenoud, e *Ler contra o nada*, de Antonio Basanta Reyes, todos em tradução livre.

formação das professoras de Educação Infantil: o ativismo didático, a pressão ou a falta de tempo, o "ritmo alucinante de atividades que são propostas (ou impostas?)"; o "adultocentrismo", o "imediatismo", a unicidade do ponto de vista, as procuras do "texto redentor", a "modernidade sem o amparo de uma ação efetiva" ou o "cortar cabeças aos que se atrasam". Fiel reflexo da realidade formativa é a cena em que o Gato diz a Alice que, se ela não sabe aonde ir, qualquer caminho é válido, ou quando a protagonista deve relatar seu sonho à sua irmã. O diálogo lúdico entre a Literatura e a formação é uma de suas sutis estratégias para abordar questões-chave sensíveis ou duras para o professorado.

Foi por esse motivo que, desde o primeiro momento, decidimos que o título de nossa colaboração seria *Da profissão: leitor*. Porque o professor Alcântara não é apenas um leitor "entre as linhas", é, além disso, leitor dos sinais que existem no caminho e que para muitos passam despercebidas ou são ignoradas.

Nossas vidas profissionais coincidem, pois, durante uma etapa, nós nos dedicamos à orientação do professorado, algo equivalente à atual tarefa do autor. Durante aquele tempo – como não existia preparação específica para exercer o acompanhamento do crescimento profissional dos docentes –, líamos o que era publicado nos anos dourados da formação (em expediente ou na formação continuada) na Espanha. Assim como ele, as pesquisas de Imbernón, Gimeno Sacristán, Zabala, Esteve ou Carbonell foram absolutamente orientadoras em direção a esse ideal de coordenador/formador. Ainda assim, quando pensávamos nas qualidades que devia reunir quem fizesse essa função, remetíamo-nos às competências docentes reunidas de forma magistral por Philippe Perrenoud. No fim das contas, a Educação e a Formação são duas faces da mesma moeda, ou, melhor ainda, e, aqui, vem à nossa mente a linda metáfora de Eduardo Galeano, quando revela o segredo do vinicultor de que "*a uva é feita de vinho*": no fruto, está a essência. Educação e Formação são iguais, apenas se mudam os destinatários; os princípios e a metodologia são idênticos, tanto com bebezinhos quanto com pessoas adultas. Por isso, e de acordo com esse decálogo de competências que vemos fielmente apresentadas no fazer de Cristiano Alcântara, organizaremos tudo o que o livro nos conta sobre como deve ser um coordenador/leitor experiente.

1. Leitor de contextos

Uma das constantes de Cristiano é correlacionar os contextos-chave culturais com os conteúdos, os interesses e o alunado como eixo da prática docente, por isso, não pode ser entendido que existam centros que ignorem essa bagagem inerente às crianças. Ele visita *in situ*, escuta, passa muitas horas observando para fazer um balanço prévio da situação na qual se encontra o centro como organização, o professorado em sua individualidade, os recursos, o uso dos espaços, a decoração das salas, os eventos que celebram ou expõem nas áreas públicas. Fareja o ambiente e faz uma radiografia de sua situação, o que ajudará na indagação dos não saberes e no estabelecimento de um plano de ação. Senta-se com os outros para compartilhar conceitos e negociar sentidos, sabendo que o manejo da linguagem é ilusório, e, por esse motivo, deve-se entrar em consenso com os significados. Como diz, é uma construção árdua e delicada, que, em alguns momentos, suscita a desconfiança e o receio do professorado diante do temor de se sentirem fiscalizados.

2. Leitor de trajetórias pessoais

O ponto de partida de suas atuações como coordenador é perguntar aos professores quem são e por que escolheram essa profissão, assim, revela preconceitos/problemas, resistências individuais e ajuda a avançar na metacognição de seus modos de fazer; instiga-os a indagar sobre aquilo que dão por válido/legítimo, diz que pode convertê-los em autênticas "*máquinas de autoquestionamento*". Descobre o papel que assume cada membro da comunidade, o que evidenciam, o que ocultam e o que temem. Sabe quando respondem aquilo que se espera, não o que realmente pensam, e sabe quando apenas fazem mudanças no vocabulário, mas não nas concepções que sustentam.

3. Leitor da heterogeneidade e da diferença

Entende a diversidade como uma contribuição de qualidade ao grupo, não como uma limitação. Diferentes trajetórias, situações pessoais, crenças, relações hierárquicas etc. Para fomentar a sinceridade, pede a cada participante que redija seu diário de bordo, no qual reúnem atividades, tempos, objetivos que pretendem, transições de umas atividades a outras etc. Entende que existem diferentes estilos docentes, nem há um único válido, nem todos são válidos, mas essas conclusões devem chegar a cada interessado respeitando seus próprios tempos. Aceitando a diferença, insiste em não dispensar aquilo que não se ajusta aos princípios educativos. Assim, entram em jogo o que denomina inegociável e a necessidade de dizer "*não!*", algo que nem todos os coordenadores fazem para não se exporem a críticas. Cristiano é assertivo nessas questões: um coordenador deve saber muito bem quais são as linhas vermelhas que jamais devem ser cruzadas.

4. Leitor de atitudes

Procura o envolvimento do professorado em seus progressos, em suas aprendizagens e em seu trabalho, suscitando seu desejo de aprender e de analisar a própria prática. Experiente no trabalho com grupos, conhece os pequenos ou grandes conflitos que surgem quando alguém se sente questionado, a mediocridade de alguns, que procuram "pelos em ovos", a mesquinhez de outros à procura "do deslize ou do erro", a falta de ética daqueles que não se comprometem com a melhora. Tem uma profunda convicção na argumentação, embora, às vezes, seja "incisivo", sempre se mostra respeitoso; afirma que "Não é um prazer mórbido de causar mal-estar, mas, sim, o desejo de ser o mais transparente possível. As bases para uma relação profissional franca é a verdade!".

5. Leitor do clima organizacional

Desde a primeira reunião em grupo, configura-se uma imagem muito próxima do clima da organização, das representações comuns e do trabalho em equipe pedagógica. Por isso, a formação não deve ser sobre tópicos, mas, sim, sobre a melhora da própria organização. Considera que é impossível abordar qualquer tema enquanto o clima não for propício para o diálogo respeitoso, para o confronto de situações complexas, práticas ou de problemas pessoais. Aponta, também, os principais perigos que pairam nas comunidades de aprendizagem: a difamação, as fofocas e as deturpações.

6. Leitor da instituição

Analisa relações entre as classes distintas: direção, professorado e equipe auxiliar. Detecta se a organização é democrática, como se coordenam ou como se repartem os recursos da escola. Averigua se a direção entende essa formação como mero formulismo (o que irá supor a desqualificação do coordenador pelo professorado) ou se há compromisso. Em contrapartida, pergunta-se quantos sabem o que está escrito no Projeto Político-Pedagógico ou nos diferentes documentos da instituição, como os planos de ação ou projetos didáticos. Sustenta que é inválido um discurso que não se materializa em um projeto coletivo que ajude a ser convertido em práticas, pois não serve para nada. Do mesmo modo, pensa que, se todos os professores não caminharem em direção a um projeto comum, se seguirem caminhos diferentes, nunca "chegarão lá".

7. Leitor de relações família-escola

Defende, firmemente, a relação família-escola, envolvendo os pais e responsáveis na construção de conhecimentos significativos. Promove a organização de reuniões produtivas com as famílias, para, assim, tentar melhorar as carências que são detectadas em sua responsabilidade parental. No entanto, prioriza o bem-estar das crianças à comodidade das famílias. Um bom exemplo disso é sua cruzada pessoal com o período de adaptação à escola; assim, aponta para a recorrente confusão entre "*o cessar dos choros e o estar adaptado*".

8. Leitor/usuário da cultura tecnológica

O primeiro contato que tivemos com Cristiano, ainda sem conhecê-lo pessoalmente, foi por meio das redes sociais. Fomos, de forma muito grata, surpreendidas por uma série de textos que ele publica periodicamente com a epígrafe: "*Vamos pensar fora da caixinha*". Partindo de fotografias de suas visitas escolares, de obras de arte, de fragmentos literários ou do fio da cotidianidade, leva-nos pela mão a uma reflexão sobre as concepções sobre a infância, as crenças do professorado, as relações, os espaços ou os recursos. Chama ainda mais a atenção o número de seguidores que comentam sobre essas "pílulas enriquecidas" e o respeito profissional que manifestam à sua autoridade pedagógica. O *feedback* que provoca tem o mesmo objetivo que as devolutivas e as comunicações que envia às instituições que coordena: a autoanálise da práxis educativa e o debate em conjunto. Sua abundante produção, a capacidade de universalidade que demonstra, a relação com tantos profissionais e a participação em diferentes grupos de pesquisa, publicações e congressos apenas é possível com alguém que domina com proeza a tecnologia em favor da formação.

9. Leitor do compromisso ético

Declara que, desde o princípio, leu Paulo Freire na íntegra e confessa que se formou eticamente com a experiência vivida nos seus primeiros anos em uma escola na qual segregavam o alunado em razão de suas capacidades. O compromisso social, a ética profissional, a solidariedade, o sentido da justiça, os dilemas, a não discriminação são constantes ao longo de toda a obra, características que também procura no professorado que coordena, sentindo-se profundamente incomodado quando os docentes – consciente ou inconscientemente – atuam de forma a vulnerabilizá-las.

10. Autoleitor

A máxima aspiração de um coordenador é que o professorado tenha a competência de organizar sua própria formação, estabelecendo um balanço entre seus pontos fortes e fracos, tanto em nível individual quanto em equipe. No mínimo, aspira-se que, ao explicitar suas práticas, seus pares possam fazer observações enriquecedoras, assim como aproveitar o potencial dos membros do grupo para ajudar os menos experientes.

Cristiano Alcântara mostra, nesta publicação, o processo que ele seguiu em sua formação com a coragem de fazer entender que a motivação intrínseca e o estímulo do grupo ou de seus pares são fundamentais. Embora tenha palavras de reconhecimento para alguns de seus professores ou colegas, diz que aprendeu *magistralmente* e lamenta que não pôde compartilhar "os sabores e dissabores do dia a dia com ninguém". Em sua formação inicial, faltaram a ele interlocutores de qualidade, apesar de ter tido excelentes mentores, algo que, hoje em dia, teve resultado, pois sabe se rodear de pessoas que contribuem com conhecimento e pontos de vista diferentes do seu; esse é um de seus grandes pontos fortes. Embora reconheça que o caminho da formação é um "processo doloroso", intui-se que, para ele, é uma paixão.

Após a leitura deste compêndio – a costura dos textos de dez anos de coordenação pedagógica –, concluímos que o autor escreveu um guia para quem almeja ser um verdadeiro coordenador pedagógico, não para aqueles que chegam a acordos implícitos, como *"vocês fazem aquilo em que refletem, e eu faço o que dou por válido"*. A explicitação das funções do coordenador constitui um tipo de mapa para todos aqueles que desejem transitar pelos caminhos da formação.

A firmeza, a contundência e a capacidade de argumentação com que defende sua tríade de proposições acabou nos lembrando de Malaguzzi. Cristiano, como Loris, coloca o bem-estar da infância no centro de sua intervenção, ainda que por cima dos interesses, das singularidades ou das crenças do professorado. Ambos são leitores vorazes; um deles, ferroviário, o outro, engenheiro elétrico, mas acabaram voltando todos os seus esforços para a melhora da qualidade da Educação Infantil. Os dois realizam enriquecedoras trocas epistolares com os professores, estimulando-os a uma mudança de olhar, à descoberta da cultura, com base nas características individuais do alunado e para abrir as escolas ao contexto imediato. Transpiram humanidade, humildade e humanismo. Nenhum dos dois utiliza eufemismos nem ambiguidades: são diretos, apontam com franqueza e fundamentam o melhorável. Um otimismo realista e possível orienta suas atuações: a síndrome de *Pollyanna* está sempre presente na vida de Cristiano desde sua infância, quando descobriu a obra de E. H. Porter.

Para finalizar, gostaríamos de agradecer a oportunidade que esta leitura nos proporcionou de voltar a nos conectar com o ideal de formador/coordenador, essa figura-chave e fundamental que ampara toda a mudança orientada à melhora. Um trabalho que, bem-feito, converte-se em absolutamente necessário; se ocorrer o contrário, se for um mero gestor ou distribuidor de formação, como se sucedeu na Espanha, é totalmente dispensável; na pior das hipóteses, não seria necessária a condição de docente para desempenhá-lo. Supomos que nossos referenciais bibliográficos sobre formação contínua estariam desolados ao ver o que acabaram sendo aquelas figuras que tanto defenderam. Também supomos que ficariam esperançosos ao ver que, à frente da formação dos professores de Educação Infantil de São Paulo, há uma pessoa que encarna todos aqueles ideais que forjaram sobre a formação: um direito e um dever profissional inalienáveis.

Em retribuição ao presente que nos deu, queremos encerrar este texto com um poema de nossa escritora mais universal, Rosalía de Castro (por quem o autor manifestou interesse durante sua visita a Santiago de Compostela). Este fragmento, para além de seu lado sentimental, foi escolhido por nós pelo vínculo que estabelece com o Brasil – lugar de migração de milhares de galegos – e pelo sentido metafórico que dá à necessidade de guias para orientar os caminhos em direção ao desconhecido.

Ao Cristiano, parapeito de muitos docentes.

> *Si o mar tivera barandas*
> *fórate ver ao Brasil;*
> *máis o mar non ten barandas,*
> *amor meu, ¿por dónde hei de ir?*[6]
> Rosalía de Castro

Ángeles Abelleira e Isabel Abelleira
Profissionais da Educação Infantil na cidade de Milladoiro, na Galícia, Espanha.
Autoras dos livros *Os fios da infância* e *O pulsar do cotidiano de uma escola da infância* (publicados pela Phorte Editora).

---

[6] Tradução livre:

Se o mar tivesse parapeitos,
Iria ver-te no Brasil;
mas o mar não tem parapeitos,
amor meu, por onde hei de ir?

Referências

ALARCÃO, Isabel. *Escola reflexiva e nova racionalidade*. Porto Alegre: Artmed, 2001.

ALCÂNTARA, Cristiano Rogério. A construção de colóquios narrativos das práticas docentes de duas escolas de educação infantil: avanços e desafios para formação docente e gestora. 2015. CONGRESSO PAULISTA DE EDUCAÇÃO INFANTIL, 7., 2015, São Carlos. *Anais* [...]. São Carlos: Ufscar, 2015a.

ALCÂNTARA, Cristiano Rogério. *Redes de leitura*: uma abordagem sociocultural do ato de ler. 2009. 124 p. Dissertação (Mestrado em Ciência da Informação) – Escola de Comunicação e Artes, Universidade de São Paulo, São Paulo, 2009.

ALCÂNTARA, Cristiano Rogério. *Diário de bordo*: uma construção colaborativa rumo à pedagogia cultural. 2015. 276 p. Tese (Doutorado em Língua Portuguesa) – Pontifícia Universidade Católica de São Paulo, São Paulo, 2015b.

ANDRADE, Carlos Drummond de. *Poesias*. Rio de Janeiro: José Olympio, 1942.

BAKHTIN, Mikhail. *Estética da criação verbal*. São Paulo: Martins Fontes, 2000.

BARBOSA, Maria Carmen Silveira; FINCO; Daniela; FARIA, Ana Lúcia Goulart (org.). *Campos de experiências na escola da infância*: contribuições italianas para inventar um currículo de educação infantil brasileiro. Campinas, SP: Leitura Crítica, 2015.

BOLZAN, Doris Pires Vargas; ISAIA, Silvia Maria Aguiar. Aprendizagem colaborativa: processos formativos em construção. *In*: SEMINÁRIO DE PESQUISA EM EDUCAÇÃO DA REGIÃO SUL (ANPED SUL), 7., 2008, Itajaí. *Anais*[...]. Itajaí: Univali, 2008. p. 1-15. v. 1.

BOLZAN, Doris Pires Vargas; SANTOS, Eliane Aparecida Galvão; POWACZUK, Ana Carla Hollweg. Cultura escrita: aprender a ler e escrever na escola. *Educação UFSM*, v. 38, n. 1, p. 97-110, jan./abr. 2013. Disponível em: https://periodicos.ufsm.br/reveducacao/article/view/6095/4532. Acesso em: 14 jul. 2020.

BRASIL. Ministério da Educação. Secretaria de Educação Básica. *Base nacional comum curricular*. Brasília: MEC/SEB, 1997. Disponível em: http://basenacionalcomum.mec.gov.br/images/BNCC_EI_EF_110518_versaofinal_site.pdf. Acesso em: 21 ago. 2020.

BRASIL. Ministério da Educação. Secretaria de Educação Básica. *Diretrizes curriculares nacionais para a educação infantil*. Brasília: MEC/SEB, 2010.

Brasil. Presidência da República. *Lei nº 11.738, de 16 de julho de 2008*. Regulamenta a alínea "e" do inciso III do caput do art. 60 do Ato das Disposições Constitucionais Transitórias, para instituir o piso salarial profissional nacional para os profissionais do magistério público da educação básica. Brasília, DF: Presidência da República, 2008. Disponível em: http://www.planalto.gov.br/ccivil_03/_ato2007-2010/2008/lei/l11738.htm. Acesso em: 10 ago. 2020.

Brown, Timothy T.; Jernigan, Terry L. Brain development during the preschool years. *Neuropsychology Review*, v. 22, n. 4, p. 313-33, 2012.

Bruner, Jerome. *Cultura da educação*. Porto: Edições 70, 2000.

Burger, Kaspar. How does early childhood care and education affect cognitive development? An international review of the effects of early interventions for children from different social backgrounds. *Early Childhood Research Quarterly*, v. 25, n. 2, p. 140-65, 2010.

Cabral, Marlúcia Barros Lopes. Formação docente e pesquisa colaborativa: orientações teóricas e reflexões práticas. 2012. Disponível em: https://www.seminariosregionaisanpae.net.br/numero1/1comunicacao/Eixo04_37/Marlucia%20Barros%20Lopes%20Cabral_int_GT4.pdf. Acesso em: 14 ago. 2020.

Carroll, Lewis. *Alice no País das Maravilhas*. Tradução de Clélia Regina Ramos. Petrópolis: Arara Azul, 2002. Disponível em: http://www.ebooksbrasil.org/adobeebook/alicep.pdf. Acesso em: 29 mar. 2020.

Cintra, Ana Maria Marques. Metodologia qualitativa na área de língua portuguesa. *In*: Cintra, Ana Maria Marques; Passarelli, Lilian Ghiuro. *A pesquisa e o ensino em língua portuguesa sob olhares diferentes*. São Paulo: Blucher, 2012.

Coelho, Nelly Novaes. *Literatura infantil*: teoria, análise, didática. São Paulo: Ática, 1993.

Coelho, Ronaldo Simões. *A laranja colorida*. São Paulo: FTD, 2010.

Cotidiano. Intérprete: Chico Buarque. Compositor: Chico Buarque. *In*: Construção. Intérprete: Chico Buarque. São Paulo: PolyGram, 1971. 1 CD, faixa 2.

Corsaro, Willian A. *Sociologia da infância*. 2. ed. Porto Alegre: Artmed, 2011.

Druce, Arden. *Bruxa, bruxa, venha à minha festa*. São Paulo: Brinque-Book, 2002.

Falk, Judit. *Educar os três primeiros anos a experiência de Lóczy*. 2. ed. Araraquara: Junqueira e Marin, 2011.

Faria, Ana Lúcia Goulart; Finco, Daniela (org.). *Sociologia da infância no Brasil*. Campinas: Autores Associados, 2011.

Fochi, Paulo. *Afinal, o que os bebês fazem no berçário?*: comunicação, autonomia e saber-fazer de bebês em um contexto de vida coletiva. Porto Alegre, Penso, 2015.

Referências

Gobbi, Marcia Aparecida; Pinazza, Mônica Appezzato (org.). *Infância e suas linguagens*. São Paulo: Cortez, 2014.

Goldschmied, Elinor; Jackson, Sonia. *Educação de 0 a 3 anos*: o atendimento em creche. 2. ed. Porto Alegre: Grupo A, 2006.

Guidin, Márcia Lígia. *Roteiro de leitura*: A hora da estrela de Clarice Lispector. São Paulo: Ática, 1996.

Habermas, Jurgen. *A ética da discussão e a questão da verdade*. São Paulo: Martins Fontes, 2007. (Coleção Tópicos).

Holanda, Sérgio Buarque de. *Raízes do Brasil*. 26. ed. São Paulo: Companhia das Letras, 1995.

Houaiss, Antônio. *Grande dicionário Houaiss da língua portuguesa*. Disponível em: http://houaiss.uol.com.br/. Acesso em: 8 set. 2016.

Ibiapina, Ivana Maria Lopes de Melo (org.). *Formação de professores*: texto e contexto. Belo Horizonte: Autêntica, 2007.

Ibiapina, Ivana Maria Lopes de Melo. Histórias de professores universitários: reflexões e diálogos. *In*: Baldi, Elena Mabel Brutten; Pires, Gláucia do Nascimento da Luz; Ferreira, Maria Salonilde. *Políticas educacionais e práticas educativas*. Natal: EDUFRN, 2011.

Ibiapina, Ivana Maria Lopes de Melo. *Pesquisa colaborativa*: investigação, formação e produção de conhecimento. Brasília, DF: Líder, 2008.

Imbernón, Francisco. *Formação continuada de professores*. Porto Alegre: Artmed, 2010.

Imbernón, Francisco. *Formação docente e profissional*: formar-se para a mudança e a incerteza. São Paulo: Cortez, 2011.

Imbernón, Francisco. *Formação permanente do professorado*: novas tendências. São Paulo: Cortez, 2009.

Kuhl, Patricia K. Early language learning and literacy: neuroscience implications for education. *Mind, Brain and Education*, v. 5, n. 3, p. 128-42, 2011.

Lacan, Jacques. *Nomes-do-pai*. Rio de Janeiro: Zahar, 1998.

Lago, Ângela. *Festa no céu*: um conto do nosso folclore. São Paulo: Melhoramentos, 2009.

Liberali, Fernanda Coelho. *Formação crítica de educadores: questões fundamentais*. 2. ed. Campinas: Pontes, 2012.

Lispector, Clarice. *A hora da estrela*. Rio de Janeiro: Rocco, 2008.

Lobato, Monteiro. *Viagem ao céu*. São Paulo: Brasiliense, 2002.

MAGALHÃES, Maria Cecília Camargo. *A formação do professor como um profissional crítico*. Campinas: Mercado das Letras, 2004.

MAGALHÃES, Maria Cecília Camargo. A pesquisa colaborativa e a formação do professor. In: FIDALGO, Sueli Salles; SHIMOURA, Alzira da Silva (org.). *Pesquisa crítica de colaboração*: um percurso de formação docente. São Paulo: Ductor, 2007.

MAGALHÃES, Maria Cecília Camargo. Sessões reflexivas como ferramenta aos professores para compreensão crítica das ações da sala de aula. *In*: CONGRESSO DA SOCIEDADE INTERNACIONAL PARA A PESQUISA CULTURAL E TEORIA DA ATIVIDADE, 5., 2002, Amsterdam. *Anais* [...]. Amsterdam: Vrije University, 2002.

MELLO, Suely Amaral. A especificidade do aprender na pequena infância e o papel do/a professor/a. *Amazônida* (UFAM), v. 2, p. 16-32, 2009.

MELLO, Suely Amaral. Relações entre adultos e crianças na contemporaneidade: o que estamos fazendo com nossas crianças? *Momento*, Rio Grande, v. 19, n. 1, p. 77-88, 2010.

MELLO, Suely Amaral; FARIAS, Maria Auxiliadora. A escola como lugar da cultura mais elaborada. *Revista Educação*, Santa Maria, v. 35, n. 1, p. 53-68, jan./abr. 2010.

MELLO, Suely Amaral; LUGLE, Andreia Maria Cavaminami. Formação de professores: aplicações pedagógicas da teoria histórico-cultural. *Revista Contrapontos*, v. 14, n. 2, p. 259-74, maio/ago. 2014.

MORIN, Edgar. *Introdução ao pensamento complexo*. Porto Alegre: Sulina, 2011.

MOSER, Benjamin. *Clarice*. São Paulo: Cosac Naify, 2011.

NÓVOA, António. Concepções e práticas de formação contínua de professores. *In*: NÓVOA, António. *Formação contínua de professores*: realidades e perspectivas. Aveiro: Universidade de Aveiro, 1991a. p. 15-38.

NÓVOA, António. Os professores: em busca de uma autonomia perdida? IN: NÓVOA, António. *Ciências da educação em Portugal*: situação actual e perspectivas. Porto: SPCE, 1991b. p. 521-31.

OLIVEIRA-FORMOSINHO, Júlia; FORMOSINHO, João. *Pedagogia-em-participação*: a perspectiva educativa da Associação Criança. Porto: Porto, 2013.

PENNAC, Daniel. *Como um romance*. 4. ed. Rio de Janeiro: Rocco. 1998.

PERRENOUD, Phillippe. *A prática reflexiva no ofício de professor*: profissionalização e razão pedagógica. Porto Alegre: Artmed, 2008.

PERROTTI, Edmir. *Pour une pédagogie culturelle*: la littérature d'enfant et l'enseignement au Brésil: de l'ambiguité aux complexités. Sherbrooke: Universidade de Sherbooke, 2004.

PERROTTI, Edmir; PIERRUCINI, Ivete. Saberes e fazeres na contemporaneidade. *In*:

LARA, Marilda Lopes Ginez; FUJINO, Asa; NORONHA, Daisy Pires. (org.). *Informação e contemporaneidade*: perspectivas. Recife: Néctar, 2007. p. 47-96.

PIKLER, Emmi. *Moverse em liberdad*: desarrollo de la motricidad global. *Traducción de* Guilhermo Solana. Madrid: Narcea, 1969.

PLACCO, Vera Maria Nigro de Souza; SOUZA, Vera Lucia Trevisan. *Aprendizagem do adulto professor*. São Paulo: Loyola, 2006.

POMAR. Intérpretes: Palavra Cantada. Compositores: Paulo Tatit e Edith Derdyk. *In*: CANÇÕES de brincar. Intérpretes: Palavra Cantada. [S. l.]: Palavra Cantada, 1996.

REIS, Pedro. *Observação de aulas e avaliação do desempenho docente*. Lisboa: Ministério da Educação, Conselho Científico para a Avaliação de Professores, 2011. Disponível em: https://repositorio.ul.pt/bitstream/10451/4708/1/Observacao-de-aulas-e-avaliacao-do-desempenho-docente.pdf. Acesso em: 19 ago. 2020.

ROSEMBERG, Fúlvia. Teorias de gênero e subordinação de idade: um ensaio. *Pro-Posições*, v. 7, n. 3, p. 17-23, 1997.

RUSSO, Danilo. De como ser professor sem dar aulas na escola da infância (III). Tradução de Fernanda L. Ortale e Ilse P. Moreira. *Revista Eletrônica de Educação*, São Carlos, v. 2, n. 2, p. 149-74, nov. 2008.

SAVIANI, Dermeval. Escola e democracia: para além da "teoria da curvatura da vara". *Germinal*, Salvador, v. 5, n. 2, p. 227-39, dez. 2013.

SÃO PAULO (Cidade). Secretaria Municipal de Educação. Diretoria de Orientação Técnica. *Orientação normativa nº 01*: avaliação na educação infantil: aprimorando os olhares. São Paulo: SME/DOT, 2014. Disponível em: https://www.sinesp.org.br/images/1_-_ORIENTACAO_NORMATIVA_01_2013_AVALIACAO_NA_EDUCACAO_INFANTIL_APRIMORANDO_OS_OLHARES.pdf. Acesso em: 12 ago. 2020.

SÃO PAULO (Cidade). Secretaria Municipal de Educação. Diretoria de Orientação Técnica. *Currículo integrador da infância paulistana*. São Paulo: SME/DOT, 2015a. Disponível em: http://www.apeoesp.org.br/sistema/ck/files/2_Curriculo%20Integrador%20da%20Inf_%20Paulistana.pdf. Acesso em: 17 ago. 2020.

SÃO PAULO (Cidade). Secretaria Municipal de Educação. Diretoria de Orientação Técnica. *O uso da tecnologia e da linguagem midiática na educação infantil*. São Paulo: SME/DOT, 2015b. Disponível em: http://portal.sme.prefeitura.sp.gov.br/Portals/1/Files/17138.pdf. Acesso em: 17 ago. 2020.

SÃO PAULO (Cidade). Secretaria Municipal de Educação. Diretoria de Orientação Técnica. *Padrões básicos de qualidade na educação infantil paulistana*. São Paulo:

SME/DOT, 2015c. Disponível em: http://portal.sme.prefeitura.sp.gov.br/Portals/1/Files/24712.pdf. Acesso em: 17 ago. 2020.

Siegler, Robert S. *Emerging minds*: the process of change in children's thinking. New York: Oxford University Press, 1996.

Singulani, Renata Aparecida Dezo. *As crianças gostam de "tudo-o-que-não-pode"*: crianças em novas relações com a monitora e a cultura no espaço da creche. 2009. 187 p. Dissertação (Mestrado em Educação) – Universidade Estadual Paulista, Marília, 2009.

Stein, Alan *et al.* The influence of different forms of early childcare on children's emotional and behavioural development at school entry. *Child*, v. 39, n. 5, p. 676-87, 2013.

Tardos, Anna; Szanto, Agnés. O que é autonomia na primeira infância? *In*: Falk, Judit (Org.). *Educar os três primeiros anos*: a experiência de Lóczy. Tradução de Suely Amaral Mello. Araraquara, SP: JM, 2004. p. 33-46.

Trezza, Rogério de Stacchini. *A galinha xadrex*. São Paulo: Brinque-Book, 2017.

Vygotsky, Lev Semyonovich. *Imaginação e criatividade na infância*. São Paulo: Martins Fontes, 2014.

Zeichner, Kenneth. *A formação reflexiva de professores*: ideias e práticas. Lisboa: Educa, 1993.

Bibliografia consultada

Artes, Amélia; Unbehaum, Sandra. *Escritos de Fúlvia Rosemberg*. São Paulo: Cortez, 2015.

Azevedo, Heloisa Helena Oliveira de. *Educação infantil e formação de professores para além da separação cuidar-educar*. São Paulo: Unesp, 2013.

Barbosa, Maria Carmen Silveira; Horn, Maria da Graça Souza. *Projetos pedagógicos na Educação Infantil*. Porto Alegre: Grupo A, 2013.

Baroukh, Josca Ailine; Carvalho, Maria Teresa Venceslau de; Ortiz, Cisele. *Interações*: ser professor de bebês – cuidar, educar e brincar, uma única ação. São Paulo: Blucher, 2012.

Benachio, Marly das Neves. *Como os professores aprendem a ressignificar sua docência?* São Paulo: Paulinas, 2012.

Fonseca, Edi. *Interações*: com olhos de ler. São Paulo: Blucher, 2012.

Friedmann, Adriana. *O brincar na Educação Infantil*: observação, adequação e inclusão. São Paulo: Moderna, 2012.

Fujikawa, Mônica Matie. A escrita como pretexto de reflexão da prática pedagógica e como estratégia de intervenção na formação de professores. *In*: Prado, Guilherme; Soligo, Rosaura. (org.). *Porque escrever é fazer história*: revelações, subversões, superações. Campinas: Graf, 2005.

Fujikawa, Mônica Matie. O coordenador pedagógico e a questão do registro. *In*: Almeida, Laurinda; Placco, Vera Maria Nigro Souza. (org.). *O coordenador pedagógico e questões da contemporaneidade*. São Paulo: Loyola, 2006.

Fujikawa, Mônica Matie. *O registro como pretexto e como objeto de reflexão da prática pedagógica*: um exercício de parceria entre coordenadora e professores. 2004. Dissertação (Mestrado em Educação) – Universidade Metodista de São Paulo, São Bernardo do Campo, 2004.

Kishimoto, Tizuko Morchida; Oliveira-Formosinho, Júlia. *Em busca da pedagogia da infância*: pertencer e participar. Porto Alegre: Penso, 2013.

Lebrun, Jean-Pierre. *O futuro do ódio*. Porto Alegre: CMC, 2008.

Staccioli, Gianfranco. *Diário do acolhimento na escola da infância*. Campinas: Autores Associados, 2013.

Sobre o Livro
Formato: 16 x 23 cm
Mancha: 11 x 17,4 cm
Papel: Offset 90g
nº páginas: 312
1ª edição: 2020

Equipe de Realização
Assistência editorial
Liris Tribuzzi

Edição de texto
Gerson Silva (Supervisão de revisão)
Daniel Moreira Safadi (Preparação do original e copidesque)
Roberta Heringer de Souza Villar (Revisão)

Editoração eletrônica
Évelin Kovaliauskas Custódia (Capa, projeto gráfico e diagramação)

Fotografia
AGorohov | iStock (Imagem de capa)

Impressão
BMF Gráfica e Editora